誰でもできる!

Office 365
導入ガイド 第2版

株式会社ネクストセット 著

JN206328

日経BP社

はじめに

　マイクロソフトが提供する「Office 365」は、現代の働き方に最適なツールを集めたクラウドベースのサブスクリプションサービスです。すべてがクラウドを前提に設計され、Word、Excel などのアプリケーションに加え、OneDrive や Teams などのクラウドサービスが集約されています。仕事に必要なものは、クラウド上に揃い、必要な時に、必要な場所から、必要なデバイスで利用することが可能となり、ビジネスの基盤となっていると言っても過言ではありません。2011年6月の提供開始以来、海外だけでなく、日本国内でも大企業から中堅・中小企業まで、急速に利用が広がっています。

　しかし、その一方で、「既存システムからの移行をどのように進めればいいかわからない」、「導入はしたものの、使っているのは一部に留まり、数多くあるツール群を使いこなせていない」と感じている企業も少なくありません。Web上で導入ガイドを閲覧することもできますが、「Office 365」の機能は多岐にわたり、その1つ1つが奥深いうえ、日々進化し続けていることから、ハードルが高いものになっているのかもしれません。

　そこで、本書では中小企業のシステム管理者（主に100人規模の企業）の方、Office 365 の導入を検討している会社の担当者の方、導入はしているが使いこなせていないと感じている担当者の方を想定読者層に設定し、「Office 365」の導入・運用・管理の方法を網羅的に解説しました。「Offfice 365 のどこが優れているのか」「どのような使い方をするべきか」という概要、活用法と共に、すぐに使えて役立つTips集を豊富に掲載しました。本書を読めば、「Office 365」の導入・運用・管理についてひととおり学べるようになっています。巻末には、「Office 365」を最大限活用されている企業の事例を収録しました。大企業から中小企業まで、規模、業種にかかわらず、「Office 365」の導入が進んでいることがおわかりいただけると思います。

　当社はOffice 365に特化したソリューションを提供するため、2013年4月に設立。Office

365の導入サポート業務を開始すると共に、Office 365向けのアドオンツールを開発して提供しています。日本の企業文化に最適化されたその機能群はユーザー企業からも高く評価されており、Office 365「Apps for SharePointアプリ開発コンテスト」（主催：SharePointコミュニティ事務局）でプロダクトマネージャー賞を受賞しています。これまでアルフレッサシステム様、欧文印刷様など、大企業から中堅・中小企業まで、500社以上にソリューションを提供しています。数多くのお客様の声に耳を傾け、アドオンツールを開発してきた当社だからこそ、システム管理者の立場に立ち、導入に当たっての注意点を的確に指摘すると共に、活用法を教示することができたと自負しています。

　本書が「Office 365」の導入企業と導入を検討されている企業のシステム管理者や担当者の方の参考になり、生産性向上につながる新しいワークスタイルを作り出すきっかけになれば幸いです。

株式会社ネクストセット

目次

はじめに .... (3)

第1部　日々の業務でOffice 365を使いこなす　1

Chapter 1　Office 365とは　3

1-1　Office 365とクラウドサービスの概要 4
1-2　Office 365のサービスとプラン 6

Chapter 2　Office 365セットアップ　11

2-1　Office 365へのサインイン 12
2-2　Office 365の基本設定 18
2-3　Officeデスクトップアプリのインストール 21
2-4　Windowsとの連携 31

Chapter 3　Outlook　39

3-1　メールの概要と基本操作 40
3-2　Outlookアプリを開いてメールを読む 42
3-3　メールを送信する 47
3-4　テキストまたはHTMLメールを送信する 50
3-5　ファイルを送信する 52
3-6　迷惑メールを処理する 56
3-7　スレッド表示の切り替えを行う 58
3-8　フラグと分類を使う 59
3-9　自動応答を設定する 63
3-10　受信トレイのルールを設定する 65
3-11　他のメールボックス・共有メールボックスを開く 69
3-12　Outlookデスクトップアプリ 71
3-13　Windowsメール 75

Chapter 4 予定表とタスクと連絡先 79

4-1	予定表を表示・設定する	80
4-2	予定を作成する	83
4-3	予定表を作成する	86
4-4	予定表を共有する	89
4-5	タスクを使う	91
4-6	連絡先を使う	94

Chapter 5 OneDrive for Business 99

5-1	OneDrive for Business を開く	100
5-2	アイテムを作成する	103
5-3	アイテムを管理する	107
5-4	ファイルをアップロード・ダウンロードする	110
5-5	ファイルやフォルダーを共有する	114
5-6	複数ユーザーで同時編集する	117
5-7	ローカルフォルダーと同期する	118

Chapter 6 Office デスクトップアプリ 123

6-1	Office デスクトップアプリでサインイン・サインアウトする	124
6-2	Office デスクトップアプリで OneDrive を使う	127
6-3	Office デスクトップアプリから OneDrive の文書を共有する	130
6-4	その他のアプリ	132

Chapter 7 Android や iOS で使う 133

| 7-1 | Office 365 アプリをインストールする | 134 |
| 7-2 | アカウント同期を設定する | 138 |

第2部 グループウェア、コラボレーション機能 143

Chapter 8 Microsoft Teams を使う 145

8-1	チームを作成する	146
8-2	チームでチャットする	151
8-3	ビデオ・音声会議を行う	158
8-4	プライベートチャットを使う	163
8-5	チャネルを活用する	165
8-6	チームの共有フォルダーを使う	168

8-7	コンテンツタブを作成する	172
8-8	アプリを追加する	174
8-9	クラウドストレージを追加する	177
8-10	チームを管理する	179

Chapter 9　Yammerを使う　183

9-1	Yammerをセットアップする	184
9-2	メッセージを投稿する	186
9-3	Yammerグループを使う	190

Chapter 10　SharePointを使う　195

10-1	サイトを作成する	196
10-2	サイトのアクセス権を管理する	202
10-3	サイトのページデザインを設定する	205

第3部　導入・管理編　211

Chapter 11　Office 365の導入と初期設定　213

11-1	導入前の準備	214
11-2	Office 365をオンライン契約する	220

Chapter 12　基本設定　225

12-1	Office 365へのサインインと管理センター	226
12-2	ドメイン名を設定する	229
12-3	組織のプロファイルを編集する	240
12-4	課金情報：サービスの購入と支払い	247
12-5	ユーザーを管理する	253
12-6	共有情報を登録する	270

Chapter 13　応用設定　275

13-1	パスワードのポリシーを変更する	276
13-2	さまざまなメール機能を活用する	280
13-3	グループを管理する	292
13-4	稼働状況を確認する	298
13-5	ユーザーサポートを利用する	300

Chapter 14

アドオン 303

14-1 IDパスワードの統合とセキュリティ機能
— ネクストセット・シングルサインオン for Office 365 304

14-2 社内稟議・回覧を効率的にする機能
— ネクストセット・組織ワークフロー for Office 365 305

14-3 組織的なカレンダー共有機能 — ネクストセット・組織カレンダー for Office 365 306

14-4 高機能で使いやすいアドレス帳機能
— ネクストセット・組織アドレス帳 for Office 365 307

14-5 簡単で高度な文書共有機能
— ネクストセット・組織ドキュメント管理 for Office 365 308

14-6 国産グループウェア製品のような掲示板/回覧板機能
— ネクストセット・掲示板/回覧板 for Office 365 309

14-7 いざという時のための安否確認機能 — ネクストセット・安否確認 for Office 365 310

14-8 出退勤管理 — ネクストセット・勤怠管理/タイムカード for Office 365 311

14-9 行き先予定在席確認機能
— ネクストセット・行先予定/在席確認/伝言メモ/共有TODO for Office 365 312

14-10 接続先によるブラウザーの自動切り替え機能
— ネクストセット・ブラウザ切替機能 for Office 365 313

14-11 営業ツールCRM（顧客情報管理）
— ネクストセット・クラウドCRM for Office 365 314

14-12 高度情報地図表示 — ネクストセット・地図データベース for Office 365 315

14-13 WebパーツでSharePointを簡単に高機能化
— ネクストセット・Myポータルガジェット for Office 365 316

第4部 導入事例 317

Chapter 15

成功した導入事例 319

15-1 Office 365で情報共有と情報活用を推進 ——アルフレッサ システム株式会社 320

15-2 Office 365の導入で、利便性向上とセキュリティ強化の双方を実現
—— 欧文印刷株式会社 324

15-3 社内コミュニケーションの活性化と業務効率の改善を狙いにOffice 365を導入
—— 株式会社カーメイト 328

15-4 中国からのアクセスを重視し、Office 365を導入 —— 株式会社トッキンHD 332

15-5 コスト削減と管理負荷軽減を目指しオンプレミスからOffice 365へ
—— 昭和音楽大学 336

索　引 339

第 **1** 部

日々の業務でOffice 365を使いこなす

第1部では、Office 365のサービスや機能の概要と、エンドユーザーとしてOffice 365を日常的に活用するための使用法を紹介します。Windowsで、Macで、あるいはタブレットやスマートフォンで...Office 365は、デバイス環境を選ばずに統一的な環境で活用できます。本書ではPCでの利用を中心にしつつも、タブレットやスマートフォンについても紹介していきます。

　Office 365の導入、管理を行う管理者は、第3部をお読みください。

Chapter 1

Office 365とは

Office 365は、マイクロソフトの法人向けクラウドサービスです。

本章では、Office 365がどのようなサービスで、どのようなライセンス体系があり、何ができて何が便利なのか、何が不得手なのか、Office 365の概要を紹介します。

- ・Office 365の概要
- ・テナントとユーザー
- ・Office 365のサービスとプラン

1-1　Office 365 とクラウドサービスの概要

Office 365は、マイクロソフトの法人向けクラウドサービスです。クラウドサービスには、メリットもデメリットもありますが、世の中の趨勢は確実にクラウドに向かっています。

1-1-1　Office 365の概要

Office 365は、Office 2016やOffice 2019などの伝統的なデスクトップアプリケーションを継承しつつ、高度なクラウドサービスを統合したサービスです。むしろ、デスクトップアプリケーションは包括的なクラウドサービスのうちの1機能に過ぎないと言っても過言ではないでしょう。

マイクロソフト製品には、ビジネス環境を整えるバックグランド環境として、サーバー用OSであるWindows Server、コミュニケーションサーバーであるExchange Server、ポータルサイトサーバーであるSharePoint Serverなどのサーバー製品群があります。Office 365は当初これらのサーバー製品のクラウド版＋デスクトップアプリケーションとして発足しました。しかし、現在ではクラウドならではの操作性、利便性を追求し、大きく進化しています。

また、クラウドシステムの特徴として、インターネットに接続できる環境があれば、いつでも、どこでも、サービスを利用できるというメリットがあります。Office 365はWindowsコンピューターを中心に据えていますが、既に、多くの機能やサービスを、Mac OSやiOS端末、スマートフォンで利用できるようになっています。いつでも、どこでも、ユビキタス的に使えるのもOffice 365の大きなメリットです。

1-1-2　クラウドとオンプレミス

従来の環境では、組織内のサーバー専用コンピューターにシステムを構築していました。こうした、手元にあるコンピューターに直接システムを構築する環境をオンプレミス（on-premises：構内設置）と呼びます。それに対して、データセンターなどに構築されているサーバー環境を、インターネット経由で利用するシステムをクラウド（cloud：雲）と呼びます。とらえどころのない、ぼんやりとした、ネットワークという世界の中にあるシステムという意味でクラウドと呼びます。

それぞれ一長一短あります。

⌐▶ クラウドとオンプレミスの違い

特徴	オンプレミス	クラウド
即時性	構内にシステムがあるので、軽快に反応する	ネット経由で活用するので、一般的に反応が鈍く、体感速度が低下しがち
処理能力とコスト	十分な処理能力を構築するには、それだけ高額なコストを掛けなければならない。また、負荷が大きくなる事態に備えて余裕を持ってシステムを構築する必要がある、一方で、通常運用時にはその「余裕」が無駄な資源となる	多数のユーザーを大規模なサービスに収容するため、オンプレミス環境では利用できない大容量高速サーバーコンピューターが使用されている。その時々で、必要なユーザーに必要な容量や処理能力を割り当てるので、コンピューター資源を無駄なく使える
リサイズ	容易ではない。サーバーシステムを縮小する場合、それまでの投資が無駄になる。サーバーシステムを拡大する場合、さらなる大きな投資が必要になる	必要に応じて、気軽にライセンス数や容量を増加したり、減少したり、無駄なく使える
利用場所	基本的には構内（建物内）に限られる。遠隔利用する場合、VPN回線などのセキュアな回線やそのゲートウェイを構築するなど、多大な投資が必要になる	インターネットに接続できる場所であれば、どこでも活用できる。インターネットに接続できない環境では、利用できる機能が大きく限定される。または利用できない
ユーザーカスタマイズ	構内専用環境なので、用途に応じて事細かにカスタマイズできる	多数のユーザー向けの環境なので、カスタマイズできる範囲は限られている
信頼性	高い信頼性を実現するには、耐震耐火設計、システムの冗長化（二重化、三重化）など、莫大なコストがかかる	耐震耐火設計、システムを冗長化したデータセンターにサーバーが設置してあるため、手軽に、自社では実現不可能な高信頼性を実現できる

　クラウド環境は、言ってみれば多数のユーザーが巨大なデータセンターを共同利用するシステムです。そのため、単独の企業では実現困難な大規模で堅牢なデータセンター、高度なセキュリティシステムを安価な料金（負担金）で利用できます。

　反面、インターネットに接続していることによる危険…マルウェアの侵入、不正アクセス、情報漏洩への対策が重要です。たとえば、Office 365自身がいくら信頼性の高いセキュアなシステムであっても、Office 365に接続するためのネットワーク環境のセキュリティ対策がおろそかでは、重要な情報が漏洩してしまうかもしれません。

1-1-3　テナントとドメインとユーザー

　法人向けのサービスであるOffice 365では、Office 365の契約をテナント単位で契約します。契約しているOffice 365サービスの管理者は、テナントの管理者ということになります。

テナントとは、基本的にはドメインと考えるとよいでしょう。基本的に、1契約＝1テナント＝1ドメインとなります。そして、1契約のテナントの中に、複数のユーザーを作成して利用します。

テナント管理者は、ユーザーの作成や削除、ユーザーへのライセンスの割り当てを行います。

一方、使用料金に関しては、テナント中の「契約プラン×ユーザー数」となり、契約はテナント単位ですが、使用料はユーザー数で計算されます。

なお、1つのテナント（ドメイン）に複数のドメイン名を割り当てることもできます。たとえば、1つのテナントにdomain1.comとdomain2.netを割り当て、テナント内のユーザーに対し、ユーザー Aにはuser-a@domain1.com、ユーザー Bにはuser-b@domain2.net、ユーザー Cにはuser-c@domain1.comとuser-c@domain2.netの両方...とドメイン名を割り当てられます。

1-2 Office 365のサービスとプラン

Office 365にはさまざまなサービスがあり、それぞれのサービスを利用するためにさまざまな契約プランがあります。Office 365を利用するには、まず、用途に合った契約プランを見極めるところから始めます。

また、Office 365は常に進化しています。契約時には、常にその時点での最新情報をOffice 365ポータルサイトで確認しましょう。

1-2-1 Office 365の法人向け商品

Office 365には、WordやExcel、PowerPointでおなじみのOffice製品だけでなく、さまざまなサービスがあります。

まず、Office 365に含まれるOffice製品には、コンピューターにOffice製品をインストールして使う伝統的な使い方のデスクトップアプリケーションと、コンピューターにインストールしていなくてもWebブラウザーで使えるWebアプリケーション（オンラインアプリケーション）があります。

また、OneDriveやMicrosoft Teamsなど、さまざまなオンラインサービスがあります。

利用できるアプリケーションの種類、サービスの範囲によっていくつかのプランがあり、料金も異なります。

Office 365で利用できるデスクトップアプリケーションは、サブスクリプション版のOfficeです。

伝統的なOfficeは、コンピューターにあらかじめプリインストールされていたり、パッケージを購入してDVD-ROMやCD-ROMなどのインストールメディアからインストールしたり、あるいはインストールプログラムをインターネットからダウンロードしていました。そして、一度購入すればずっと使える永続ライセンスでした。使用している間、バージョンは変わらず、新バージョンにアップグレードしたいときは、新バージョンをまた購入しなければなりません。

ライセンスはPC単位となっていて、1台のPCにインストールすれば、誰でもOfficeを使用できます。一方、複数台のPCでOfficeを使うには、Officeを追加購入しなければなりません。

サブスクリプション版のOfficeデスクトップは、契約期間中使用料を支払います。ソフトウェアはインターネット経由でダウンロードしてインストールし、契約期間中はいつでも最新版を利用できます。バージョンアップするときも、バージョンアップ料金などはかかりません。ただし、解約すれば翌月から使えなくなります。バージョンアップのタイミングは選べません。Office 365のサービス側で、逐次バージョンアップします。

ライセンスはユーザー単位のライセンスとなっており、1ユーザーで最大15台のデバイス（Windows PC、Mac、スマートフォン、タブレット端末）にインストールして利用できます。

機能	Office 365 Business	Office 365 Business Premium	Office 365 Business Essentials	Office 365 ProPlus	Office 365 Enterprise E1	Office 365 Enterprise E3	Office 365 Enterprise E5
ライセンス	サブスクリプション	サブスクリプション	サブスクリプション	サブスクリプション	サブスクリプション	サブスクリプション	サブスクリプション
Word	○	○	−	○	○	○	○
Excel	○	○	−	○	−	○	○
Outlook	○	○	−	○	−	○	○
PowerPoint	○	○	−	○	−	○	○
OneNote	○	○	−	○	−	○	○
Publisher	○	○	−	○	−	○	○
Access	○	○	−	○	−	○	○
Web版Office	○	○	○	○	○	○	○
OneDrive	○	○	○	○	○	○	○
Exchange	−	○	○	−	○	○	○
SharePoint	−	○	○	−	○	○	○
Teams	−	○	○	−	○	○	○
コンプライアンスツール（訴訟ホールド等）	−	−	−	−	−	○	○

次ページに続く

機能	Office 365 Business	Office 365 Business Premium	Office 365 Business Essentials	Office 365 ProPlus	Office 365 Enterprise E1	Office 365 Enterprise E3	Office 365 Enterprise E5
Power BI Pro	−	−	−	−	−	−	○
インプレース検索、分析等	−	−	−	−	−	−	○
最大ユーザー数	300	300	300	制限なし	制限なし	制限なし	制限なし

　ユーザー数300人以下の中小の組織であれば、Office 365 Businessが適しています。デスクトップアプリケーションだけであればOffice 365 Business、クラウドのオンラインサービスだけであればOffice 365 Business Essentials、両方の機能が必要であればOffice 365 Business Premiumが適しています。

　ユーザー数が300人を越えるような大組織であれば、Office 365 Enterpriseが適しています。デスクトップアプリケーションだけであればProPlus、オンラインサービスだけであればEnterprise E1、両方の機能が必要であればEnterprise E3かEnterprise E5が適しています。

その他のMicrosoft Office

　他に、以下のようなOffice製品があります。Office 365 Solo以外は、伝統的なデスクトップアプリケーションを継承したOfficeで、本書で紹介するクラウドサービスや複数のユーザーによる共同作業の機能がありません。本書ではこれらの商品については触れません。

機能	Office 365 Solo	Office Home & Business	Office Personal 2019	Office Professional 2019	Office Standard 2019
ライセンス	サブスクリプション	永続ライセンス	永続ライセンス	オープンライセンス	オープンライセンス
Word	○	○	○	○	○
Excel	○	○	○	○	○
Outlook	○	○	○	○	○
PowerPoint	○	○	−	○	○
Publisher	○	−	−	○	−
Access	○	−	−	○	−
OneDrive	○	−	−	−	−
Skype	○	−	−	−	−

　2018年までは、Office 365に含まれるデスクトップアプリケーションも、Office 2013、Office 2016などのバージョン名を使用していました。しかし、比較的頻繁に細かなバージョンアップが行われるサブスクリプションライセンスの実態に合わせ、2018年後半から、Office 365のサブスクリプションライセンスではOffice 2019などの年によるバージョン表記はなくなりました。常に最新版

を使うことになります。

　オープンライセンスは、法人で利用するライセンスで、5本以上のまとめ買いとなります。また、サポート契約の内容によってさまざまなパターンがあります。

　Office 2019ではインストールメディアが廃止され、ネットワーク経由でのオンラインインストール（Click to Start）しかできなくなりました。インターネットから隔離された環境にOffice 2019をインストールするには、インターネットに接続できる環境で、マイクロソフトのサイトから展開ツールをダウンロードし、インストールメディアを自作しなければなりません。

1-2-2　Webアプリケーション版Office

　Officeアプリのクラウド版です。デスクトップアプリケーションをインストールしなくても、Internet ExplorerやEdge、ChromeなどのWebブラウザーで利用できます。Word Online、Excel Online、PowerPoint Online、OneNote Onlineがあります。

　クラウド版なので、インターネットに接続できる環境とWebブラウザーがあれば、Officeをインストールしていない環境でもOffice文書を利用できます。また、WindowsだけでなくMac OS、タブレット端末、スマートフォンでも利用できます。

　ただし、機能的にはOfficeデスクトップに比べてシンプルです。基本機能についてはデスクトップ版とほぼ同じですが、より突っ込んだ使い方…、複雑なレイアウト設定やVisual Basic for Applications（VBA）を使ったプログラム実行などには対応していません。基本的にはデスクトップ版Officeのサブセットだと考えた方がよいでしょう。

1-2-3　Office 365のオンラインサービス

　デスクトップアプリケーションやWebアプリケーションがユーザーに直接触れるところで業務を担当するのに対し、こうしたアプリケーションが効率的に稼働し、ユーザーがシステムを便利に使えるように、システムのインフラとなる環境を作ってくれるのがサーバーサービスです。

・Exchange Online

　Exchange Serverのクラウド版です。メールの送受信、連絡先、予定表、タスク管理、メモなど、個人情報管理のサービスを提供します。Outlookに対するサーバー機能とも言えます。

・SharePoint Online

　SharePoint Serverのクラウド版です。イントラネット用のポータルサイトや、組織内

の情報共有掲示板を作成・運用したり、独自のCMSで外部向けのWebサイトを公開したりできます。

なお、後述のOneDrive for Businessも、厳密にはSharePoint Onlineによって実現されている機能です。

・OneDrive for Business

オンラインストレージサービスです。インターネット上のディスクスペースにファイルを保存できます。現在のOffice製品はOneDrive for Businessに対応しているので、作成文書をOneDrive for Businessに保存したり、OneDrive for Businessに保存したOffice文書を開いて直接編集したりできます。SharePoint Onlineによって実現されている機能の1つです。

なお、マイクロソフトでは、個人向けの無料（容量追加は有料）のOneDriveサービスも提供していますが、Office 365のOneDrive for Businessは、それとは似て異なるサービスなので注意してください。

なお、直接ユーザーの目に触れることはありませんが、Office 365のユーザー管理にはAzureのサービスであるAzure Active Directoryが使われていますし、Exchange Online、SharePoint Online、Skype for Business Online、Project Onlineなどのサービスは、いずれもWindows Serverのクラウド版であるAzure上で稼動しています。

以前のOffice 365では、サーバーサービスごとに管理コンソールが用意されていました。メールやスケジュール関連、ユーザー関連の管理にはExchange Onlineの管理センター、チームサイトの管理にはSharePoint Onlineの管理センター、といった具合です。現在はこうしたサービス群の統合が急速に進んでおり、どの機能がどのサービスによって運用されているかを意識しなくても、Office 365管理センターでシームレスに各サービスに渡った管理を行えるようになりました。ただ、それでも、一部の詳細な機能設定に関しては、どうしても各サービス専用の管理センターを使わざるを得ないケースがあります。

Chapter 2

Office 365 セットアップ

　管理者からOffice 365のユーザー名とパスワードをもらったら、さっそくOffice 365をセットアップしてみましょう。

　ここでは、Office 365ユーザーが自分の環境設定を行う基本設定を紹介します。テナント全体に対する環境設定は管理者だけが行えますので、管理者の役割、環境設定については、第3部を参照してください。

・初めてのOffice 365サインイン
・基本設定
・Officeデスクトップアプリケーションのインストール

Office 365へのサインイン

管理者からOffice 365のユーザー名とパスワードをもらったら、さっそくOffice 365にサインインしましょう。ユーザー名はメールアドレスと兼用です。

2-1-1　サインインする

❶
https://login.microsoftonline.comにアクセスする。

❷
Office 365のユーザー名を入力する。

※Office 365のユーザー名は、name@domain.comといったメールアドレス形式で、実際、Office 365のメールアドレスと兼用になっている。一方、ユーザー名でログインすると「山田太郎」のような名前も表示されるが、これをユーザー名に設定した「表示名」と呼ぶ。ユーザー名はOffice 365のシステムがユーザーを識別するための一意な名前なので、ユーザー名が重複することはない。表示名はシステム的にはコメントのようなものであり、同姓同名があっても問題ない。

❸
[次へ]をクリック。

❹
管理者から通知されたパスワードを入力する。

❺
[サインイン]をクリック。

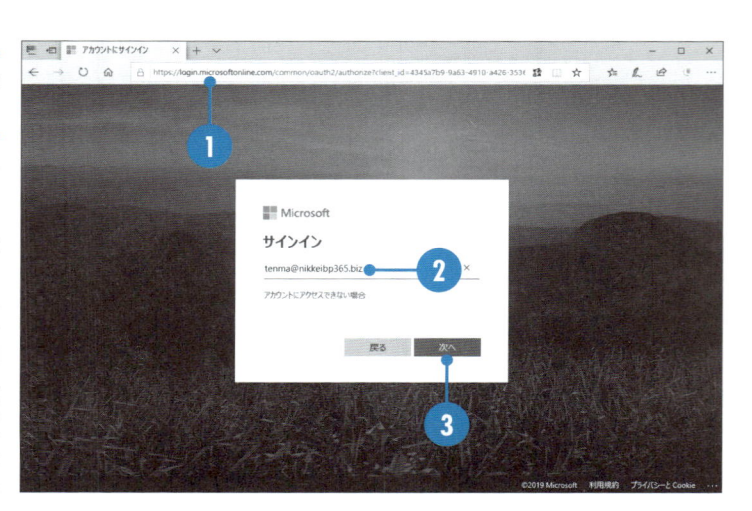

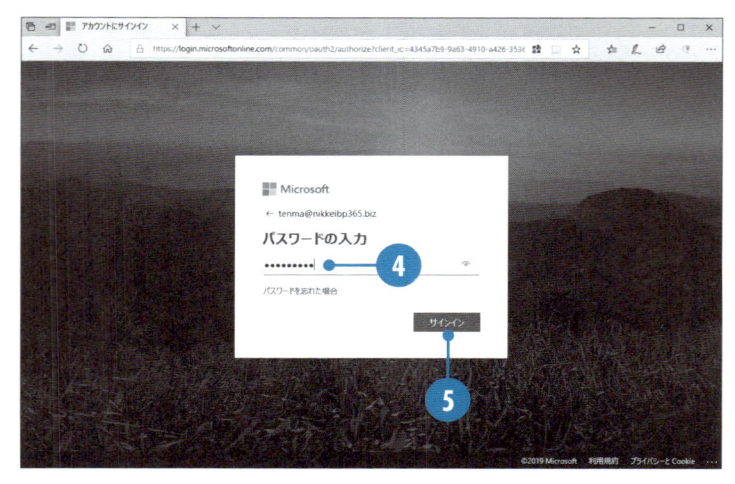

2-1-2　パスワードを変更する

ユーザーがパスワードを変更するように設定されている場合、初回のサインイン時に
パスワードの変更が必要です。

1 管理者から通知されたパス
ワードを入力する。

2 自分で決めた新しいパスワード
を入力する。

3 誤入力防止のため、新しいパス
ワードをもう一度入力する。

4 [サインイン]をクリック。

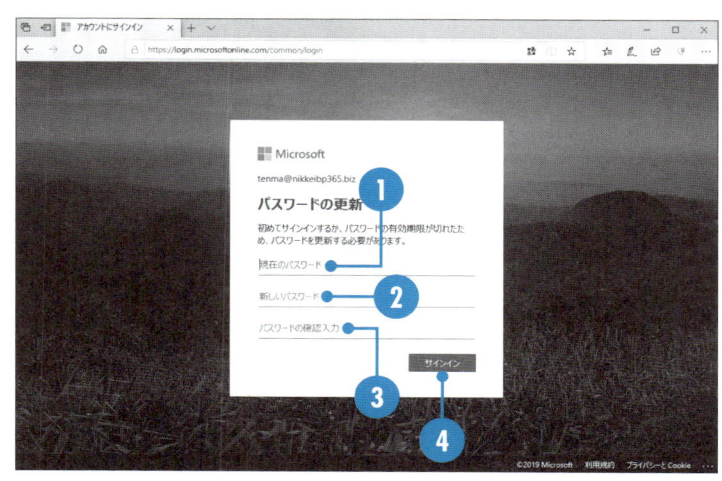

新しいパスワードとして単純すぎるパスワードを入力すると警告が表示されますので、より複雑なパス
ワードを入力してください。

2-1-3　詳細情報を設定する

ユーザーにパスワードのリセットが許可されている場合、ユーザーの連絡手段の登録が必要になります。
手続きをスキップすることもできますが、手続きが完了するまで、サインインするたびに表示されます。

パスワードのリセットは、パスワードを忘れたときにパスワードを再設定する機能です。パスワードの
リセットを実行すると、あらかじめ登録して置いたユーザーの携帯電話等に、新しいパスワードが通知さ
れます。パスワード通知用として、自分だけが受けられる電話番号およびOffice 365以外のメールアドレ
スを登録してください。

ユーザー自身によるパスワードのリセットが許可されていない場合、パスワードのリセットが必要な時
は管理者に依頼してください。

❶

[次へ]をクリック。

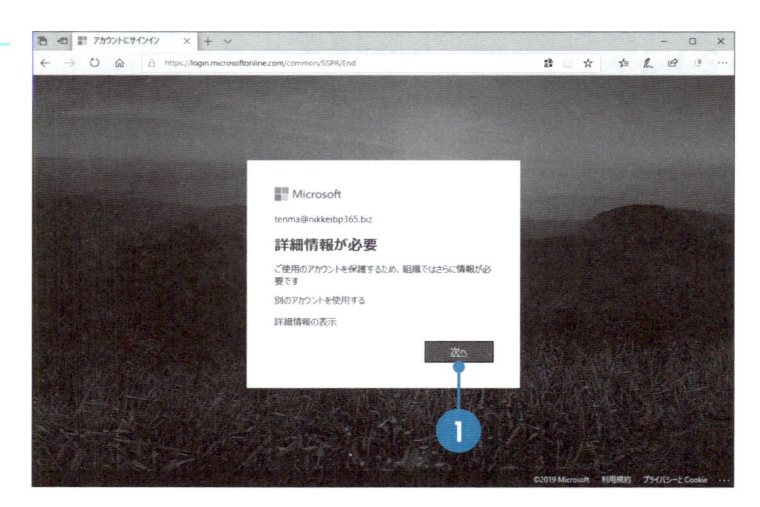

❷

認証用電話の[今すぐセットアップ]をクリック。

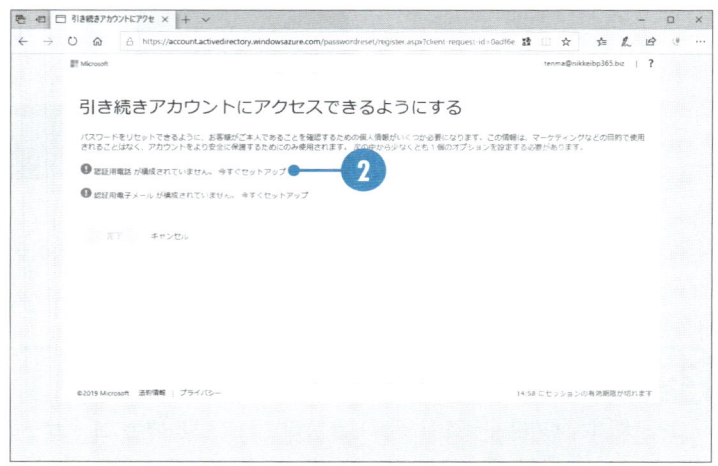

❸

電話番号を入力する。

❹

[テキストメッセージを送信する]または[電話する]をクリック。
[テキストメッセージを送信する]は、SMSに対応した携帯電話でのみ使用できる。[テキストメッセージを送信する]をクリックすると、SMSで認証番号が通知される。それ以外の場合は[電話する]をクリックする。自動音声で認証番号が通知される。
暗証番号を入力する

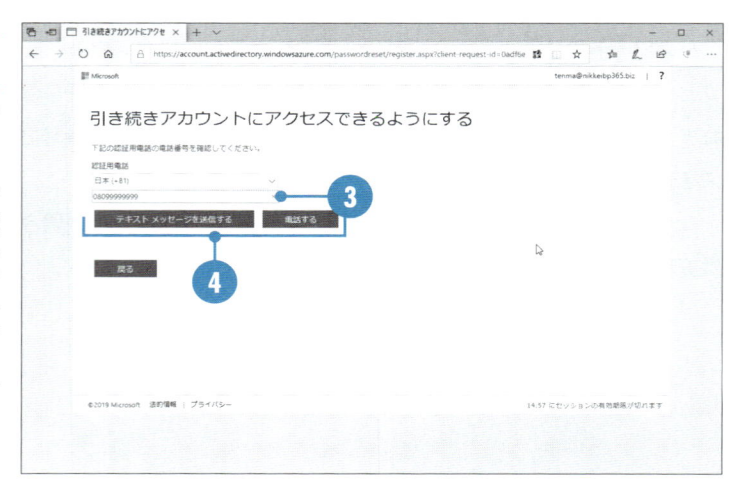

5
[認証用電子メール]の[今すぐ
セットアップ]をクリック。

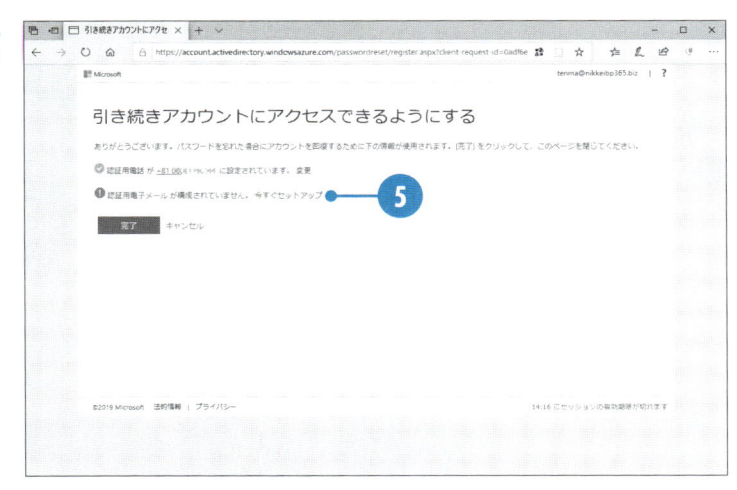

6
Office 365以外の自分が受信
できる電子メールアドレスを入
力する。

7
[電子メールを送信する]をク
リック。
指定した電子メールアドレスに
認証番号が着信したら、認証番
号を入力する。

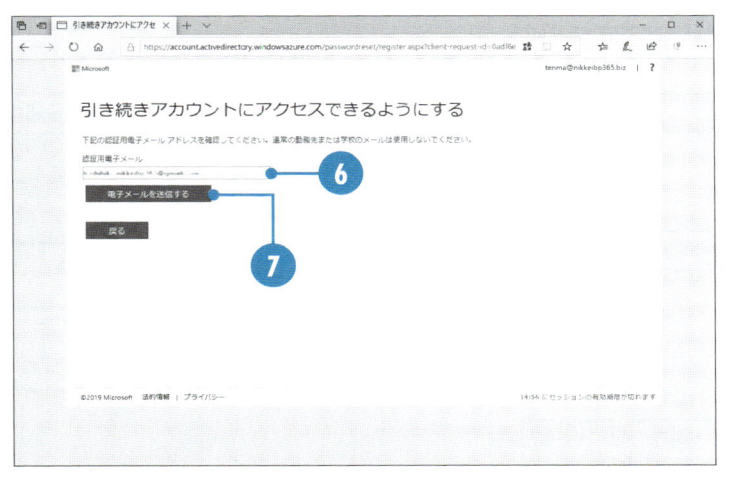

8
[完了]をクリック。

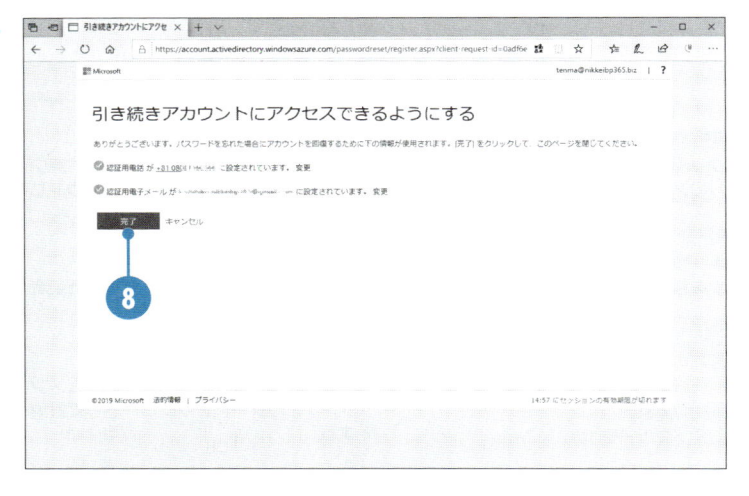

9 認証が終了すると、Office 365 のサービスのガイダンスが表示される。[→]をクリックしながら読み進める。

10 ガイダンスが不要の時は[×]をクリック。

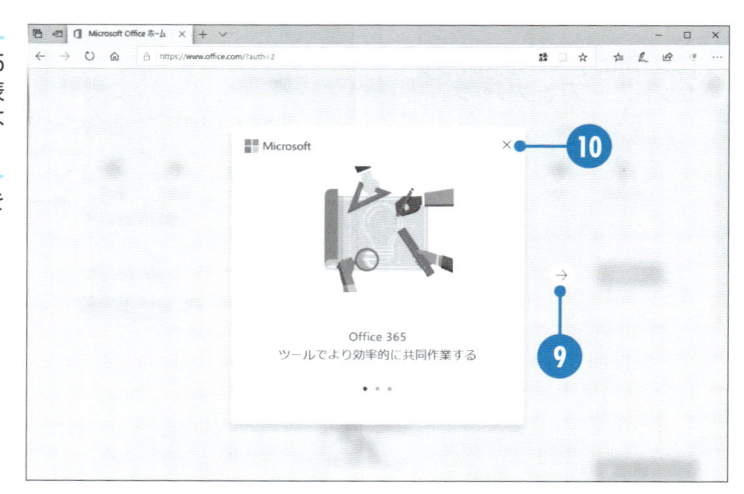

13 サインインが完了した後のページ。Office 365のトップページである。

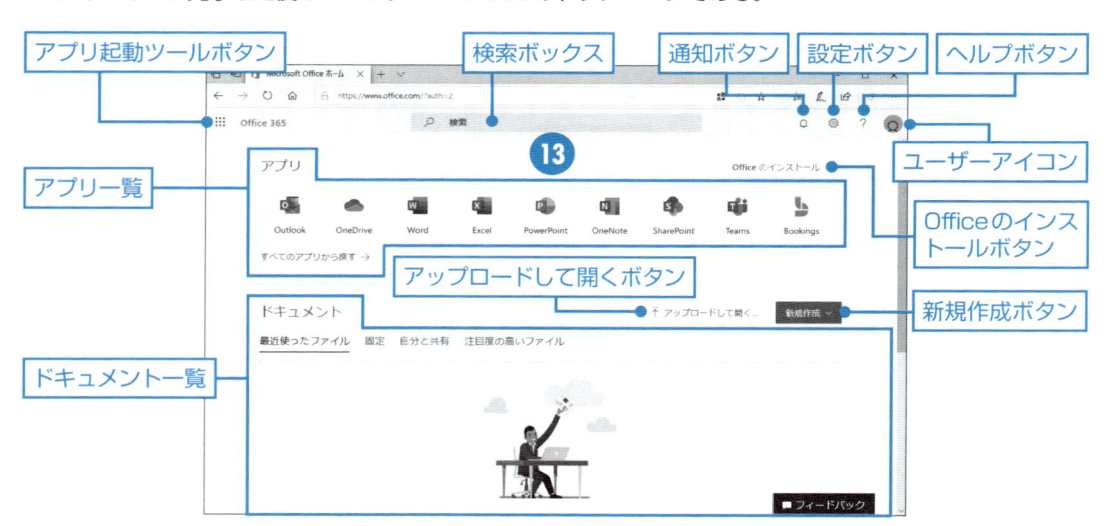

- アプリ起動ツールボタン
- 検索ボックス
- 通知ボタン
- 設定ボタン
- ヘルプボタン
- アプリ一覧
- ユーザーアイコン
- Officeのインストールボタン
- アップロードして開くボタン
- 新規作成ボタン
- ドキュメント一覧

アプリ起動ツールボタン
クリックするとOffice 365の各種アプリのメニューを開く

検索ボックス
キーワードでOffice 365内のコンテンツを検索する

通知ボタン
最新のお知らせを表示する

設定ボタン
設定メニューを開く

ヘルプボタン
ヘルプウインドウを表示する

ユーザーアイコン
ユーザーアカウント管理ページを開いたり、Office 365からサインアウトしたりする

Officeのインストールボタン
デスクトップアプリのMicrosoft Officeをインストールする。

アップロードして開くボタン
Office文書をOneDriveの［ドキュメント］フォルダーにアップロードして編集する。

新規作成ボタン
Office 365アプリを開いて、新規文書をOneDriveに作成する

アプリ一覧
よく使うアプリを一覧表示する

ドキュメント一覧
Office 365で最近使ったドキュメントを一覧表示する

表示される内容は、割り当てられているライセンスのOffice 365契約プランや、割り当てられている権限によって異なります。管理者権限を持つユーザーの場合は、Office Onlineのアイコンに、Office 365管理センターのアイコンも表示されます。

2-1-4　Office 365 トップページに戻る

　Outlook on WebなどのOffice 365アプリなどを使っている画面から、Office 365のトップページに戻ります。

①
アプリ起動ツールボタンをクリック。

②
[Office 365]をクリック。

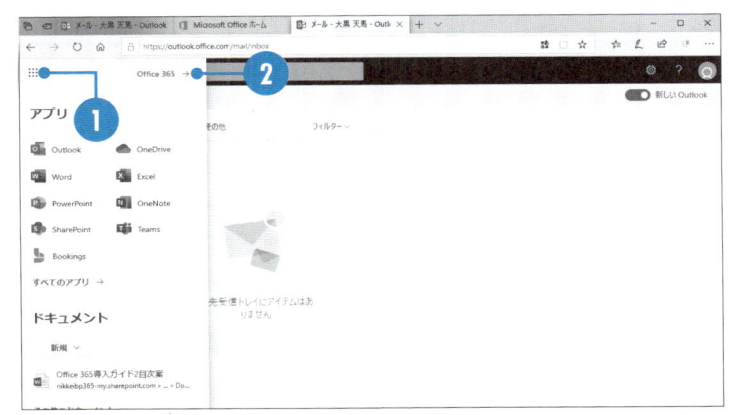

　Office 365の各種アプリケーションを使用するときは、アプリメニューから目的のアプリをクリックします。このメニューに表示されていないアプリは、[すべてのアプリ] をクリックしてアクセスしてください。

2-1-5　Office 365 からサインアウトする

　Office 365を使い終えたら、Office 365をサインアウトしてください。

①
ユーザーアイコンクリック。

②
[サインアウト]をクリック。

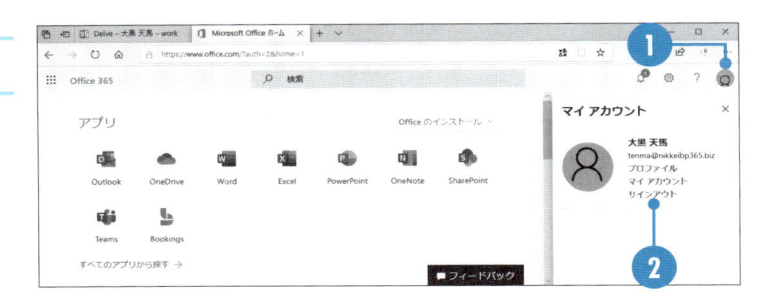

2-2 Office 365 の基本設定

Office 365 にサインインしたら、まずは自分のアカウント情報を確認し、基本設定を行いましょう。ユーザーアイコンに自分の画像を表示したり、ナビゲーションバーの配色をテーマで変更したりできます。

また、Office デスクトップアプリを含むプランのライセンスであれば、最新版の Office デスクトップアプリをダウンロードしてインストールできます。

2-2-1 Office 365 のプロファイルを表示・変更する

Office 365 のプロファイルページでは、自分に関する最新情報を確認できます。SNS などのトップページと似ており、最近使ったファイル、最近メッセージ交換が多いユーザー、スケジュールなどをひと目で確認できます。

❶ ユーザーアイコンをクリック。

❷ [プロファイル]をクリック。

❸ カメラボタンをクリックすると、プロファイルの画像(自分を表すアイコン)を変更できる。

❹ [プロファイルを更新]をクリックすると、資格や学歴など、プロファイルを変更できる。

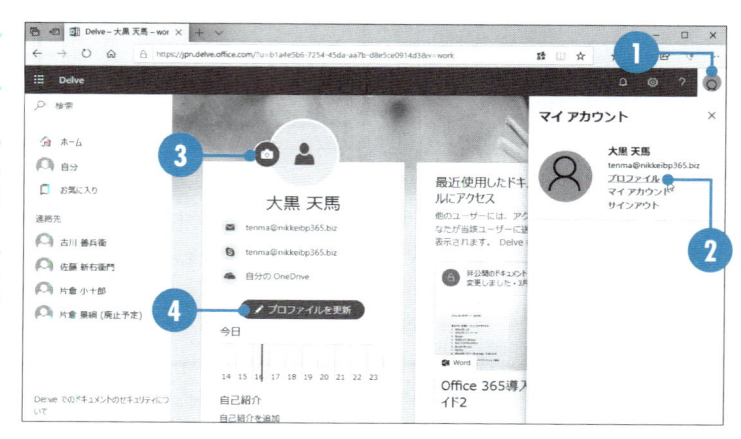

2-2-2 Office 365 のユーザーアカウントを確認する

ユーザーアカウントに関する情報の確認や変更には、マイアカウントページを開きます。

① ユーザーアイコンをクリック。

② [マイアカウント]をクリック。

③ [個人情報]では、ユーザーアカウントの基本情報を確認できる。[編集]をクリックして自分で変更できる情報と、閲覧だけで変更できない情報がある。変更できない情報に関しては、Office 365の管理者が設定している情報なので、変更するには管理者に依頼する必要がある。

④ [サブスクリプション]では、自分のアカウントに割り当てられているOffice 365のライセンスの種類を確認できる。ライセンスの種類によって、利用できるサービス、機能が異なる。

⑤ [セキュリティとプライバシー]では、パスワードを変更できる。

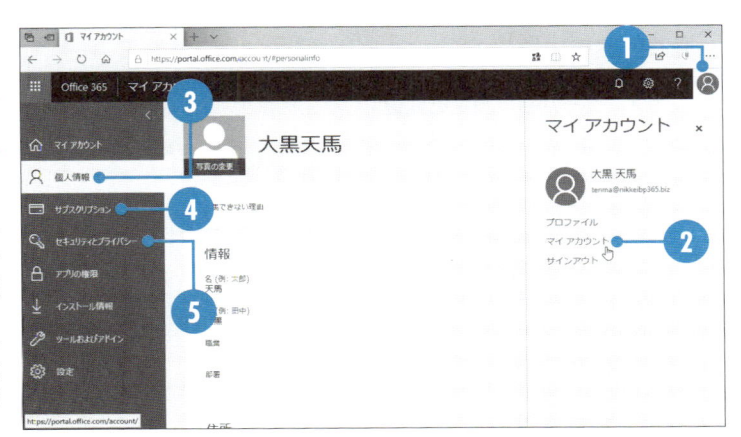

2-2-3　Office 365 の設定ページを表示する

Office 365 のユーザーごとの設定は、主に設定ページを使用します。

❶
[設定](歯車)をクリック。

❷
設定メニューから、設定を変更した項目をクリックして設定する。

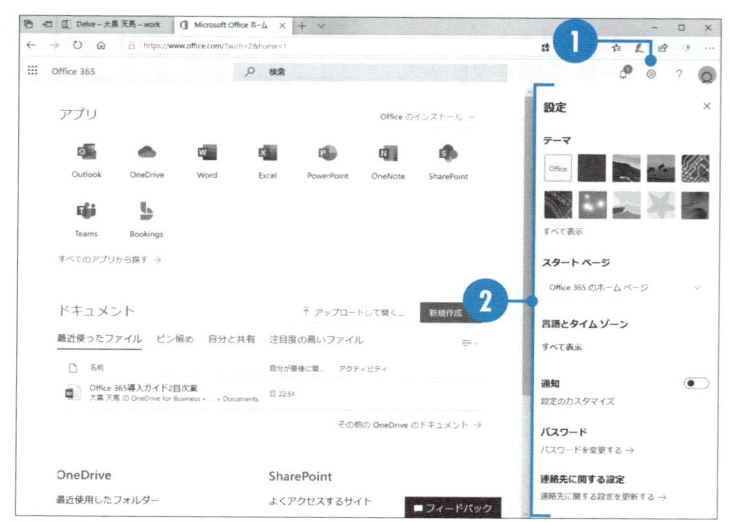

Office 365 トップページの設定メニューでは、以下の設定を可能です。

メニュー	設定内容
テーマ	Office 365 の配色やタイトルバーの図柄など、デザインを変更する。[すべて表示]をクリックすると、さらに選択肢が表示される
スタートページ	ドロップダウンリストで、Office 365 にサインインしたときに最初に表示するページを設定する
言語とタイムゾーン	[すべて表示]をクリックして、Office 365 で使用する言語とタイムゾーン、日付や時刻の表示スタイルを設定する
通知	[通知]のオン、オフをスライドスイッチで選択する。[通知]をオンにすると、通知項目を選択できる
パスワード	パスワードを変更する

2-3 Officeデスクトップアプリのインストール

Office 365 Business Premiumなどのデスクトップアプリを使用できるOffice 365では、WordやExcel、PowerPointなどの最新のデスクトップアプリをダウンロードしてインストールできます。

2-3-1 インストールする

WordやExcel、Outlookなどのデスクトップアプリをインストールします。

① Office 365にサインインする。

② [Officeのインストール]が表示されていれば、[Officeのインストール]をクリックし、[その他のインストールオプション]をクリック。手順6に進む。
[Officeのインストール]が表示されていないときは、手順3に進む。

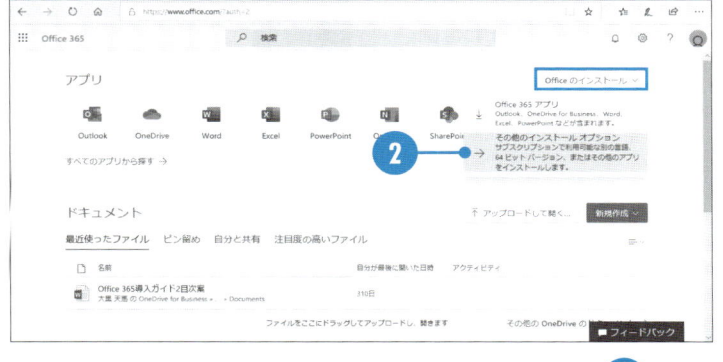

③ ユーザーアイコンをクリック。

④ [マイアカウント]をクリック。

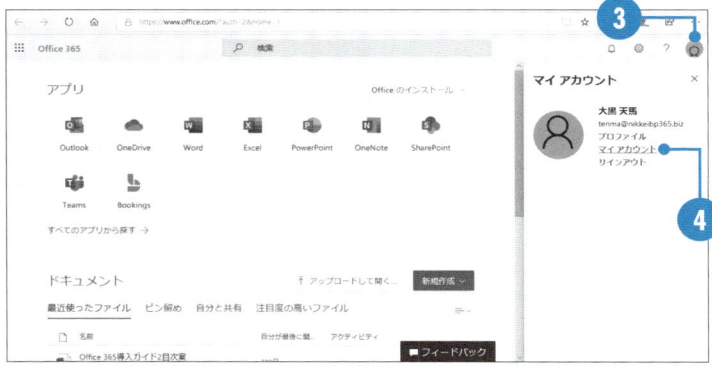

5

[インストール情報]をクリック。

6

[言語]を選択。

7

[バージョン]を選択。64ビット版Windowsであれば、[64ビット]を選択。

8

[Officeのインストール]をクリック。

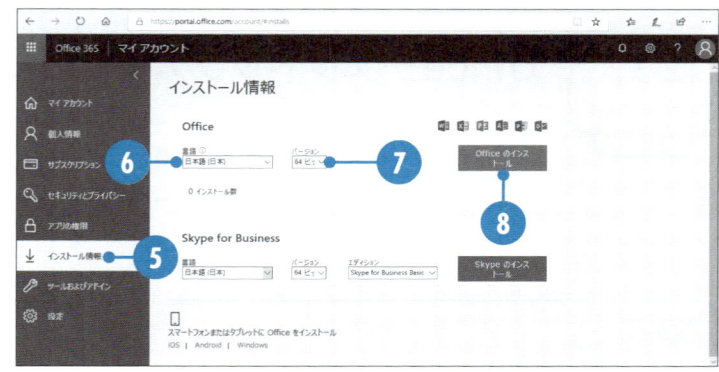

9

[実行]をクリック。一度保存してから、インストールプログラムを起動してもかまわない。

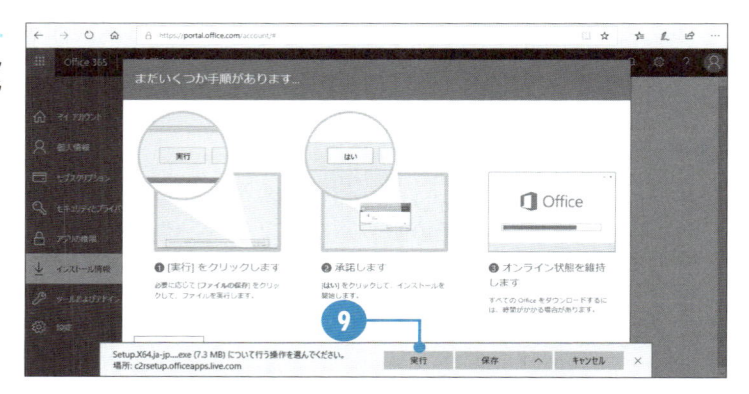

10

インストールが完了したら、[閉じる]をクリック。

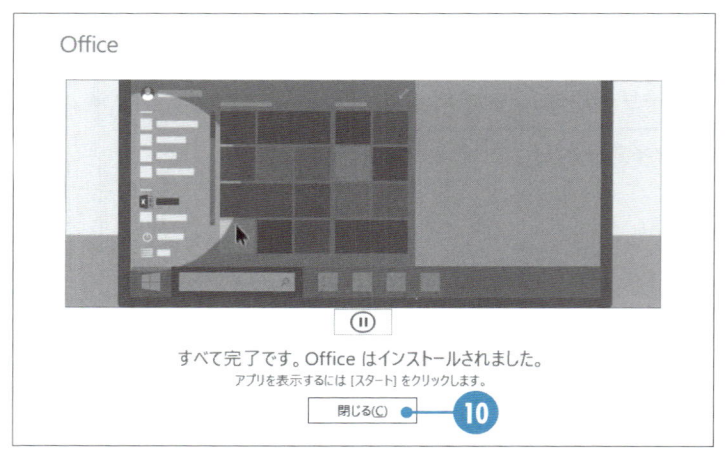

2-3-2　ライセンス認証する

　インストールしたOfficeデスクトップアプリを初めて実行するとき、ライセンス認証が必要です。Word、Excel、Outlook、PowerPointなどのすべてのOfficeデスクトップアプリで認証を行う必要はありません。どれか1つで認証を行うだけです。

　ライセンス認証を使用しない場合、約1か月後にOfficeデスクトップアプリを使用できなくなります。

❶
WordやExcelなどのOfficeデスクトップアプリを起動する。

❷
ライセンス認証の画面が開くので、[同意する]をクリック。

　端末の入れ替えなどで、新しい端末にOffice 365 デスクトップアプリをインストールしてライセンス認証するときは、その前に、使わなくなる端末のOffice 365 デスクトップアプリの認証を取り消してください。認証の取り消しを「非アクティブ化」と呼びます。

2-3-3　ライセンス認証の確認と非アクティブ化を行う

　Office 365 では、1ユーザーで、5台までのパソコン（WindowsまたはMac OS）、5台までのタブレット、5台までのスマートフォン、合計15台の端末にOfficeデスクトップアプリをインストールして使用できます。現在、何台の端末にOfficeデスクトップアプリをインストールしてアクティブ化しているか確認したいときは、[マイアカウント]メニューを使用します。

　また、Officeデスクトップアプリをインストールした端末で、Officeデスクトップアプリの使用を停止するときは、ライセンス認証を取り消します。認証の取り消しを「非アクティブ化」と呼びます。なお、ライセンス認証を取り消すとその端末でOfficeデスクトップアプリを使用できなくなりますが、削除されるわけではありません。再度認証を行えば、また使用できるようになります。

1 ユーザーアイコンをクリック。

2 [マイアカウント]をクリック。

3 [インストール情報]をクリック。

4 アクティブ化済みのアプリ数が表示されるので、インストール数右側の下向き三角をクリック。

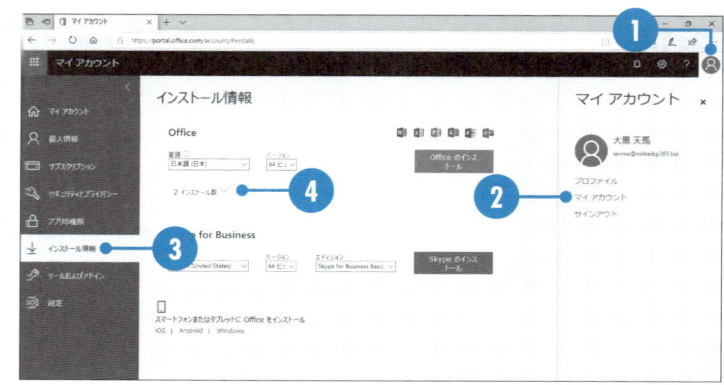

5 ライセンス認証済みの状況を確認する。

6 非アクティブ化する端末の[非アクティブ化]をクリック。

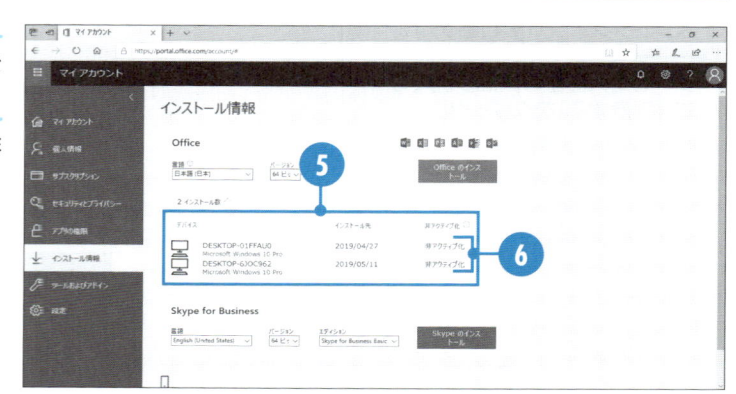

2-3-4　サインインする

　別売のインストール済みOfficeデスクトップアプリをOffice 365クラウドサービスと連携させるには、Office 365のユーザーアカウントでOfficeデスクトップアプリにサインインします。Word、Excel、Outlook、PowerPointなどのすべてのOfficeデスクトップアプリでサインインを行う必要はありません。どれか1つでサインインを行うだけです。

　サインインを行うことで、WordやExcelからOneDriveにファイルを保存したりする、連携が可能になります。

①

Word や Excel などの Office デスクトップアプリを起動する。

②

[サインイン]をクリック。
既に他のユーザーでサインイン済みの時は、一度サインアウトする。

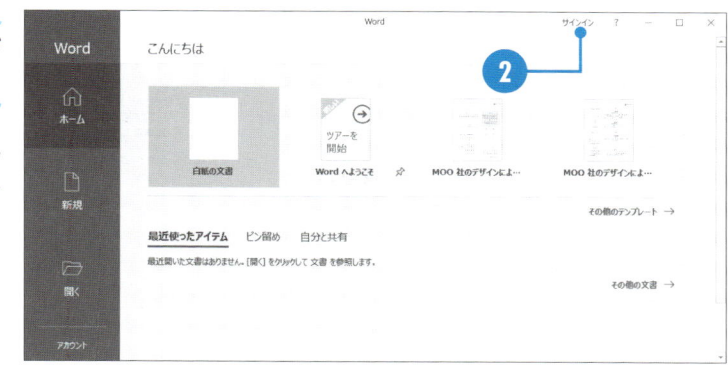

③

Office 365 のユーザー名を入力する。

④

[次へ]をクリック。

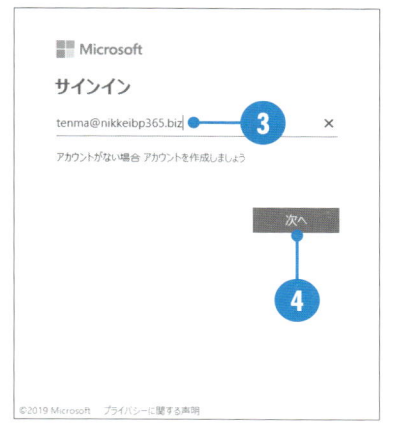

⑤

パスワードを入力する。

⑥

[サインイン]をクリック。

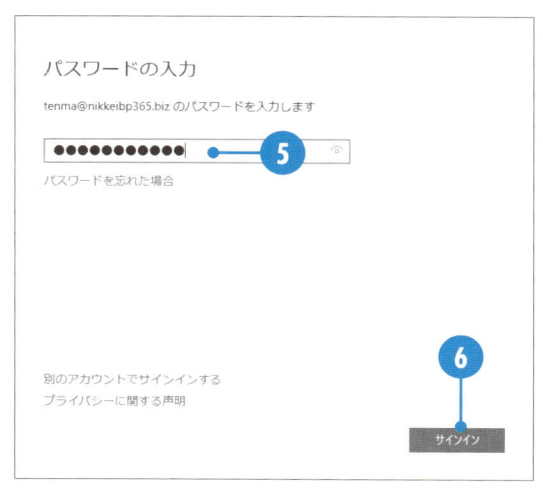

7

[はい]をクリック。

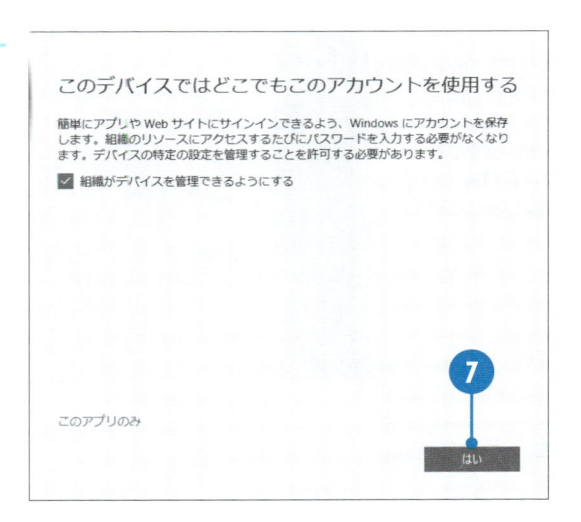

8

サインインが完了すると、タイトルバーにユーザー名が表示される。

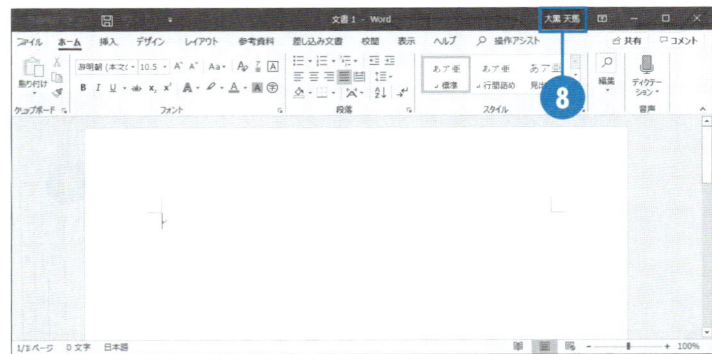

2-3-5 ユーザーの切り替えとサインアウトを行う

Office デスクトップアプリで複数の Office 365 ユーザーを切り替えて使うときは、ユーザーの切り替えやサインアウトを行います。

1

サインアウトするには、Word やExcel などのデスクトップアプリを開く。

2

タイトルバーのユーザー名をクリック。

3

[アカウントの切り替え]をクリック。

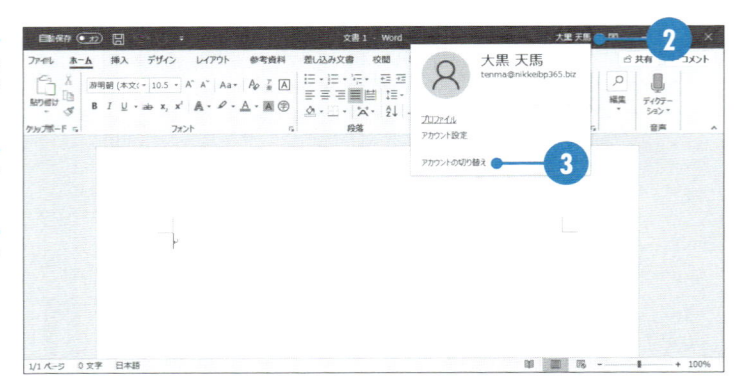

4
[サインアウト]をクリックすると、サインアウトする。

5
[アカウントの追加]をクリックすると、別のアカウントを追加登録できる。

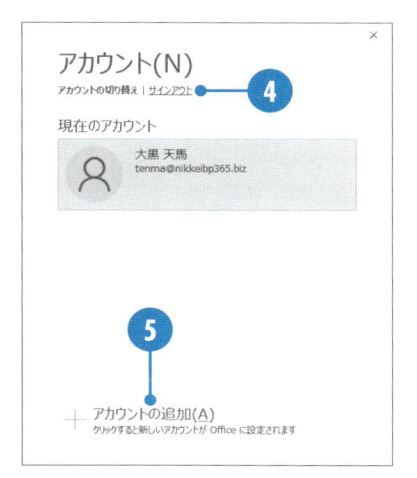

なお、複数のアカウントを登録したOfficeデスクトップアプリでは、この画面に登録済みのアカウントが一覧表示されます。アカウントをクリックして、別のアカウントにサインインし直すことができます。

2-3-6　Outlookでアカウント登録する

デスクトップアプリのOutlookでOffice 365を使用するとき、ライセンス認証以外に、Office 365をメールサーバーとしてアカウント登録する必要があります。アカウント登録することで、Outlookを使用してOffice 365のメールを送受信したり、予定表や連絡先を使用できるようになります。

1
Outlookデスクトップアプリを起動する。

2
Office 365のユーザー名を入力する。

3
[接続]をクリック。

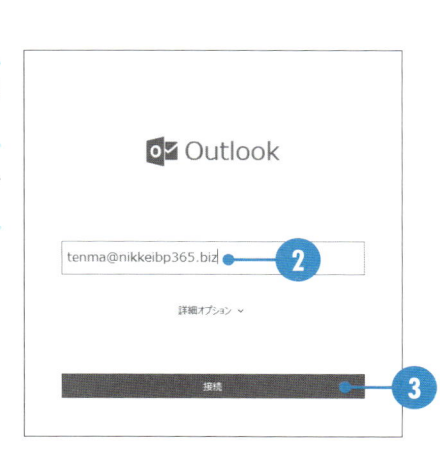

4

[完了]をクリック。OutlookデスクトップアプリがOffice 365と完全に同期をとるまで、しばらく時間がかかることがある。

5

[Outlook Mobileをスマートフォンにも設定する]をオンにすると、手順6でスマートフォンへの通知画面が表示される。Office 365のユーザーアカウントでサインインを済ませているときは、パスワードの入力は省略される。サインインを済ませていないときは、パスワードの入力が必要になる。

6

電話番号を入力。

7

[リンクの送信]をクリック。SMSでスマートフォンに、スマートフォン用Outlook（AndroidまたはiOS）のインストールのためのリンクが送信される。

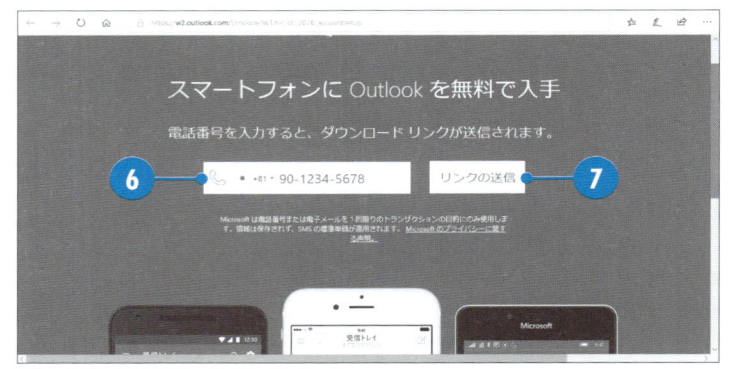

2-3-7　OneDrive for Businessでサインインする

　WindowsでOneDrive for Businessと同期をとると、いちいちWebブラウザーやOfficeデスクトップアプリを開いてファイルのアップロードやダウンロードをしなくても、WindowsのOneDrive for Businessフォルダーにファイルを保存するだけで、Office 365のOneDrive for Businessと同期するようになります。そのためには、WindowsのOneDriveアプリにOffice 365のユーザーアカウントを登録します。

1 フォルダーウインドウを開き、[OneDrive]をクリック。

2 [OneDrive を設定]ウインドウが開いたら、メールアドレスを入力する。

3 [サインイン]をクリック。

4 [次へ]をクリック。

5 [OneDriveへようこそ]のウインドウが表示されたら、設定は終了である。
OneDrive for Business に保存しているファイル容量が大きい場合、同期が完了するまでにかなりの時間がかかることがある。

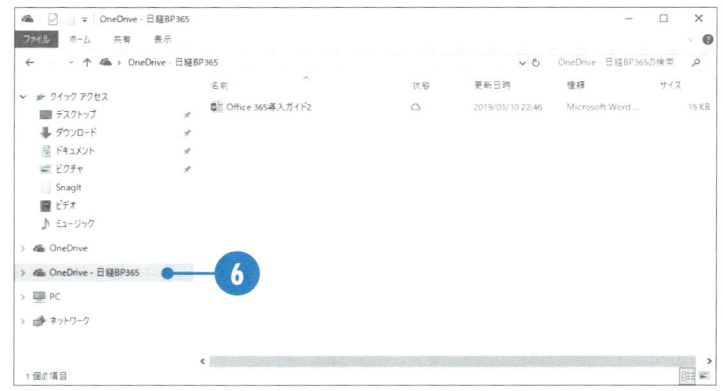

6 フォルダーウインドウの[OneDrive - テナント名]をクリックすると、OneDrive for Businessと同期するフォルダーが開く。

　Windowsには、既定の設定で［OneDrive］というフォルダーがあります。これは個人ユーザー向けのOneDriveで、基本容量だけであれば無償で利用できます。Office 365のOneDrive for Businessを登録すると、既定の「OneDrive」とは別に、新しく「OneDrive - (Office 365テナント名)」というフォルダーが作成されます。

2-4 Windowsとの連携

　Office 365をWindowsとまったく無関係に利用することも可能ですが、Windowsと連携することで、Office 365のユーザーアカウントをWindowsアカウントとして利用したり、Windowsのクラウド関連機能をシームレスにOffice 365と連携できたりします。

　Office 365のユーザーアカウントをWindowsのアカウントと連携させるには、Windowsの初期設定時にOffice 365ユーザーを登録する方法、Windowsの既存ユーザーアカウントで、新規にOffice 365をWindowsユーザーにする方法、既存のWindowsユーザーにOffice 365ユーザーを紐付ける方法の3つの方法があります。

　本書ではWindows 10を例に説明します。

2-4-1 Windowsの初回起動時にOffice 365ユーザーを登録する

　新規にWindowsのPCを使い始める時は、Windowsの最初の起動時にOffice 365アカウントを登録します。

❶ 新しいPCでWindowsを起動する。あるいは、Windowsを再インストールしたPCでWindowsを起動する。ウィザードに従って設定を進める際、必ずインターネットに接続できる環境で作業を行う。

❷ 設定の選択肢が表示されたら、[組織用に設定]をクリック。

❸ [次へ]をクリック。

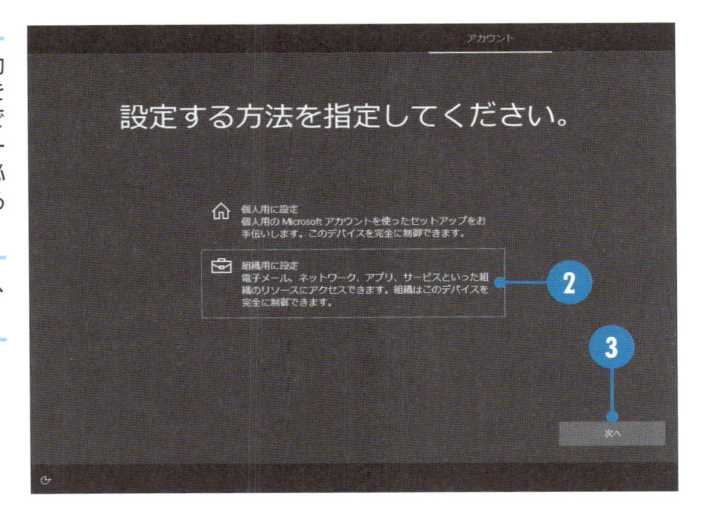

4

Office 365 のユーザー名を入力する。

5

[次へ]をクリック。

6

Office 365 のパスワードを入力する。

7

[次へ]をクリック。

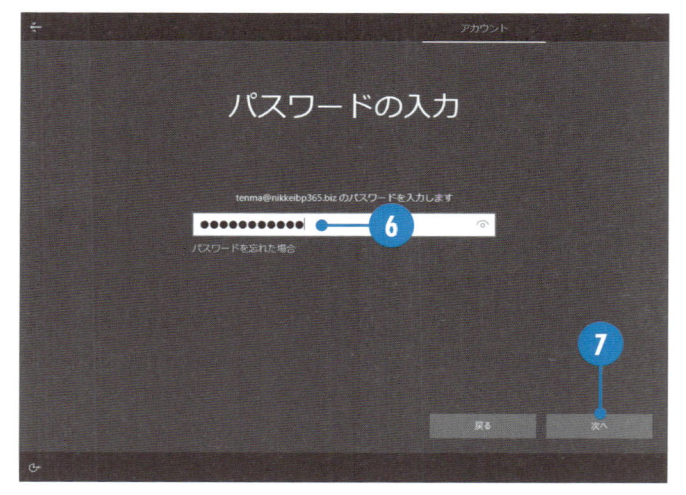

8

複数のデバイス(PCやタブレット、スマートフォン)で同じOffice 365ユーザーアカウントを利用し、Windowsのユーザー設定の一部などを複数のデバイスで連携するには、アクティビティの設定で[はい]をクリック。

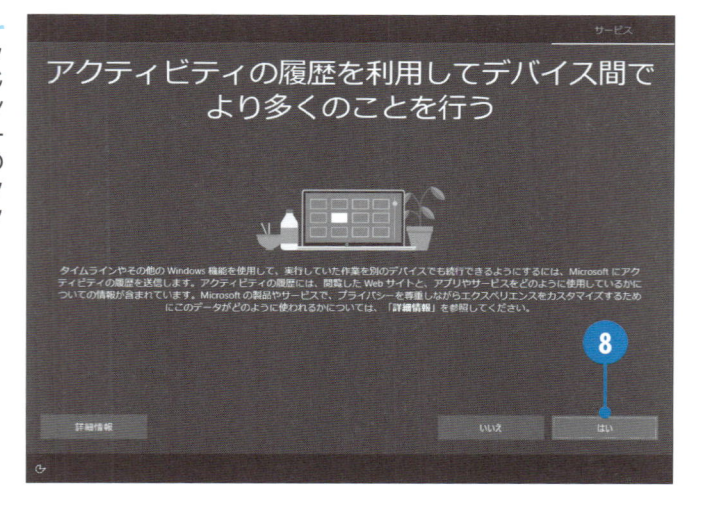

⑨ 引き続きウィザードの手順に従ってWindowsのインストールを済ませると、Office 365のユーザー名でWindowsにログオンできるようになる。

　Windowsのインストールウィザードで登録したOffice 365のユーザーは、このWindowsに対する管理者となります。なお、初回サインイン時に、Office 365ユーザーアカウントに登録した携帯電話などを利用したユーザー認証が必要になることがあります。

2-4-2　Office 365ユーザーを新規Windowsユーザーにする

　既に使用しているWindowsに、Office 365ユーザーを新規ユーザーとして追加できます。

① あらかじめ、Windowsの管理者ユーザーでWindowsにサインインする。

② スタートボタンをクリック。

③ [設定](歯車)をクリック。

4

[アカウント]をクリック。

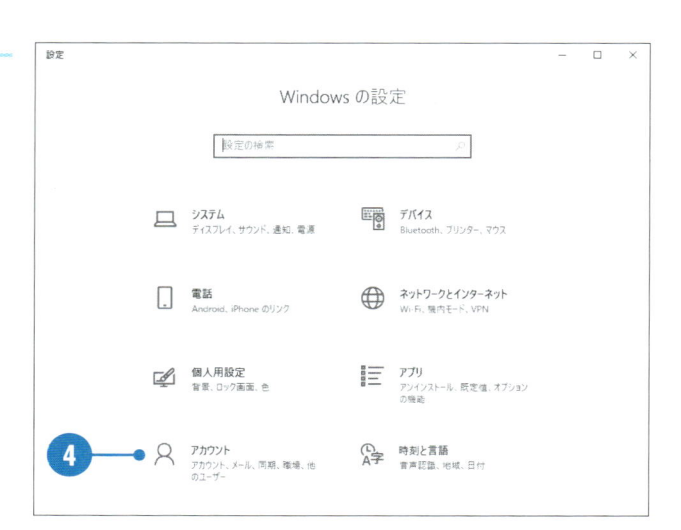

5

[他のユーザー]をクリック。

6

[職場または学校のユーザーを
追加]をクリック。

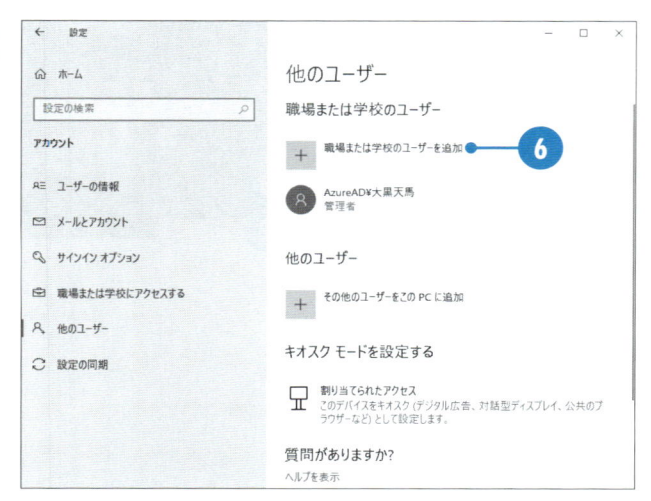

❼ Office 365のユーザー名を入力する。

❽ このWindowsに対する権限として、アカウントの種類で[標準]または[管理者]を選択する。

❾ [追加]をクリック。

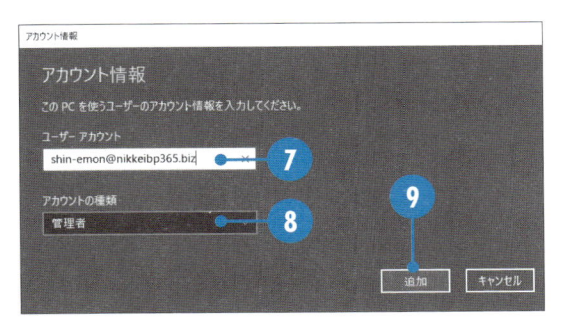

❿ Office 365のユーザーが、新しいWindowsユーザーとして登録された。
※既にOffice 365のユーザーアカウントを登録しているWindowsでは、同じテナントのユーザーしか追加登録できない。

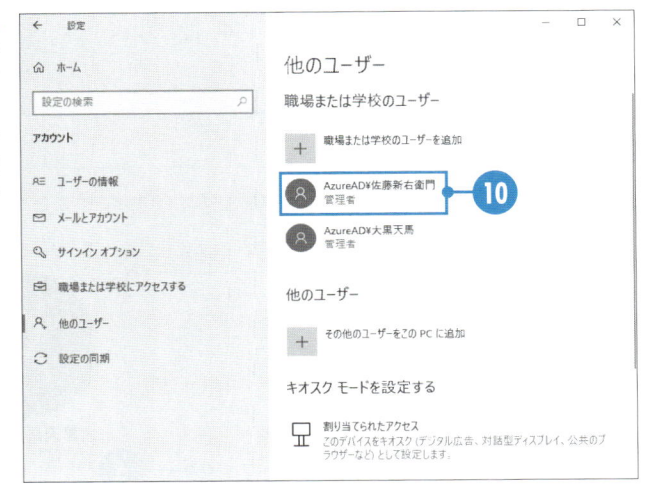

2-4-3　既存ユーザーにOffice 365ユーザーを割り当てる

既存のWindowsユーザーにOffice 365のユーザーを割り当てる方法を紹介します。

ただし、一般的な用途では、前述のOffice 365ユーザーで新規にWindowsユーザーを作成する方が、簡単でスムーズな連携が可能になります。

❶ あらかじめOffice 365ユーザーを割り当てたいWindowsユーザーで、Windowsにサインインする。

❷ スタートボタンをクリック。

❸ [設定]（歯車）をクリック。

4

[アカウント]をクリック。

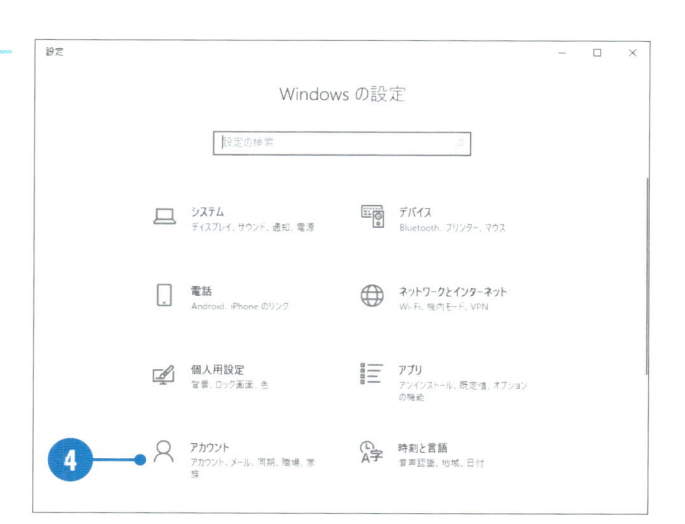

5

[職場または学校にアクセスする]をクリック。

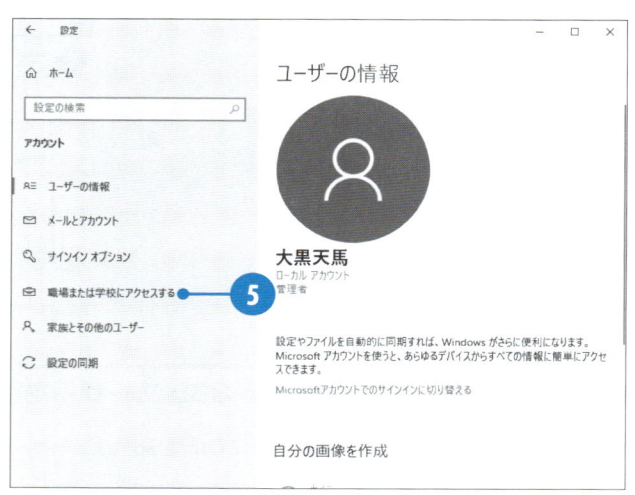

6

[接続]をクリック。

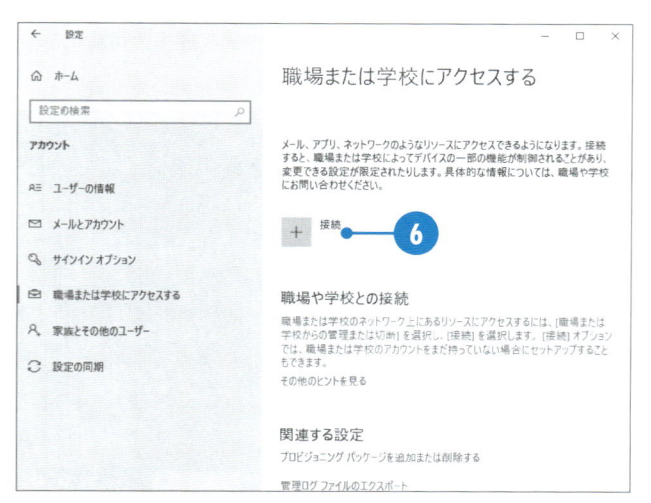

7 Office 365ユーザー名を入力
する。

8 [次へ]をクリック。

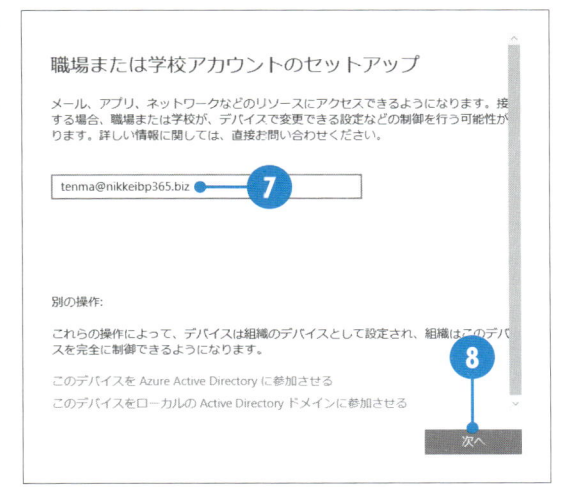

9 Office 365のパスワードを入
力する。

10 [サインイン]をクリック。

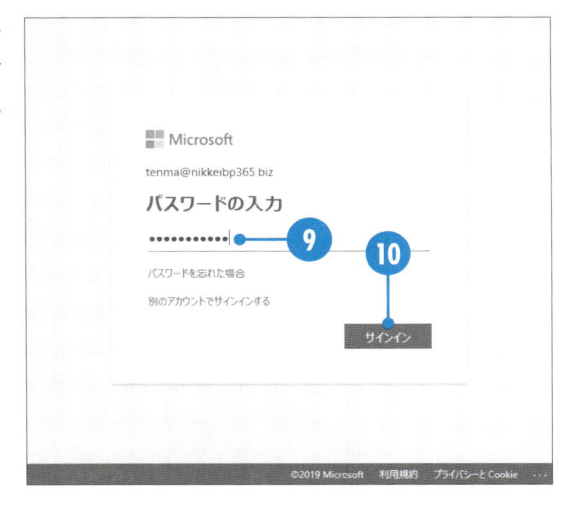

11 [完了]をクリック。

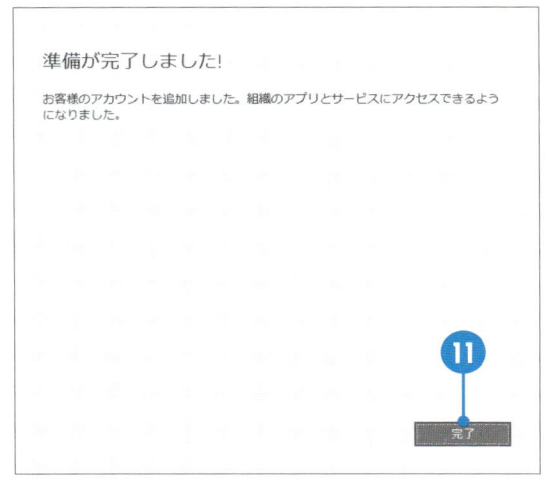

⑫

「職場または学校アカウント」として Office 365 のユーザーが登録された。

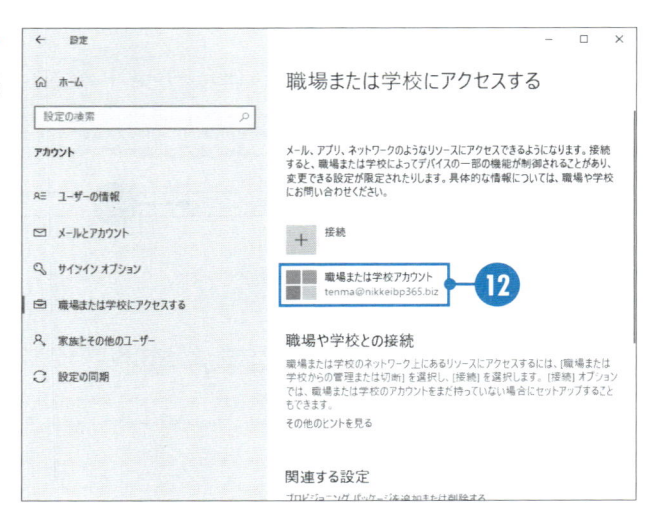

ユーザーアカウントの種類

Windowsのユーザーアカウント管理では、しばしば「組織」あるいは「職場または学校のユーザー」という表現と「個人」という表現が選択肢として登場します（Active Directoryのユーザーアカウントである「ドメインアカウント」もあります）。Windowsで言う「職場または学校のユーザー」とは、実際に組織が職場や学校かどうかではなく、Azure Active Directory（Azure AD）のユーザーアカウントを意味します。Office 365では、Azure ADと呼ばれるクラウド版のActive Directoryをユーザー管理に使用しています。

一方で、Windowsのローカルユーザーアカウントや、無料でオンライン作成できるMicrosoftアカウントは、Windowsでは個人アカウントとして扱われます。

したがって、個人であってもOffice 365ユーザーであれば「職場または学校のユーザー」になりますし、企業や学校などの法人であっても、無料のMicrosoftアカウントやローカルユーザーアカウントを使用している場合は「個人」アカウントになります。

Outlook

本章では、Office 365 の主要な機能であるメール機能を紹介します。

Office 365 の Outlook が、この役割を担います。

- ・概要
- ・メール機能のユーザー設定
- ・メールの送受信
- ・Outlook のセットアップ

メールの概要と基本操作

Office 365 では、メールソフトがなくても、Web ブラウザーがあればメールの送受信を行えます。また、Outlook デスクトップアプリを組み合わせて使用すれば、Outlook の機能を 100%活用することができます。

3-1-1 Office 365 のメールサービスの概要

Office 365 のメールサービスは、Exchange Online というクラウド版サーバーで実現されます。メールボックスは Exchange Online 内に作成され、Outlook デスクトップアプリ、Windows 10 のメール、あるいは Android や iOS の Outlook アプリで利用できます。

また、メールソフトがなくても、Edge や Internet Explorer、Chrome などの Web ブラウザーがあれば、Web 版の Outlook アプリを利用してメールを送受信できます。Web 版の Outlook は、以前は Outlook Web App（OWA）とも呼ばれていたもので、一般に Web メールと呼ばれるサービスに相当します。Web 版も Outlook も Windows 10 のメールも、いずれも見た目のデザインや操作性には統一性があり、違和感なく利用できます。

Office 365 では、送受信メールや連絡先などの情報は、原則として Office 365 のメールサーバーである Exchange Online に保存されます。Exchange Online に保存されている情報を、さまざまなデバイスからアクセスして閲覧するので、デスクトップ PC やノート PC、タブレット、スマートフォンなど、複数のデバイスを使い分ける現代のユーザーには非常に便利なシステムです。

また、伝統的な PC では、大容量のデータを蓄積して使いこなすには、ハイスペックな PC が必要でした。しかし、Outlook を含む Office 365 では、データをクラウドサービスである Office 365 上に保存し、必要に応じて Web アプリを使用することで、少容量で軽量、バッテリー持ち時間の長い携帯性に優れた PC を実用的なデバイスとして利用することを可能にしています。

その他のメールソフトを使う

メールサーバーとしての機能を持つExchange Onlineは、POP3やIMAP4にも対応しています。そのため、伝統的なSMTP/POP3/IMAP4を使うメールソフト（メーラー）でメールを送受信することも可能です。

ただし、メールの送受信は出来ても、連絡先やスケジュール表などのOutlookの豊富な機能のほとんどは利用できません。Outlook以外のメールソフトを利用するメリットはないと言っていいでしょう。

また、POP3でメールを受信するとき、一般的には受信したメールをメールサーバーから削除します。すると、Exchange Onlineにはすでにデータが残らないので、他のデバイスからは閲覧できなくなってしまいます。

POP3を使用するときは、このことに留意するか、あるいはメールソフトのオプションの設定で、メールサーバーから受信メールを削除しないように設定します。

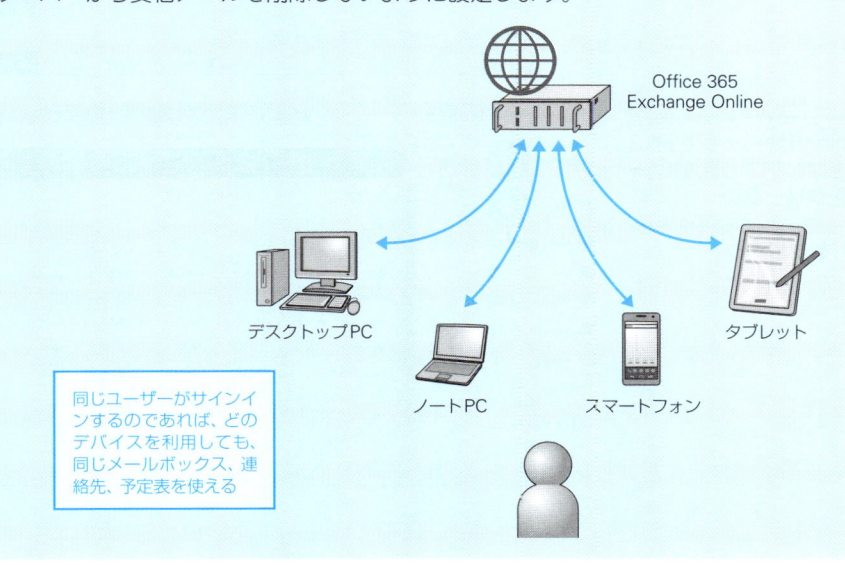

Office 365
Exchange Online

デスクトップPC　　　　ノートPC　　　スマートフォン　　　タブレット

同じユーザーがサインインするのであれば、どのデバイスを利用しても、同じメールボックス、連絡先、予定表を使える

Outlookアプリを開いてメールを読む

Outlookアプリ（以下、単にOutlook）はWebメールの一種ですが、デザインはOutlook
デスクトップアプリとほとんど同じです。Outlook 2013やOutlook 2016、Outlook 2019
を使ったことがあるユーザーであれば、直感的にすぐに使えるでしょう。

3-2-1 Outlookでメールを読む

①
Office 365（https://login.
microsoftonline.com）にサ
インインする。

②
[Outlook]をクリック。

③
Office 365の他ページを開い
ているときは、アプリ起動ツー
ルボタンをクリック。

④
[Outlook]をクリック。

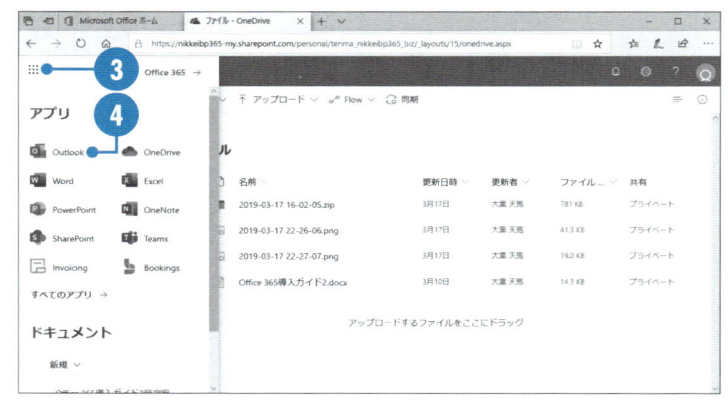

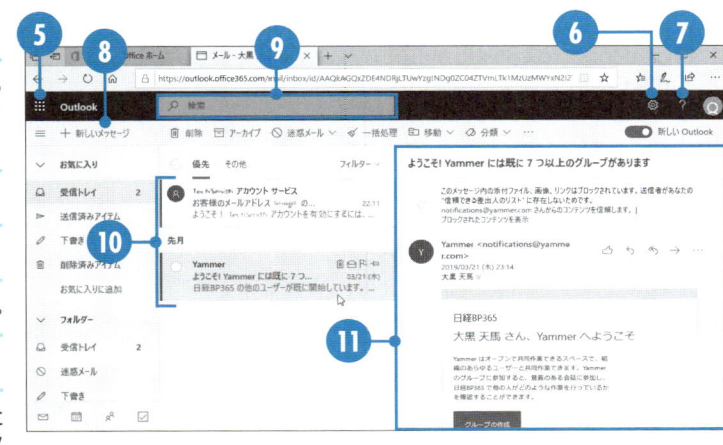

⑤ アプリアイコンをクリックすると、Office 365の他のアプリを開く。

⑥ 設定メニューを開く。

⑦ ヘルプウインドウを開く。

⑧ メールを新規作成して送信する。

⑨ キーワードでメールを検索する。

⑩ 受信メールの一覧から読みたいメールをクリック。ダブルクリックすると、そのメールが別ウインドウで開く。

⑪ メールの内容が表示される。

3-2-2　新しいOutlookと伝統的なOutlookスタイルの切り替え

　Outlookには、現在、2つのスタイルがあります。新しいOutlookと伝統的なOutlookです。新しいOutlookスタイルは、Windows 10のデザインと統一性があります。伝統的なOutlookスタイルは、デスクトップアプリのOutlook 2013や2016を引き継いだデザインです。

　ただし、新しいOutlookでは、Outlookの「メモ」機能に対応していません。メモを利用しているユーザーは、伝統的なスタイルでOutlookを使うか、メモを使うときには一時的にスタイルを切り替えるとよいでしょう。新しいスタイルと伝統的なスタイルの切り替えはワンクリックで簡単にできます。

　本書では、基本的に新しいスタイルのOutlookを取り上げます。

　スタイルの切り替え方法は次のとおりです。

① Outlookを開く。

② 右上のスライドスイッチをクリックする。
スライドスイッチのキャプション表示で、現在のOutlookスタイルがわかる。

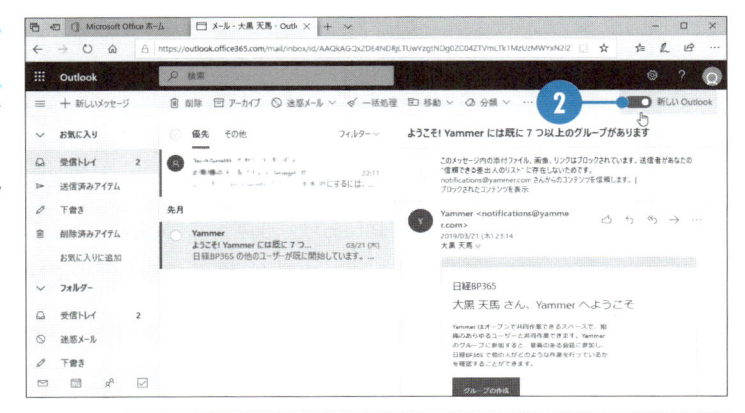

新しいOutlookスタイルから伝統的なOutlookスタイルに切り替えるときは、[元に戻します]メッセージが表示される。

スライドスイッチのキャプション	現在の表示スタイル
新しいOutlook	新しいOutlookスタイルで表示中
新しいOutlookを試してみる	伝統的なOutlookスタイルで表示中

3
[今はしない]をクリックして、伝統的なOutlookスタイルに変更する。

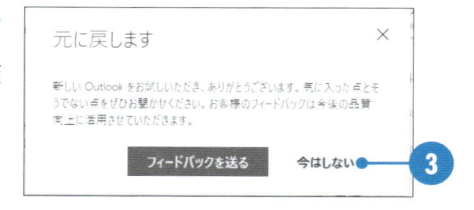

4
伝統的なOutlookスタイルでは、スライドスイッチが[新しいOutlookを試してみる]になる。

5
[その他]をクリックして、Outlookのアイテムフォルダーを展開する。

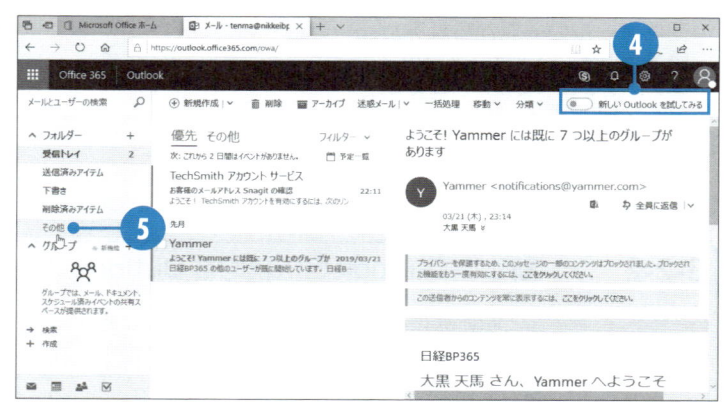

6
伝統的なOutlookでは、Outlookデスクトップアプリで作成した[メモ]にアクセスできる。新しいOutlookでは、メモにアクセスすることはできない。

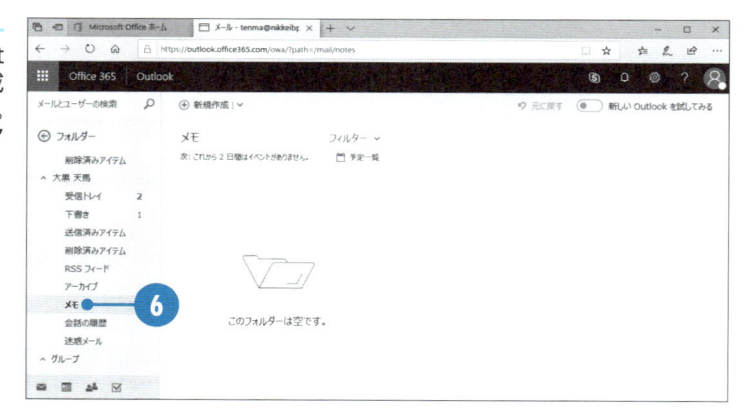

3-2-3　優先メールとその他のメール

Outlookでは重要なメールを「優先」メール、あまり重要でないメールを「その他」のメールとして自動仕分けします。この機能によって、重要なメールを見つけやすくなり、あまり重要でないメールマガジンや広告メールに埋もれて重要なメールを見逃してしまうトラブルを防止できます。

❶
[優先]をクリックすると、優先メールが表示される。

❷
[その他]をクリックすると、優先メール以外のメールが表示される。

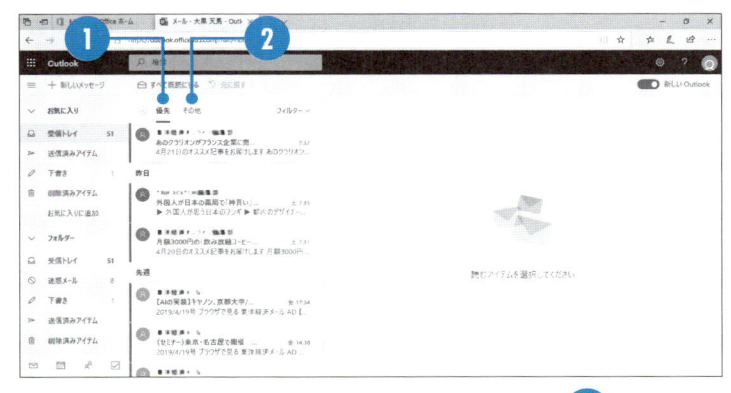

❸
「優先」「その他」の仕分けを無効化することもできる。
Outlookの[設定]（歯車）をクリック。

❹
[優先受信トレイ]スイッチをクリックして、仕分けを無効化/有効化する。

3-2-4 優先とその他の間のメールの移動

　便利な自動仕分け機能ですが、反面、システムによる自動仕分けは100%確実とは言えません。ときに間違った仕分けをしてしまうこともあります。間違った仕分けを見つけたときは、手作業で「優先」[その他]を変更してください。こうした作業を繰り返すことで、Outlookは自動仕分けを学習し、確度を向上させます。

　優先メールをその他のメールに移動するには、次のようにします。

❶
移動したいメールをマウスで右クリック。

❷
ポップアップメニューの[移動]－[その他受信トレイに移動]または[移動]－[常にその他受信トレイに移動]をクリック。
右クリックしたメールだけを移動するには、[その他受信トレイに移動]を実行する。同じ差出人からのメールすべてを移動するときは、[常にその他受信トレイに移動]をクリックする。

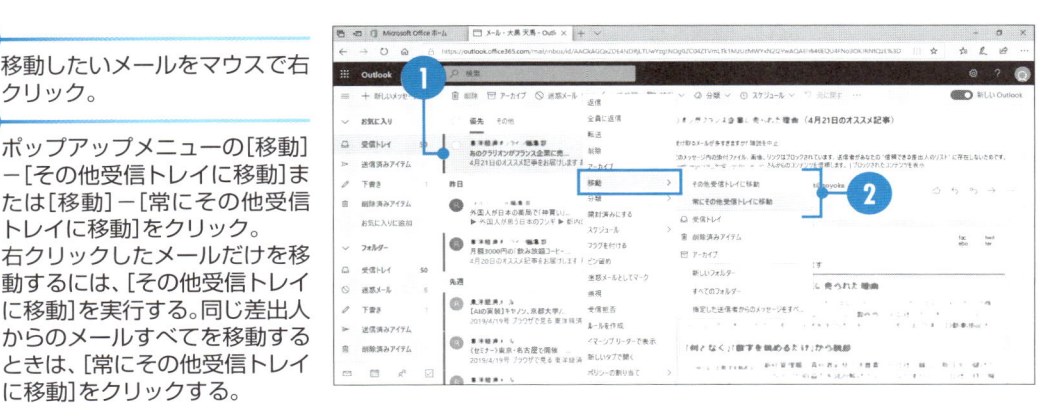

その他に仕分けられたメールを優先と例に移動するときも、間違って仕分けられたメールを右クリックして、同様の操作をしてください。

3-3 メールを送信する

Outlookを開いて、メールを送信します。

3-3-1 メール送信の基本

Office 365にサインインして、［Outlook］アイコンをクリックし、Outlookを開いてください。

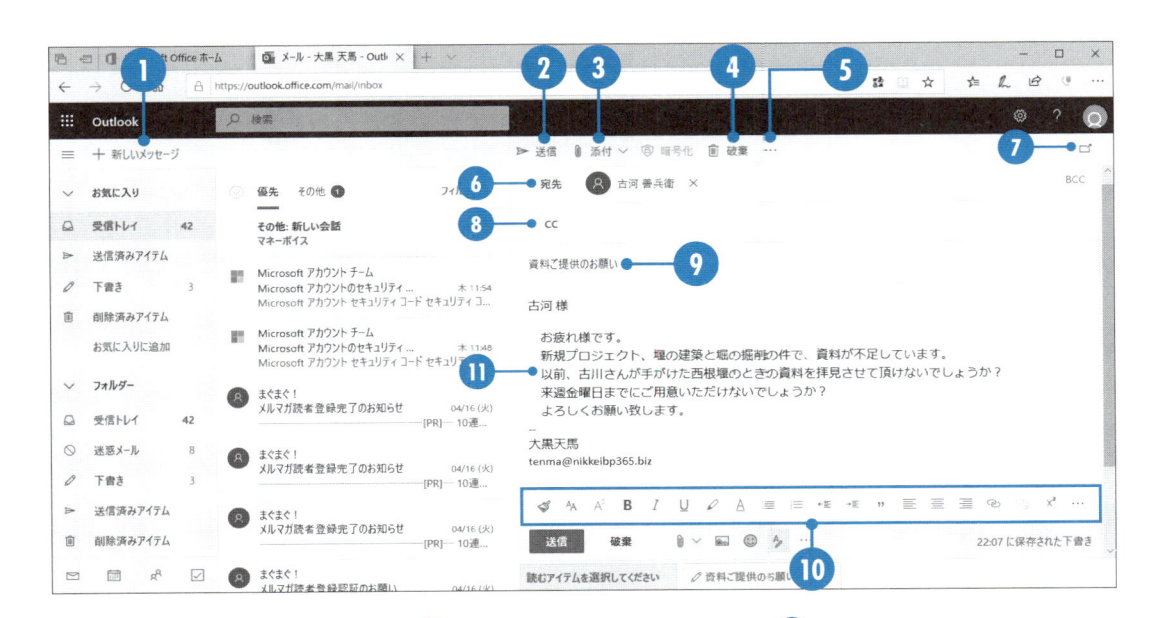

① [新しいメッセージ]をクリック。

② 作成中のメールを送信する。

③ 添付ファイルを挿入する。

④ 作成中のメールを破棄する。

⑤ その他のメニューを表示する。

⑥ 連絡先(アドレス帳)から宛先を選択するときは、［宛先］をクリック。

⑦ 新規メールを別ウインドウで開く。

⑧ 必要であれば、[CC]に同報送信先メールアドレスを入力する。

⑨ メールの件名を入力する。

⑩ 書式ボタン。文字の書体、大きさ、色、飾りなどを編集する。

⑪ メールの本文を入力する。

複数のアドレスの入力

宛先やCCに複数のメールアドレスを入力する時は、メールアドレスをセミコロン（;）で区切って列挙します。

3-3-2 署名を使用する

あらかじめ署名を作成しておき、署名を送信メールに挿入できます。

① [設定]（歯車）をクリックし、設定メニューを開く。

② [Outlookのすべての設定を表示]をクリック。

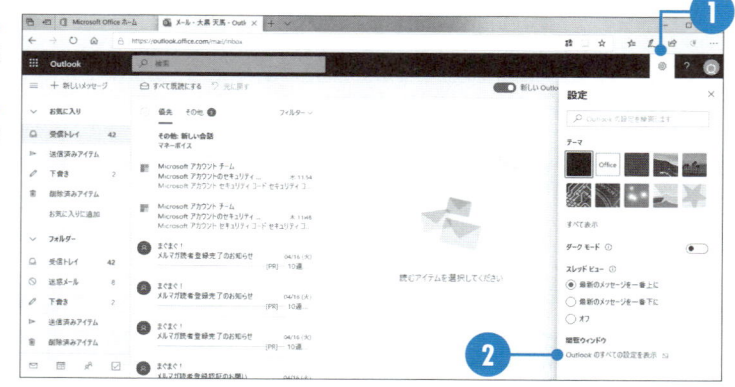

③ 設定ウインドウで、[メール]－[作成と返信]をクリック。

④ 作成メールに挿入する署名を入力する。

⑤ 新規メールに署名を自動的に挿入する時にオンにする。

⑥ 転送または返信メールに署名を自動挿入する時にオンにする。

⑦ 設定を保存する。

⑧ 設定ウインドウを閉じる。

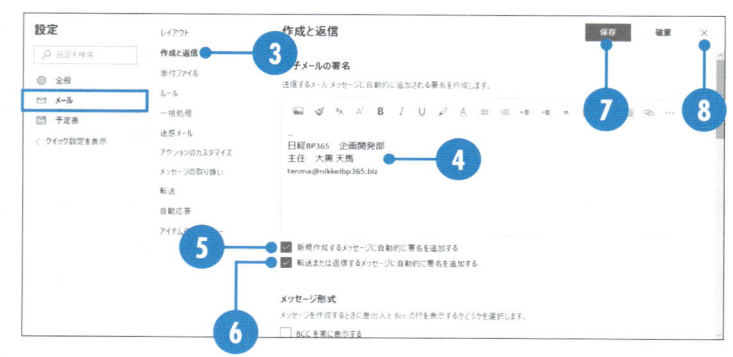

送信メールに署名を挿入するには、送信メール作成ウインドウで[その他]メニューを使用します。

① メール作成ウインドウで、[その他]（…）の[署名を挿入]をクリック。

② 署名が挿入された。

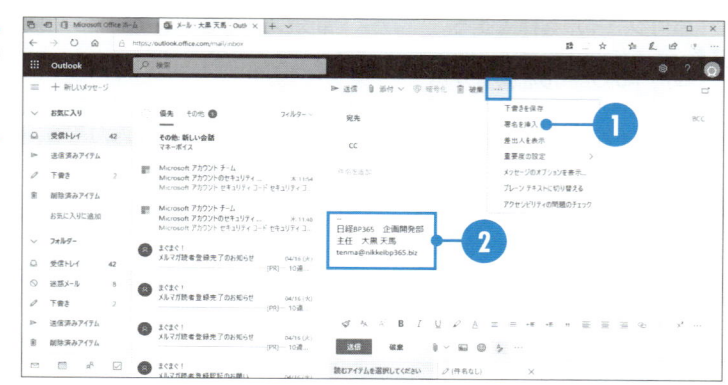

3-3-3　BCCを使用する

通常、[BCC] 欄は表示されていません。BCCを使うには、[BCC] 欄を表示します。

❶ メール作成ウインドウで、[BCC]をクリックする。

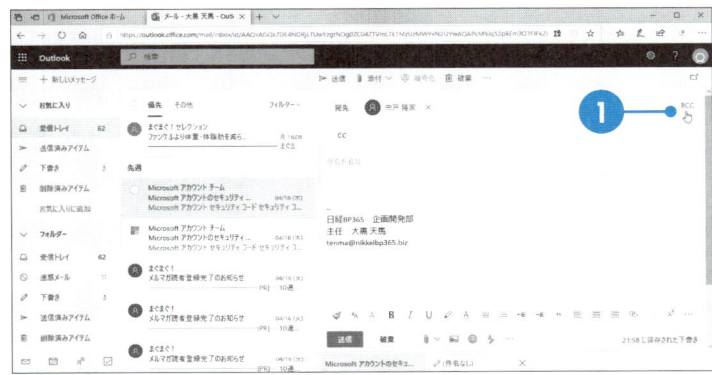

❷ [BCC]欄に宛先を入力する。

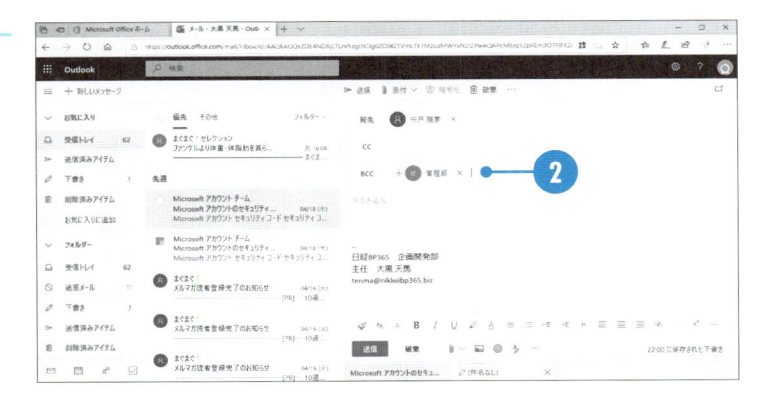

3-3-4　常にBCCを使用する

メール作成時に常にBCC欄を表示するようにするためには、3-3-2で紹介したOutlookの設定を開き、[作成と返信] で設定します。

❶ [BCCを常表示する]をオンにする。

❷ [保存]をクリックする。

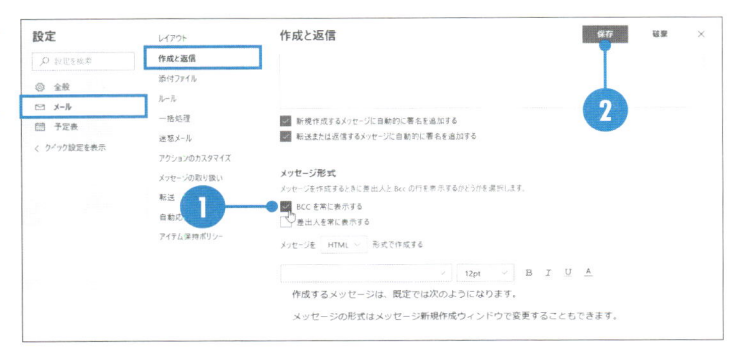

3-4 テキストまたはHTMLメールを送信する

　文字だけで構成される文書を、プレーンテキスト形式、標準テキスト形式、または単にテキスト形式などと呼びます。書体や文字の大きさ、色などの飾り付けをすることはできませんが、反面、ソフトウェアやOSに依存しない文書として利用できます。Windowsで言えば、メモ帳で編集する文書がテキスト形式です。

　電子メールの場合も、テキストメールであればどのようなメール環境でも送受信できますが、メールに飾り付け（書式設定）をした場合は、受信者のメール環境によっては、正常に受信できないことがあります。また、メールの送受信サイズもテキスト形式より大きくなります。

　Outlookの初期設定はHTML形式となっていますが、テキストメールを送信することもできます。

　HTMLとは、Webページの制作に使用する規格で、書体や文字の大きさ、色などを設定できます。しかし、メールを受信した側のシステムによって、送信側と必ずしもまったく同じ表示になるとは限りません。たとえば、書体や文字の大きさが変わってしまったり、段落間の間隔や改行位置が変わってしまったりすることがあります。

3-4-1 メール形式を切り替える

　作成中のメールの形式を、HTML形式からテキスト形式に、あるいはテキスト形式からHTML形式に、切り替えられます。

　HTML形式からテキスト形式に切り替えるには、次のようにします。

❶
　メール作成ウインドウで、[その他(...)]－[プレーンテキストに切り替える]をクリック。

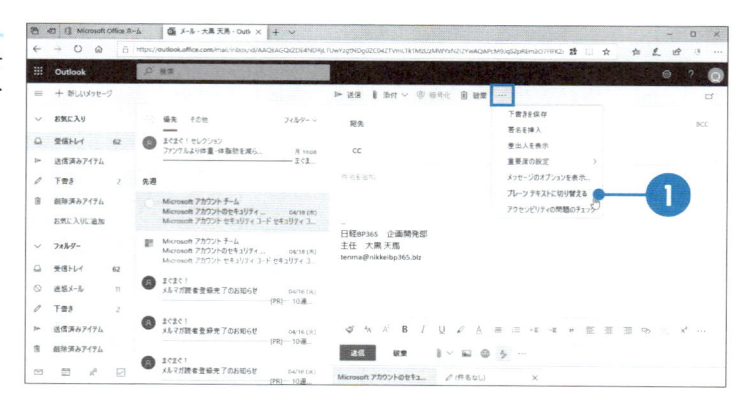

書体や色、文字の大きさを指定できるHTML形式と異なり、テキスト形式では文字だけのメールとなります。そのため、切り替える際には、情報が失われる旨の警告メッセージが表示されます。

一方、テキスト形式からHTML形式に変更する際は、次のようにします。

① メール作成ウインドウで、[その他(...)]－[HTMLに切り替える]をクリック。

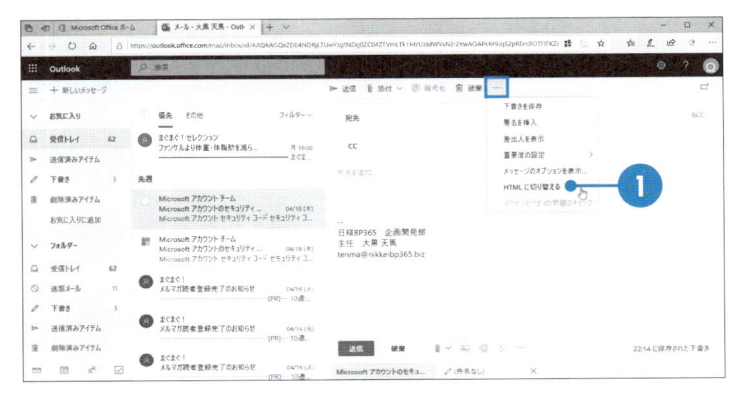

テキスト形式からHTML形式に切り替える際は、失われる情報はありませんので、警告メッセージは表示されません。

メール作成時の既定の文書形式を設定するには、次のようにします。

① Outlookの設定ウインドウを開く(3-3-2を参照)。

② [作成と返信]をクリック。

③ [メッセージを...形式で作成する]ドロップダウンリストで、[HTML]または[プレーンテキスト]を選択する。

④ [保存]をクリック。

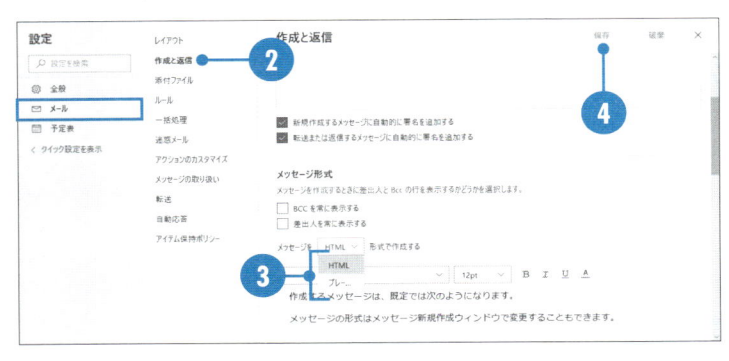

ファイルを送信する

Office 365でメールにファイルを添付して送信するには、2つのパターンがあります。1つは、一般的なファイル送信と同様に、ファイル自身を実際にメールに添付する方法、もう1つは、ファイルのリンクだけを送信する方法です。状況に応じて使い分けるとよいでしょう。2つの方法には以下のような違いがあります。

	ファイル送信	リンク送信
添付ファイルの実体	メールと一緒に送信	実体はOffice 365のクラウドサーバー（OneDriveやSharePointなど）に保存し、リンクだけを送信
メールサイズ	添付ファイルのサイズ分だけメールサイズが大きくなる。ただし、ファイルサーバーの仕様によって容量制限があるので、あまり大きなファイルは添付できない	ファイルの実体はOffice 365のクラウドサーバー上に保存するので、比較的大きなサイズのファイルでも利用可能
受信者の環境	インターネットメールを使用できる一般的な環境であれば、利用可能	基本的にOffice 365テナント（組織）内のユーザーが利用可能
添付ファイルの編集	メールに添付されたファイルをローカルPCに保存して編集。送信者のオリジナルファイルとは別のファイルになる	Office 365対応文書であれば、オンラインで編集し、送信者と受信者で同じファイルを共同編集することも可能

3-5-1 ローカルPCのファイルを送信する

デスクトップやドキュメントフォルダーなど、ローカルPCに保存したファイルをメールに添付して送信する手順は次のとおりです。この場合、添付ファイルをそのまま受信者に送信します。

① 新しいメッセージの作成ウインドウで、［添付］－［このコンピューターから選択］をクリック。

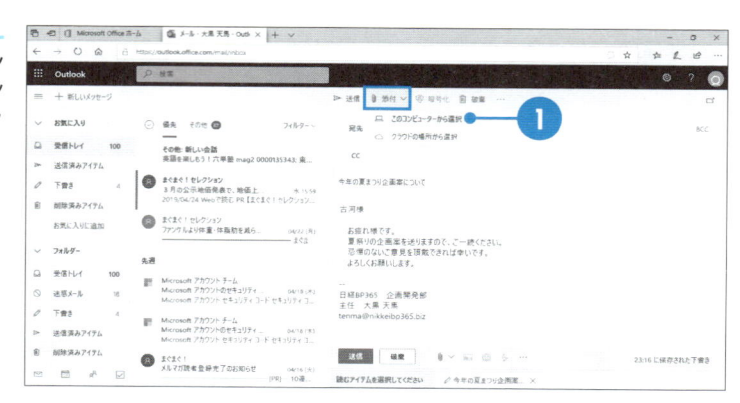

②

送信ファイルを選択し、[開く]
をクリック。

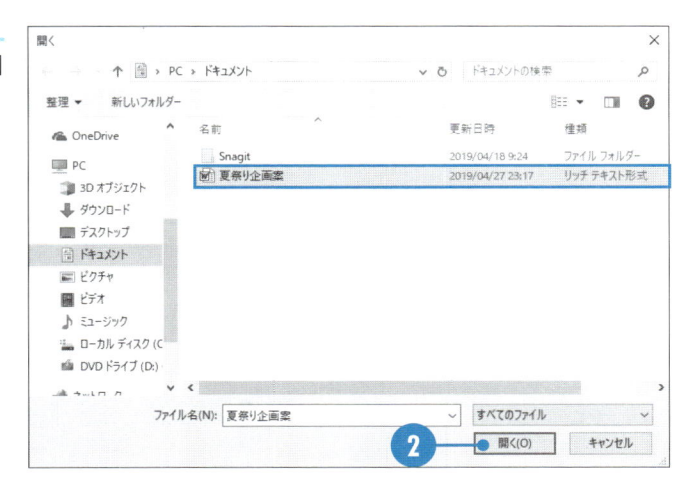

③

メール内容、宛先などを確認し、
[送信]をクリック。

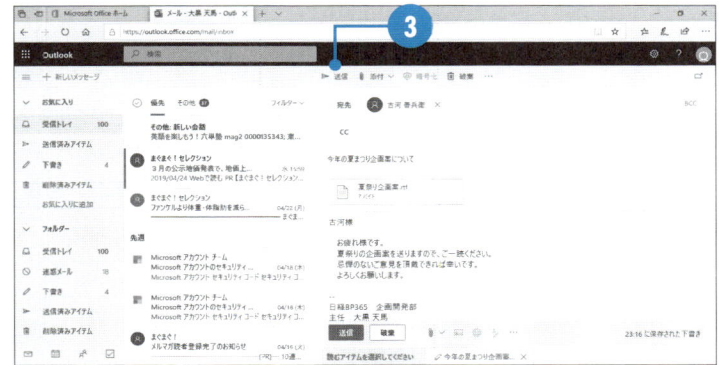

④

受信者は、添付ファイルのプレ
ビュー（閲覧）またはダウンロー
ドが可能。ただし、プレビュー
の可否、プレビューのスタイル
は、ファイル形式によって異な
る。
添付ファイルの[その他]をク
リック。

⑤

[プレビュー]または[ダウン
ロード]をクリック。

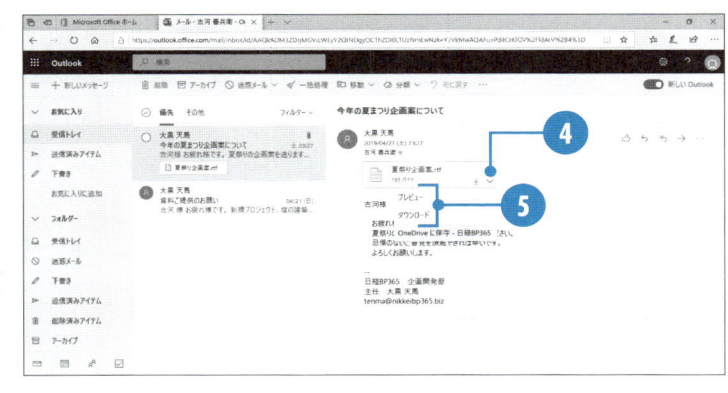

3-5-2 OneDriveのファイルを送信する

Office 365のOneDriveに保存したファイルを送信するには、次のようにします。ファイルの実体を送信するか、リンクだけ送信するか、選択できます。

❶
新しいメッセージ作成ウインドウで、[添付]−[クラウドの場所から選択]をクリック。

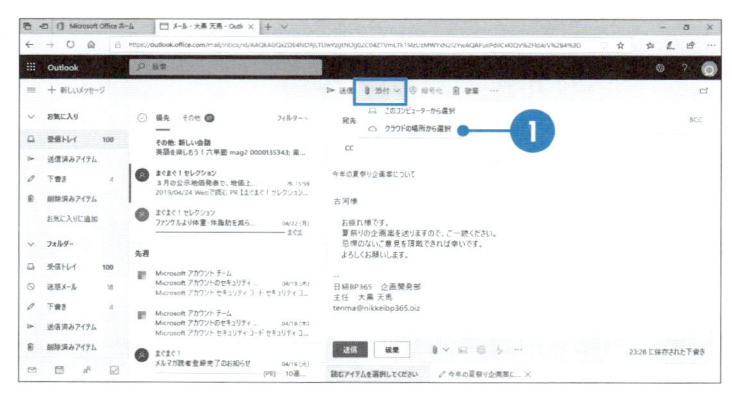

❷
OneDriveから、送信するファイルを選択する。

❸
[次]をクリック。

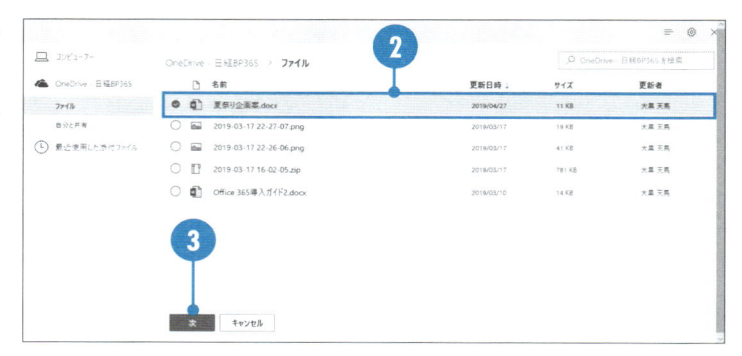

❹
OneDriveのファイルを受信者と共有する(リンクのみ送信)時は、[OneDriveのリンクとして共有する]をクリック。

❺
ファイルの実体を送信する時は、[コピーとして添付]をクリック。

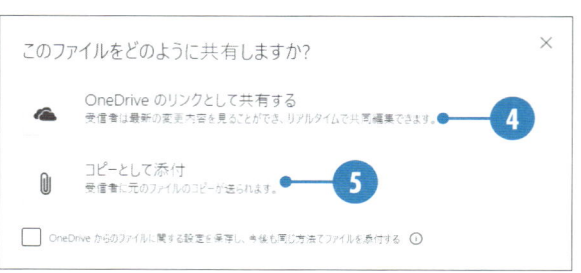

⑥ メール内容、宛先などを確認し、[送信]をクリック。

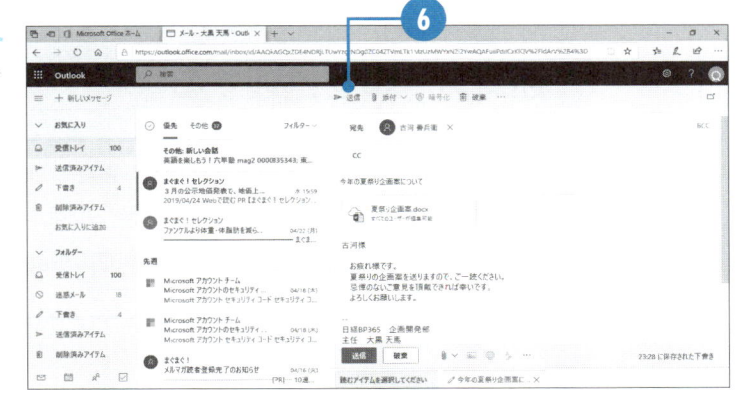

⑦ 受信者は、添付メールをプレビュー、ダウンロードできるほか、OneDriveで送信者と共有したまま編集することもできる。
添付ファイルの[その他]をクリック。

⑧ 送信者とOneDrive上でファイルを共有して直接編集するためには、[新しいタブで開く]をクリック。

⑨ 添付ファイルの実体へのリンクを取得するには[リンクをコピー]をクリックし、他のアプリケーションに貼り付ける。

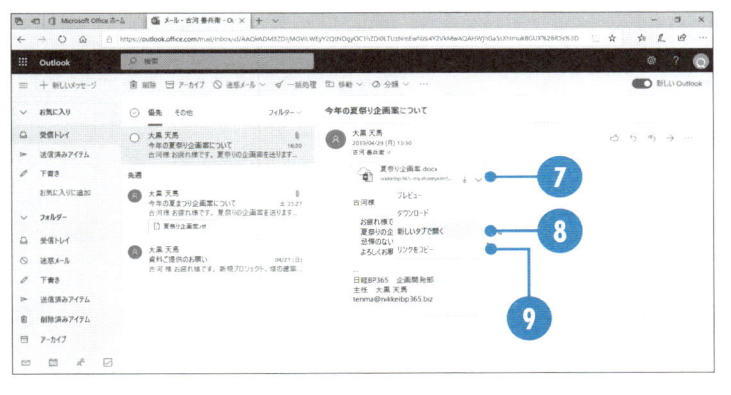

3-6 迷惑メールを処理する

Office 365 では、迷惑メールを自動的に判定し、分類します。しかし、自動判定は時に誤認することもあります。誤認されたメールは、手作業で迷惑メールに指定、あるいは迷惑メールから解除することで、自動判定の精度も向上します。

3-6-1 迷惑メールとして処理する

受信したメールを手作業で迷惑メールとして指定するには、次のようにします。

❶
迷惑メールとして指定するメールをマウスの右ボタンでクリック。

❷
[迷惑メールとしてマーク]をクリック。
※自動仕分けにまかせるのではなく、同じ差出人からのメールを無条件で受信拒否したい時は、メール本文の右上にある[その他](…)をクリックし、[ブロック(差出人)]をクリックする。

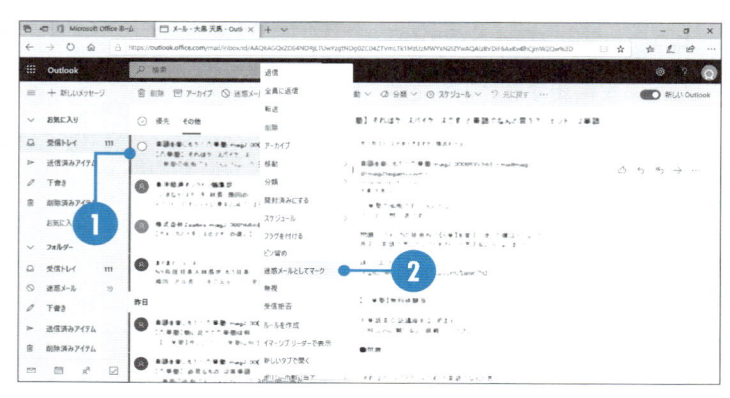

❸
[報告する]または[報告しない]をクリック。
誰にとっても迷惑メールであるメールの場合は[報告する]をクリックすることで、Office 365 に情報を送信し、迷惑メール判定の精度向上に役立つ。
こうして迷惑メールとしてマークしたメールは、[迷惑メール]フォルダーに移動する。

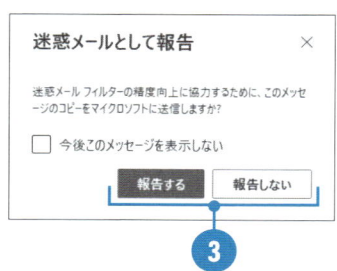

3-6-2　迷惑メールを解除する

迷惑メールとして誤認されてしまったメールについて、迷惑メール指定を解除して通常のメールにするには、次のように操作します。

❶
[迷惑メール]フォルダーをクリックして開く。

❷
迷惑メール指定を解除するメールをマウスの右ボタンでクリック。

❸
[迷惑メールにしない]をクリックする。
※迷惑メールの自動仕分けにたよらず、今後、同じ差出人からのメールを無条件に受け入れる時は、メール本文の右上にある[その他]（...)をクリックし、[信頼できる差出人のリストに追加]をクリックする。

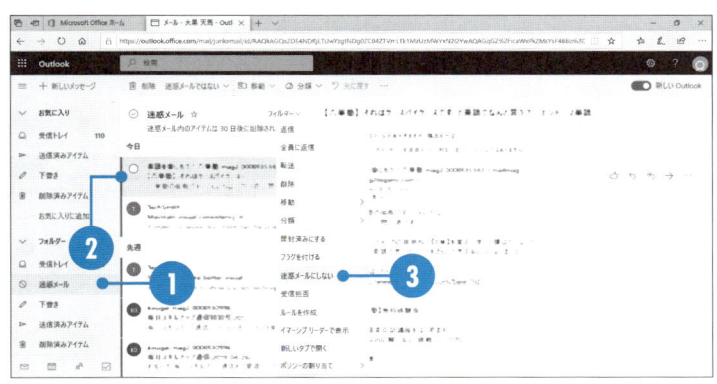

❹
[報告する]または[報告しない]をクリック。
誰にとっても迷惑メールではないメールの場合は[報告する]をクリックすることで、Office 365に情報を送信し、迷惑メール判定の精度向上に役立つ。
こうして迷惑メールではないとしてマークしたメールは、[迷惑メール]フォルダーから「受信トレイ」に移動する。

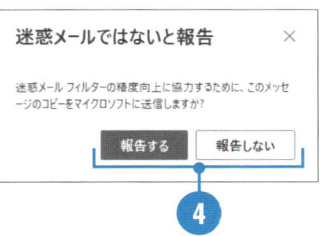

スレッド表示の切り替えを行う

　Outlookでは、同じタイトルで送受信したメールは、スレッド（話の筋）として、グループ化して表示します。グループ化したメールの表示順を変更したり、グループ化せずに個別にメールを表示したりできます。

① メール一覧からメールをクリック。

② スレッドのメールがグループ化されて表示されている。

③ [設定]（歯車）をクリック。

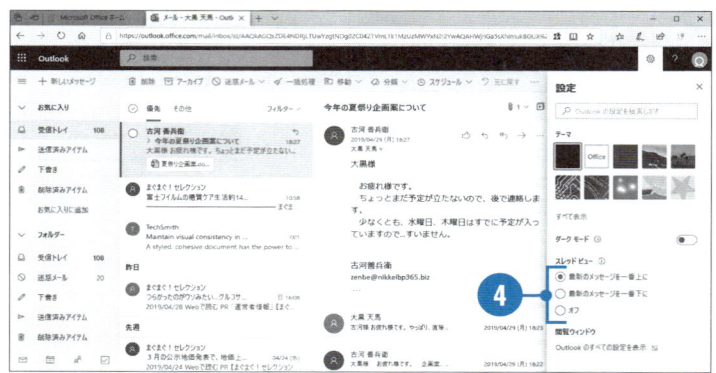

④ 設定メニューの[スレッドビュー]で表示ビューを選択する。[オフ]をクリックすると、スレッド表示が解除される。

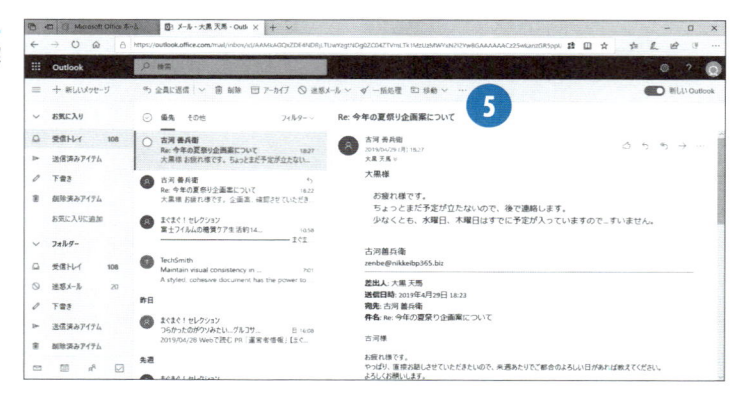

⑤ スレッドによるグループ化を解除した受信トレイ表示。

3-8 フラグと分類を使う

特定のメールを後で利用するためにマークしておきたい、という時に便利なのがフラグや分類です。メールにフラグを付けておくことで、後で、フラグが付いたメールだけをピックアップできます。

3-8-1 フラグを設定する

メールにフラグを設定します。

❶ メール一覧でメールにマウスを合わせると、ごみ箱アイコンやフラグアイコンが表示される。

❷ フラグアイコンをクリック。
※メール本文の右上にある[その他](…)をクリックして、[フラグを設定する]をクリックしても設定できる。

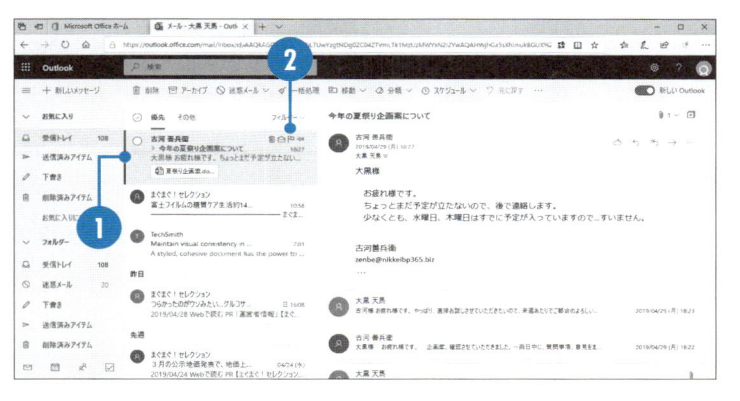

❸ フラグが表示され、フラグが設定されていることがわかる。
※赤色のフラグをクリックするか、メール本文の[その他]で[フラグを外す]をクリックすると、フラグを解除できる。

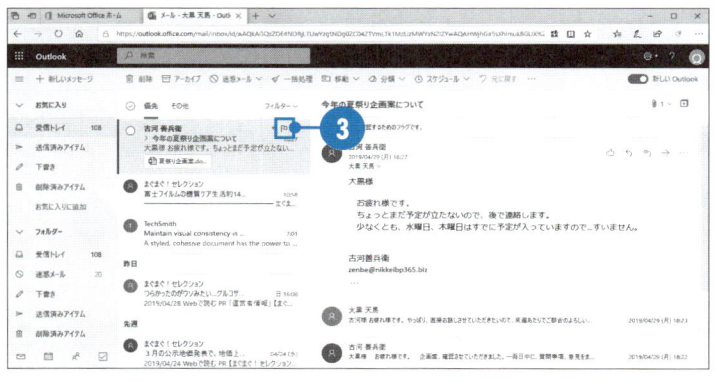

3-8-2　フラグが付いたメールをピックアップして表示する

フィルターでフラグが付いたメールだけをピックアップして表示できます。

❶
メール一覧上部の[フィルター]
をクリックする。

❷
[フラグ付き]をクリック。
フィルターを解除するときは、
[フィルター]-[すべて]をク
リックする。

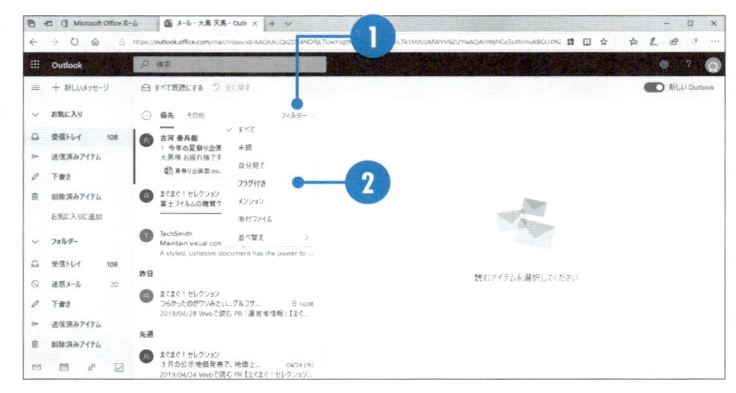

3-8-3　分類を設定する

フラグとよく似た機能に、メールを色分けする「分類」または「カテゴリ」と呼ぶ機
能があります。重要なメールは赤色、自分が担当する顧客とのメールは緑色、社内連絡
は水色など、自分で分類を決めてマークできます。

❶
分類を設定したいメールを右ク
リック。

❷
[分類]をクリック。

❸
[分類]をクリック。

❹
既存のカテゴリ(分類)を設定す
る時は、そのカテゴリをクリッ
ク。

❺
新しいカテゴリを作成して設定
するには、[新しいカテゴリ]を
クリック。
既定の設定では、6色の「○の分
類」というカテゴリが用意され
ている。自分で新しいカテゴリ
を作成するには、[新しいカテゴ
リ]をクリックする。
以降、新しいカテゴリの作成方
法を説明する。

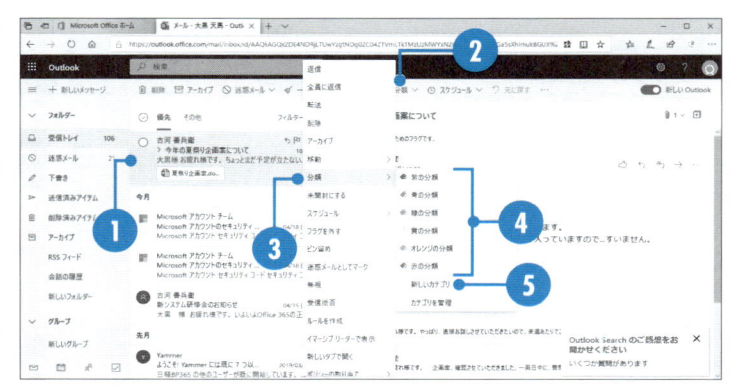

⑤
新しいカテゴリ名を入力する。

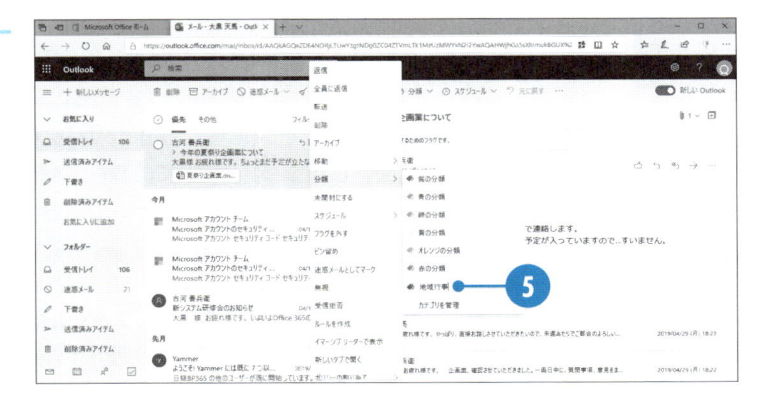

⑥
色を変更するには、カテゴリ名の先頭の色アイコンをクリックし、好みの色をクリック。

⑦
Enter キーを押してカテゴリ名を確定すると、メールにカテゴリが設定される。
※一度設定したカテゴリの色を変更したい時は、[カテゴリを管理]メニューを使用する。

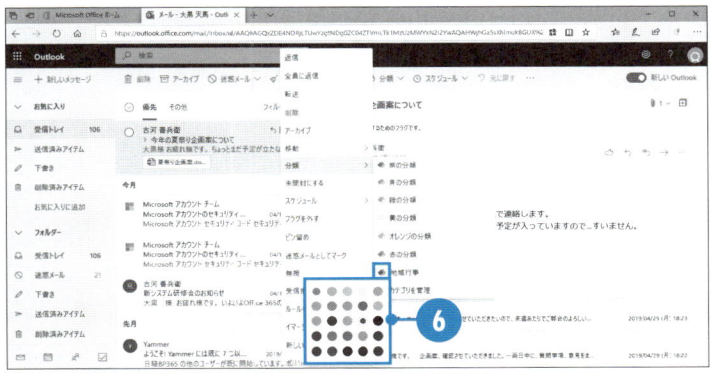

⑧
メールに分類(カテゴリ)が設定された。カテゴリをクリックすると、同じカテゴリのメールだけをフィルタリングして表示できる。
1通のメールに複数の分類を設定できる。
設定した分類を解除するときは、分類を設定するときと同じ操作を行う。

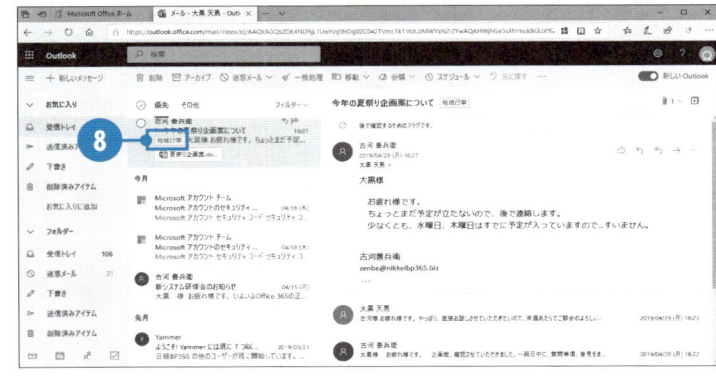

メールの仕分けと分類

　長年、受信メールの仕分けは、目的ごとにフォルダーを作成するのが定番でした。しかし、メールの活用が広がり、大量のメールを仕分けすること自体に大きな労力が必要となりました。また、1通のメールを複数の視点から検索したい用途などが増えてきました。

　たとえば、プロジェクトAに関係するB社からの請求書に関するメールがあり、プロジェクトごとのフォルダー、あるいは取引先ごとのフォルダーに保存する方法では、必要な時にすぐにメールを閲覧できないかもしれません。

　そこで、近年では、メールをフォルダーごとに分類するよりも、メールにマークを付けたり、キーワードを使ったりして、その都度、目的に応じてメールをフィルタリング（絞り込み検索）して活用する使い方が主流になってきました。Office 365のOutlookは、フォルダー分け、マーキング、検索、いずれにも対応しています。

自動応答を設定する

メールが着信した時に自動返信するのが自動応答です。

出張、休暇等、何らかの理由で長期間メールを受信できない時に、自動応答メールは便利です。あるいは、顧客からの受付窓口などでは、すべてのメールを一度に処理できないため、まずは自動応答メールをいったん送信しておいて、後で正式な対応メールを送信することもあります。

Office 365の自動応答では、同じテナントのユーザー向けの自動応答と、外部のメールアドレス向けの自動応答の2種類の自動応答を設定できます。まず、同じテナントのユーザー向けの自動応答を作成してから、必要であれば外部メールアドレス向けの自動応答を作成します。

❶ [設定]（歯車）をクリック。

❷ 設定メニューの[Outlookのすべての設定を表示]をクリック。

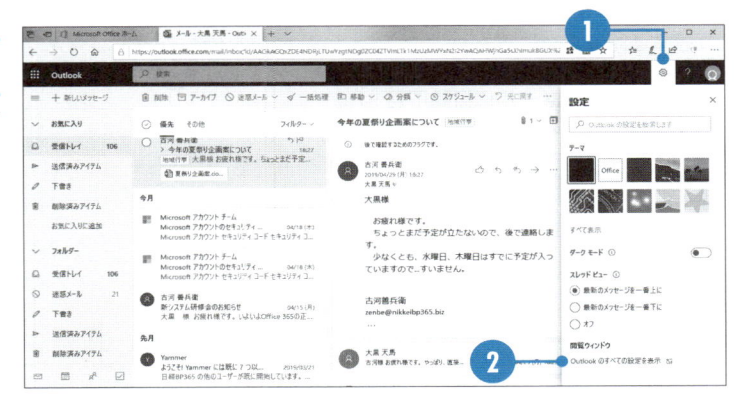

❸ 設定ウインドウで、[メール]－[自動応答]をクリック。

❹ [自動応答の有効化]をクリックして有効化する。

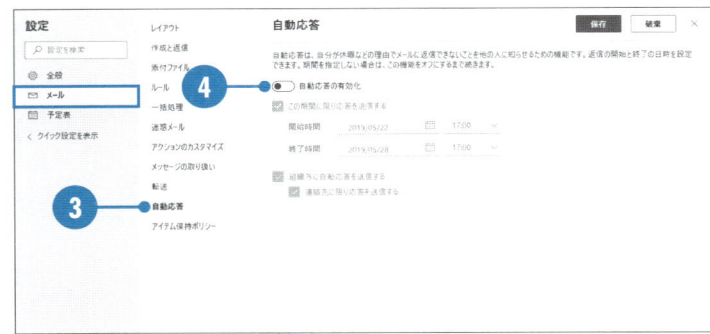

⑤

一定期間内にのみ自動応答を
行う場合にオンにする。

⑥

自動応答を行う開始時間、終了
時間を設定する。

⑦

予定表との連携、会議予約の受
け付けについて設定する。

⑧

組織内(Office 365 テナント
内)に自動応答するメッセージ
を入力する。

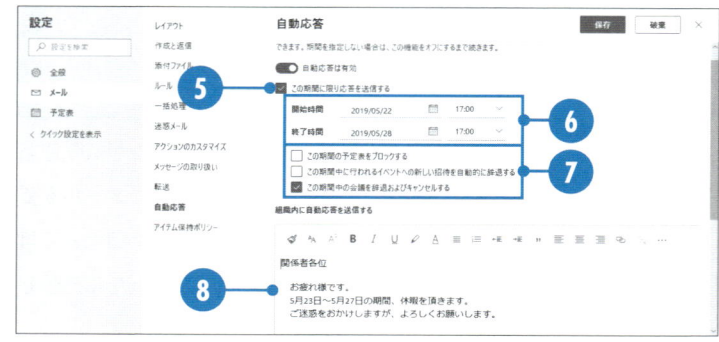

⑨

組織外(Office 365 テナント
外)からのメールに対しても自
動応答する時にオンにする。

⑩

連絡先に登録してあるメールア
ドレスからの着信にのみ自動応
答する時にオンにする。

⑪

組織外からのメールに自動応答
する文章を入力する。

⑫

[保存]をクリックする。

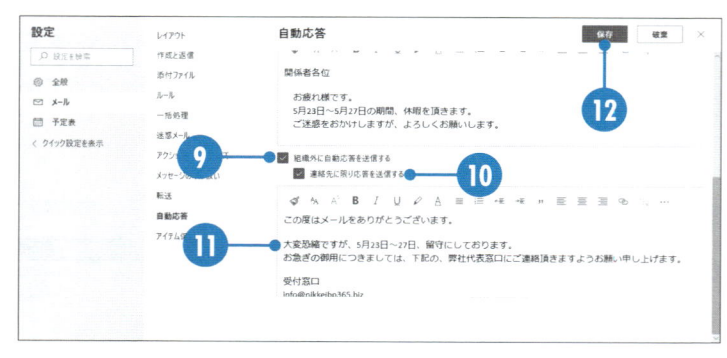

3-10 受信トレイのルールを設定する

あらかじめ設定したルールに従って、受信したメールをどのように処理するか、自動処理を設定できます。たとえば、特定のアドレスから着信したメールを特定のフォルダーに振り分ける、あるいは特定のキーワードを含むメールに分類を設定する、などです。

ルールは、どの条件のメールを、どう処理するか、という2段階のステップで構成します。また、必要に応じて条件の例外も設定できます。

3-10-1 ルールを作成する

❶ [設定](歯車)をクリック。

❷ [Outlookのすべての設定を表示]をクリック。

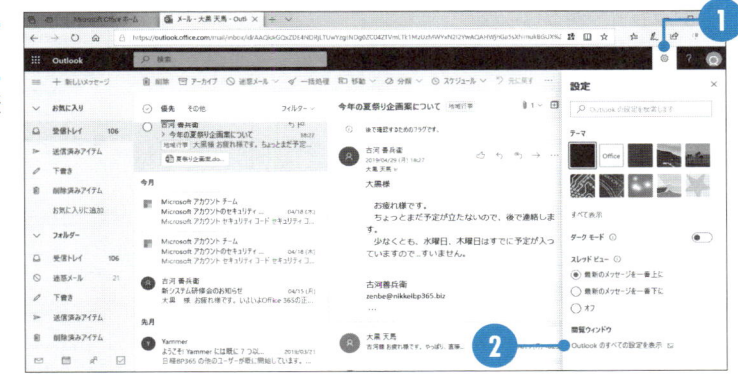

❸ [メール]−[ルール]をクリック。

❹ [新しいルールを追加]をクリック。

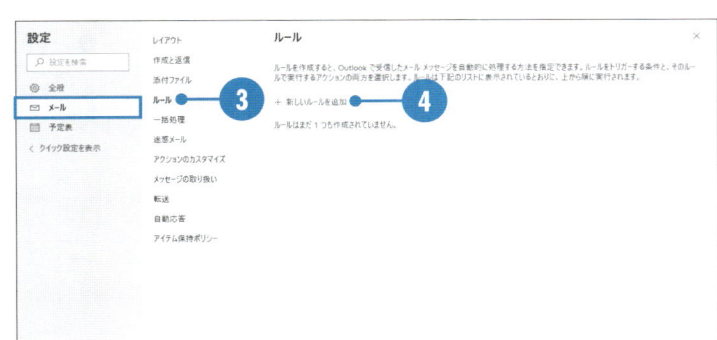

⑤
ルールの名前を入力する。

⑥
ルールの条件の種類を選択する。

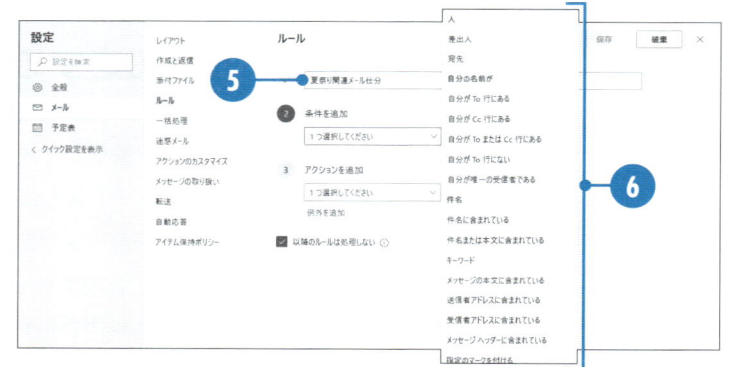

⑦
条件の種類に応じて、必要な項目を入力する。

⑧
アクションをクリック。

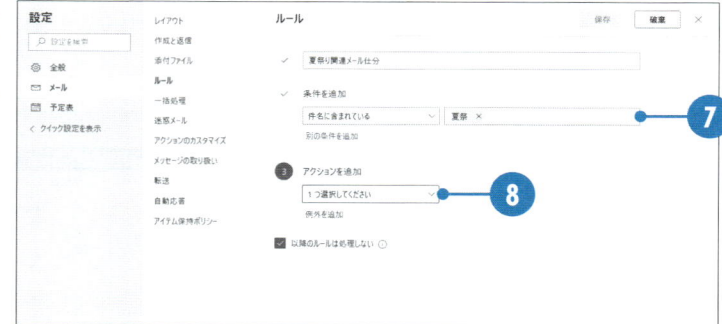

⑨
アクションの種類を選択する。

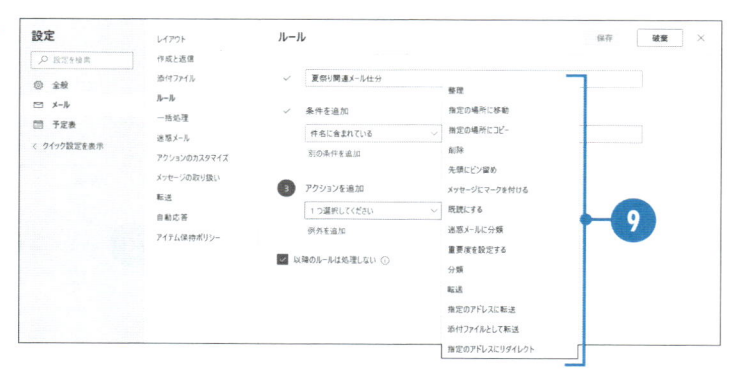

⑩
アクションの種類に応じて、設定項目を入力する。

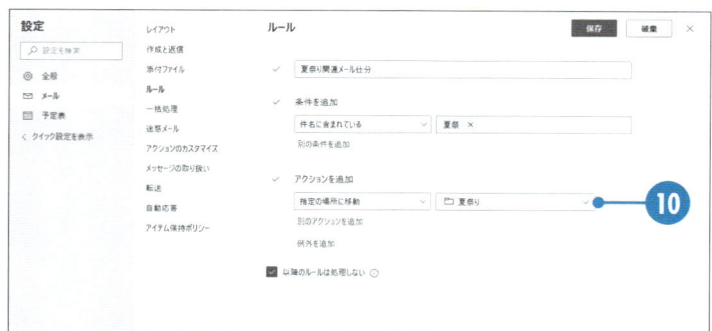

⑪ アクションをさらに追加する時
にクリック。

⑫ 条件の例外を設定する時にク
リック。

⑬ アクション後に他のルールを処
理しない時にオンにする。

⑭ すべての設定が済んだら[保存]
をクリック。

⑮ 新しいルールが作成された。

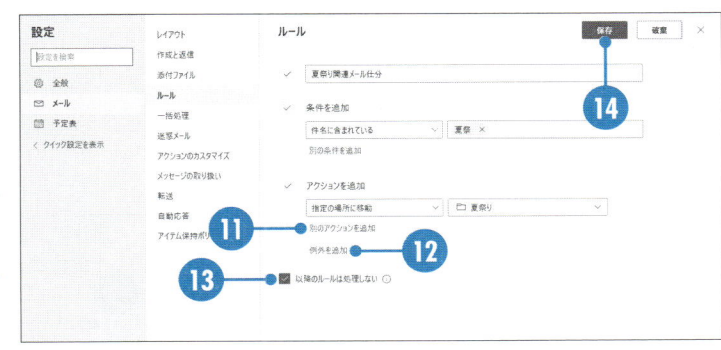

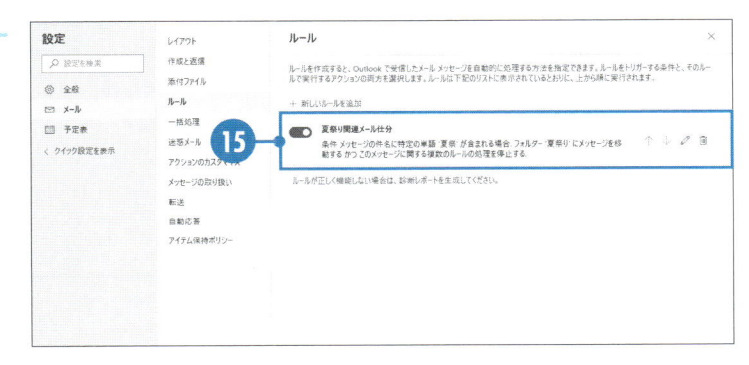

　Outlookでは複数のルールを作成できます。たとえば、A、B、Cの優先順位で3つの
ルールがある時、Aの処理をしたらBの処理、Bの処理をしたらCの処理…と進みます。
しかし、Aの処理をしたらB以降の処理をしたくない、という時には、Aの処理のルール
で、[以降のルールは処理しない]をオンにします。

3-10-2　ルールを編集／削除する

設定メニューを表示して、編集します。複数のルールを作成している時は、より優先度の高いルールを上位に表示します。

❶ 設定ウインドウで、［メール］－［ルール］をクリック。

❷ ルールの処理の優先順位を変更するときは、［↓］［↑］をクリック。

❸ ルールを編集するときは、［編集］（ペン）をクリック。

❹ ルールを削除するときは、［ごみ箱］をクリック。

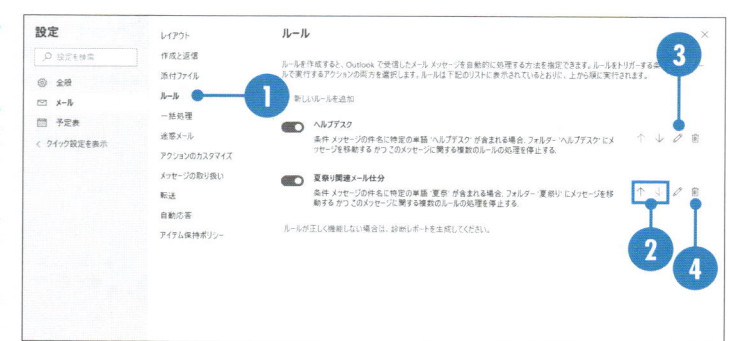

3-10-3　ルールを簡易作成する

特定の受信メールに対して、同じ発信者からのメールをすべて同様に処理したい、といった単純なルールを設定する時は、基本のメールを使用した簡易作成が便利です。

❶ ルールの基にしたいメールを右クリック。

❷ ［ルールを作成］をクリック。
後は、ウィザードに従ってアクションを設定する。
ただし、より複雑な設定をしたり、一度設定したルールを修正したりしたい時は、設定メニューでのルール作成・編集が必要になる。

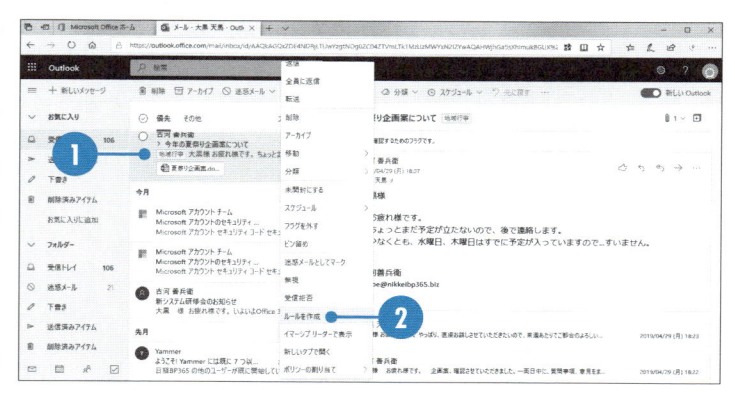

他のメールボックス・共有メールボックスを開く

　他のメールボックスへのアクセス権が付与されている場合、自分のメールボックスだけでなく、他のメールボックスを開くこともできます。また、許可があれば、そのメールボックスでメールの送受信を行えます。また、共有メールボックスへのアクセス権があれば、共有メールボックスについても同様です。

　たとえば、ユーザー Aが、ユーザー Bのメールボックスを開いて、ユーザー Bのメールを送受信できます。

　休暇中の社員のメールを確認する、営業支援のスタッフが担当営業のメールを確認する、秘書が役員のメールを送受信するなどの用途に便利です。

　また、部署の代表メールアドレスなどを共有メールボックスとして作成しておけば、部署内の全員が同じメールボックスを利用できます。

※他のメールボックスへのアクセス権の設定については13-2-2、共有メールボックスの作成については13-2-4を参照してください。いずれも、管理者が設定を行います。

① 自分のユーザー名で Office 365 に サインインして、Outlookを開く。

② 右上のユーザーアイコンをクリックし、マイアカウントメニューの[他のメールボックスを開く]をクリック。

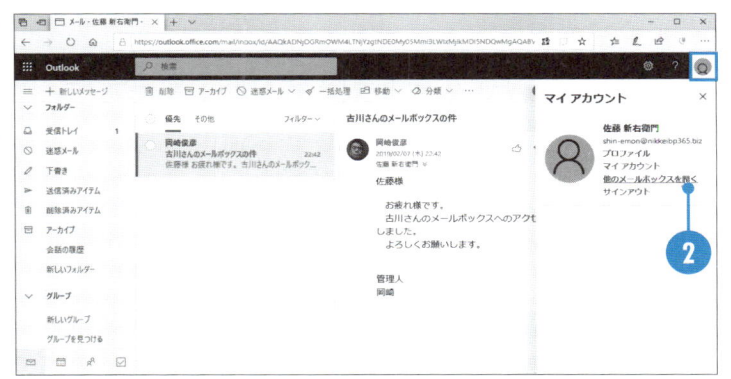

③ アクセスしたい他のメールボックスのユーザー名(メールアドレス)を入力する。

④ [開く]をクリック。

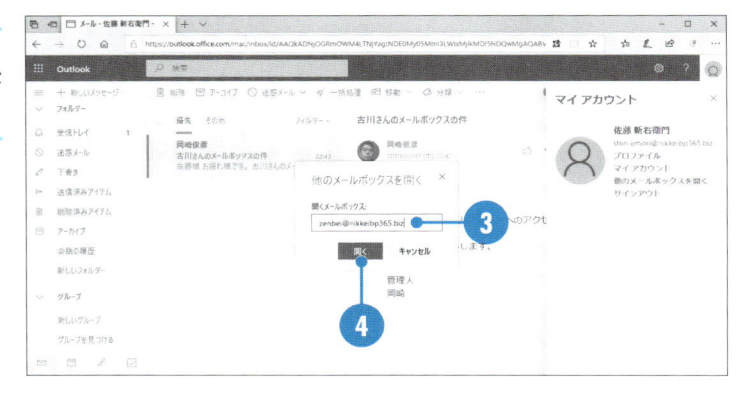

5 ───

新しいタブでメールボックスが
開いた。自分のメールボックス
と同様に、メールの送受信が可
能。

　あらかじめ開いていた自分のメールボックスのタブはそのままに、新しいタブに他の
メールボックスが開きます。タブをクリックしてページを切り替えることで、自分のメー
ルボックスと他のユーザーのメールボックスを同時併用できます。

　他のユーザーのユーザー名とパスワードで、他のユーザーに成り代わってサインイン
しているわけではありません。あくまでOutlookのサインインに使ったのは自分のユー
ザー名とパスワードです。他のユーザーのパスワード入力が不要だったことに注目して
ください。

　自分のユーザーアカウントに、「他のユーザー」のメールボックスへのアクセス権が付
与されているのです。

3-12 Outlookデスクトップアプリ

3-12-1 Outlookデスクトップアプリ

　本節では、WebブラウザーでアクセスするOffice 365のOutlookアプリではなく、パソコンにインストールするアプリケーションであるOutlookデスクトップアプリについて紹介します。Office 365のサブスクリプションだけではなく、Microsoft Officeパッケージとして発売されているOutlook 2019やOutlook 2016なども含みます。

　これらのOutlookデスクトップアプリを、SMTP/POP3またはSMTP/IMAP4のメールサーバーのクライアントソフト…いわゆるメーラーとして使っているユーザーも多いでしょう。しかし、Outlookデスクトップは、もともとOffice 365やExchange Serverのクライアントソフトであり、Office 365やExchange Serverと接続して初めて100%の機能を利用できます。Office 365に接続することで、他のユーザーとの情報共有、予約やスケジュールの確認、Office文書のコラボレーションなど、グループウェアのフロントエンド（窓口）としての多彩な機能を利用できるようになります。

　また、Office 365と接続した時に特徴的なのは、メールボックスや連絡先、予定表などの個人データは、あくまでサーバー側に保存されることです。PCのOutlookデスクトップ自身には、キャッシュとしてその複製が保存されるに過ぎません。

　たとえば、あるユーザーが複数のPCを使っているとき、1台目のPCのOutlookデスクトップで受信したメールは、2台目のPCのOutlookデスクトップでも読むことができます。2台目のPCで送信したメールは、1台目のPCの送信済みアイテムにも保存されています。スマートフォンで登録した連絡先は、PCのOutlookデスクトップの連絡先にも反映されます。

3-12-2 Outlookデスクトップアプリを設定する

　OutlookデスクトップアプリはOffice 365に対応していますので、Outlookデスクトップアプリの設定は非常に簡単です。

　まず初めに、Outlookデスクトップアプリを含む、Officeデスクトップアプリをインストールしてください。インストールについては2-3を参照してください。

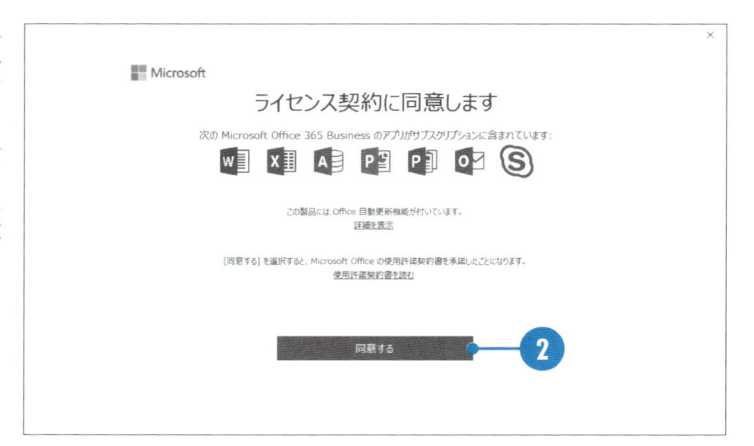

❶
Windowsでスタートメニューから[Outlook]をクリックして起動する。

❷
Officeのライセンス認証を済ませていない場合は、ライセンス契約の確認ウインドウで[同意する]をクリック。

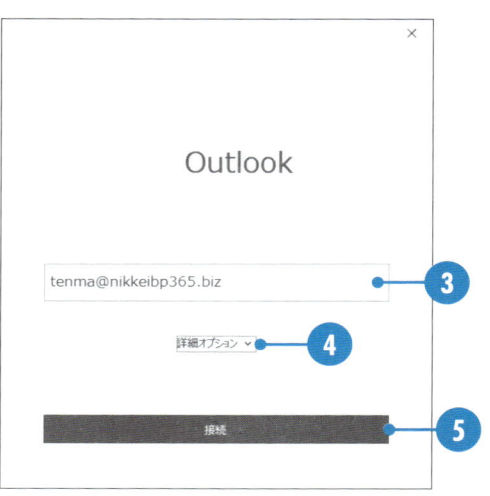

❸
Office 365のユーザー名を入力する。2-4の手続きで、Windowsに既にOffice 365ユーザー名を登録している時は、自動的にユーザー名が表示される。

❹
キャッシュサイズやユーザー名を手動設定したい時は、[詳細オプション]をクリック。手順6に進む。

❺
[接続]をクリック。手順13に進む。

❻
[自分で自分のアカウントを手動で設定]をオンにする。

❼
[接続]をクリック。

8

登録するユーザーアカウントの
種類として、[Office 365]をク
リック。

9

Outlookのキャッシュモードを
使用する時にオンにする。

10

キャッシュモードを使用すると
きの、初期ダウンロードメールの
期間をスライドバーで調整する。
キャッシュモードは、Office
365のサーバーから、PCの
Outlookに最新の情報をダウン
ロードし、ネットワークが切れ
ている状態でもOutlookで受信
メールを閲覧できるようにする
機能。初期設定では、最近の1
年分のメールだけをダウンロー
ドするので、それ以前のメール
については、閲覧するときに初
めてダウンロードする。

11

より詳細な設定をする際には、
[その他の設定]をクリック。

12

[次へ]をクリック。

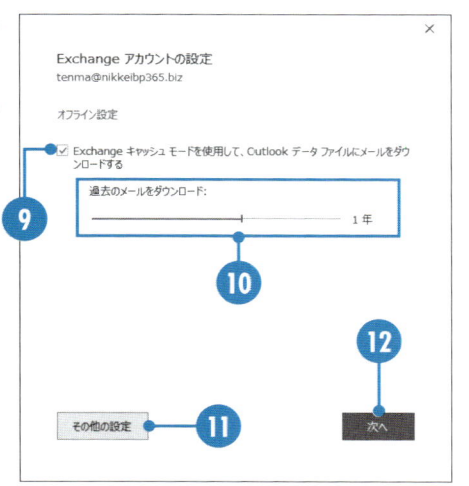

13

Office 365のユーザーアカウ
ントがOutlookデスクトップア
プリに設定された。

14

スマートフォンにスマートフォ
ン用のOutlookアプリのダウン
ロードURLを送信する時に、オ
ンにする。

15

[完了]をクリックして終了する。

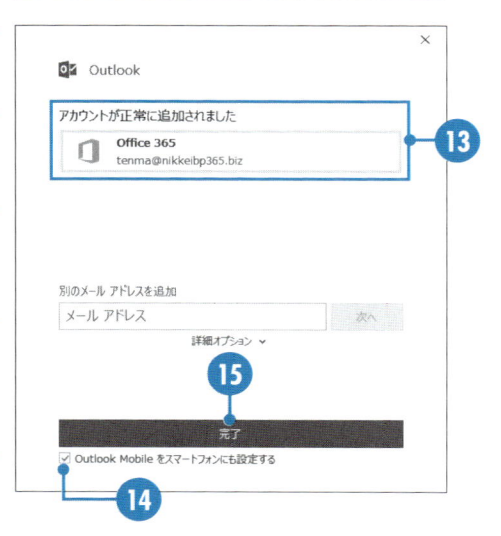

⑯

スマートフォンにアプリのURLを送信する時は、スマートフォンの電話番号を入力する。

⑰

[リンクの送信]をクリック。
※リンクはSMS（ショートメール、Cメール）で送信される。SMSを使用できない回線契約をしている時は、スマートフォンにリンクを送信することはできない。

Windows メール

Windows 10では、Office 365に対応した新たなメールソフトとして「メール」を標準搭載しています。Outlookほど高機能ではなく、Outlookの一部の機能しか使えませんが、非常に軽快に動作します。メールの送受信、連絡先、予定表の基本機能しか使用しない場合、OutlookデスクトップアプリをインストールできないタブレットPCなどのモバイル環境の場合には、Windows 10標準装備の「メール」を使用するとよいでしょう。

3-13-1　メールを設定する

❶ Windows 10のスタートメニューまたはタスクバーで[メール]をクリック。

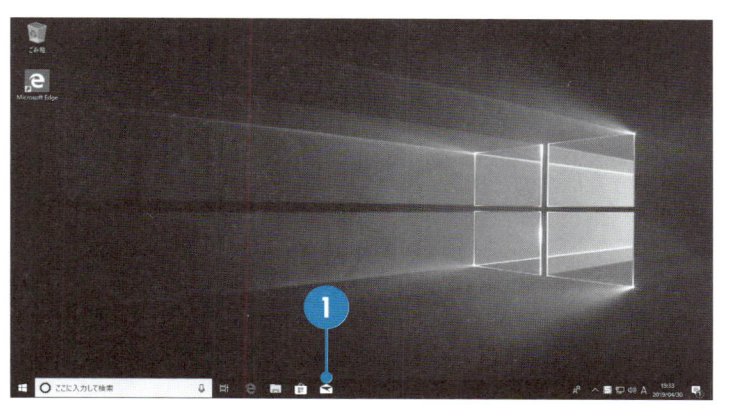

❷ メールアカウントの種類として、[Exchange]をクリック。
「メール」では、Office 365を「Exchange（Exchange, Office 365）」と表記している。アイコンのデザインが似ているので、Outlook.comと間違えないように注意する。Outlook.comは、マイクロソフトが提供する無料メールサービスである。既にWindows 10にOffice 365のユーザーアカウントを登録している場合は、Office 365のユーザー名が表示されるので、ユーザー名をクリックする。Windows 10にユーザー名が未登録の場合、あるいは他のOffice 365ユーザーを登録する時は、ユーザー名が表示されていない[Exchange]を選択する。その場合、次の手順でOffice 365ユーザー名とパスワードを入力する必要がある。ユーザー名をクリックした時は、手順10に進む。

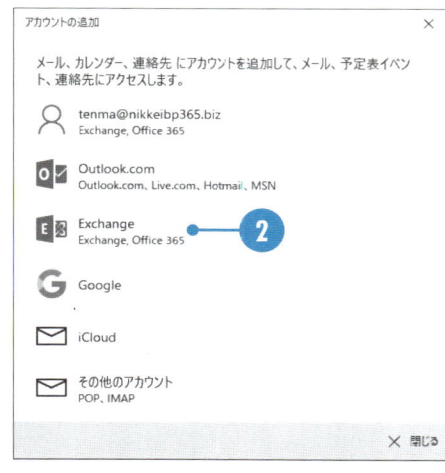

3 Office 365のユーザー名を入力する。

4 [次へ]をクリック。

5 ユーザー名が表示されたときは、ユーザー名をクリック。

6 ユーザー名が表示されない時、他のユーザーを登録する時は、[職場または学校アカウント]をクリック。

7 [続行]をクリック。

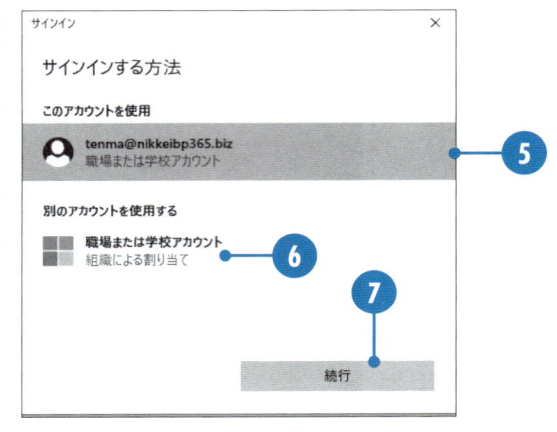

8 パスワードを入力する。

9 [サインイン]をクリック。

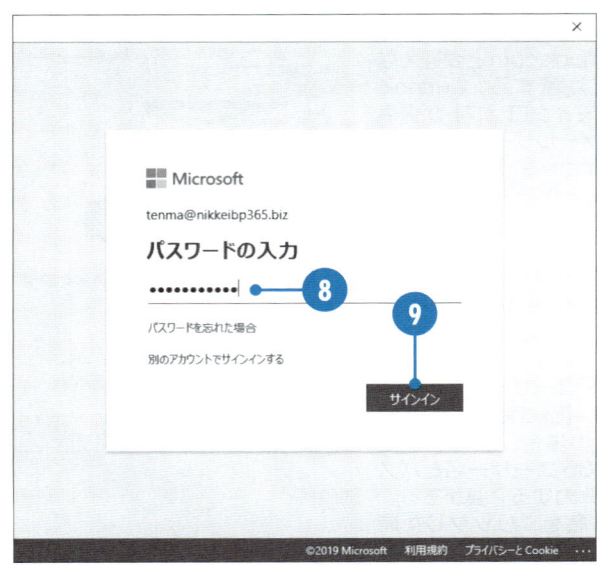

⑩
登録が完了したことを確認し、
[完了]をクリック。

⑪
Windows 10 の メ ー ル で、
Office 365のメールの送受
信、連絡先の利用、予定表の利
用が可能になった。

3-13-2　アカウントを追加する

Windows 10の「メール」を起動してもユーザーアカウントの登録ウイザードが起動しない時、あるいは登録済みの他のメールアカウントで「メール」が開く時は、「メール」の設定メニューからOffice 365ユーザーアカウントを登録する必要があります。

①
[設定](歯車)をクリック。

②
[アカウントの管理]をクリック。

③
[アカウントの追加]をクリック。
以降は、前項で紹介した手順でOffice 365のユーザーアカウントを登録する。

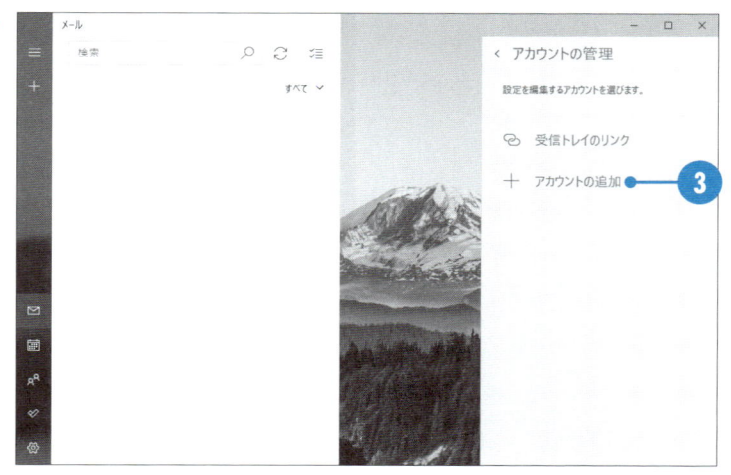

予定表とタスクと
連絡先

Office 365の予定表やタスクは、チームの共同作業やコラボレーションに非常に有用なツールです。時間になったら通知したり、Office 365のテナントユーザーで予定を共有したり、会議室の予約をしたりできます。

なお、予定表、タスク、連絡先は、システム的にはいずれもExchange Onlineで実現されている機能であり、Outlookの一部とも言えます。

- ・予定の作成
- ・予定表の作成
- ・予定表の共有
- ・タスクの作成
- ・連絡先の作成
- ・連絡先リストの作成

4-1 予定表を表示・設定する

Office 365の予定表は、月、週、稼働日、1日単位で表示できます。その時々で、使いやすい表示スタイルで利用できます。

4-1-1 予定表を表示する

❶ Office 365にサインインし、アプリ起動ツールボタンをクリック。

❷ アプリ一覧に[予定表]が表示されていない時は、[すべてのアプリ]をクリック。

❸ アプリメニューから[予定表]をクリック。
なお、Outlookの画面で、左下の[予定表]をクリックして予定表を開くこともできる。

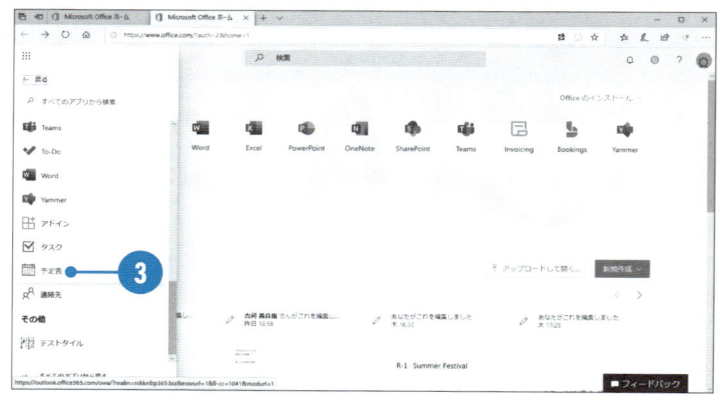

4

予定表が開いた。

5

本日の予定などがある場合は、ポップアップメッセージが表示される。

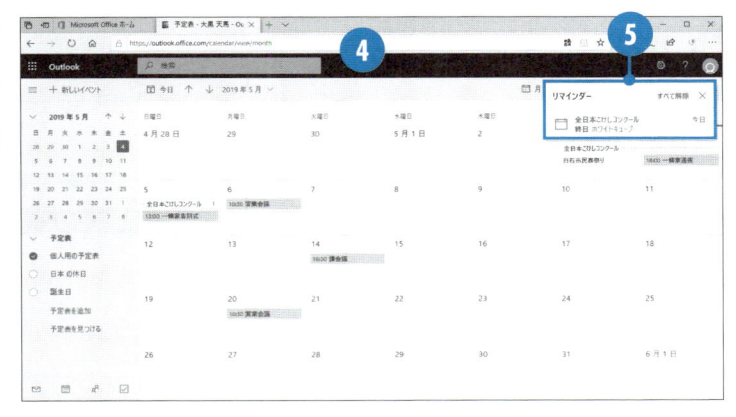

6

右上の[月]（表示状態によって[日]［稼働日］［週］）をクリックすると、1画面に表示する単位を、週単位や1日単位に変更できる。

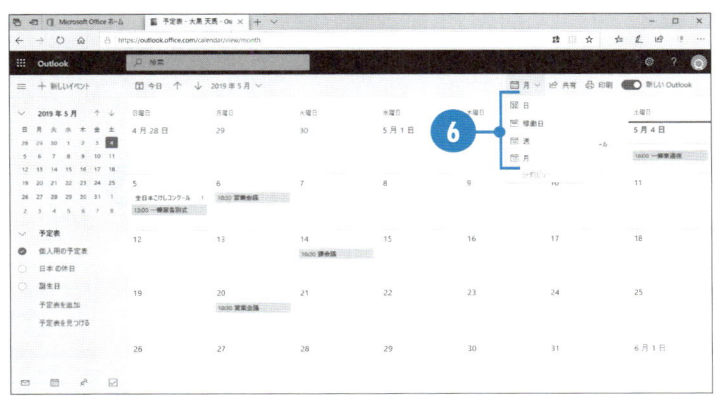

4-1-2　予定表を設定する

予定表の基本的な設定を用途に合わせて変更します。

❶ 予定表を開き、右上の[設定](歯車)をクリック。

❷ [Outlookのすべての設定を表示]をクリック。

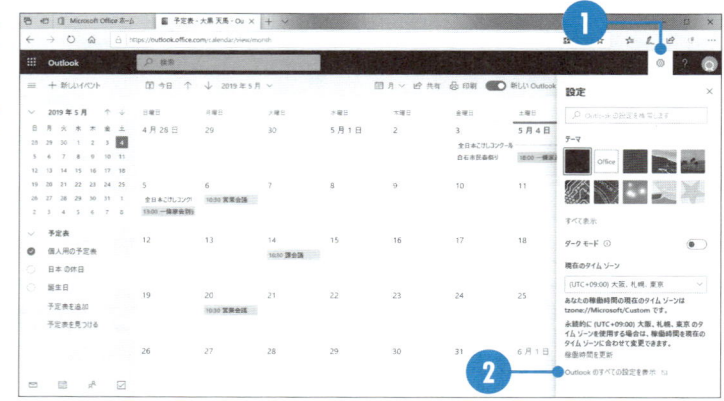

❸ [予定表]をクリック。

❹ [表示]をクリック。

❺ 1週間の開始曜日を選択する。

❻ 時間の既定の表示単位を選択する。

❼ 稼働日(営業日)をオンにする。

❽ 稼働時間(営業時間)を設定する。

❾ 設定が終わったら、[保存]をクリック。

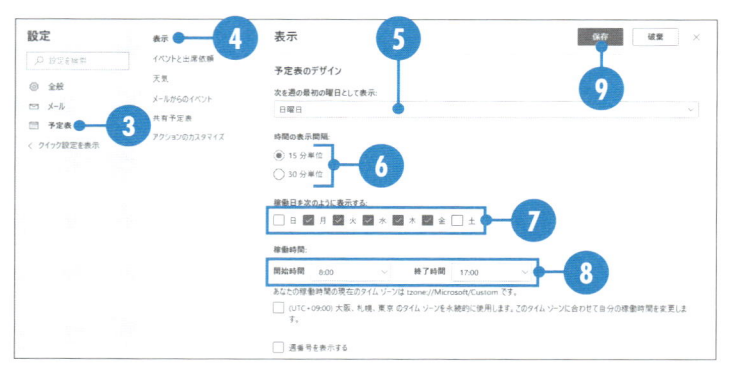

4-2　予定を作成する

予定を作成し、予定表に表示させます。

4-2-1　予定を作成する

新しい予定を作成します。Office 365 では、他のユーザーの予定を確認しながら予定を作成できるという特長があります。

1 予定表を開き、[新しいイベント]をクリック。

2 予定のタイトルを入力する。

3 他の参加者がいれば、ユーザー名を入力する。

4 予定の日時を入力する。

5 終日の予定の場合は、[終日]をオンにする。

6 定期的に繰り返す予定の場合は、繰り返し間隔を設定する。

7 場所または会議室を選択または入力する。

8 リマインダー（予定が近づいたときのメッセージポップアップ表示）を設定する。

9 予定の説明を入力する。

10 スケジュールアシスタントを開き、スケジュールの確認や必須の参加者、任意の参加者などを登録する。

11 予定の公開方法を選択する。

12 予定を色で分類する。

13 入力が終了したら、[送信]（または[保存]）をクリック。

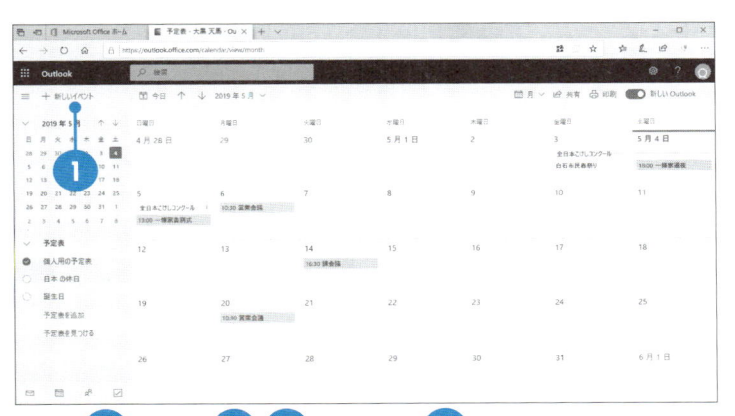

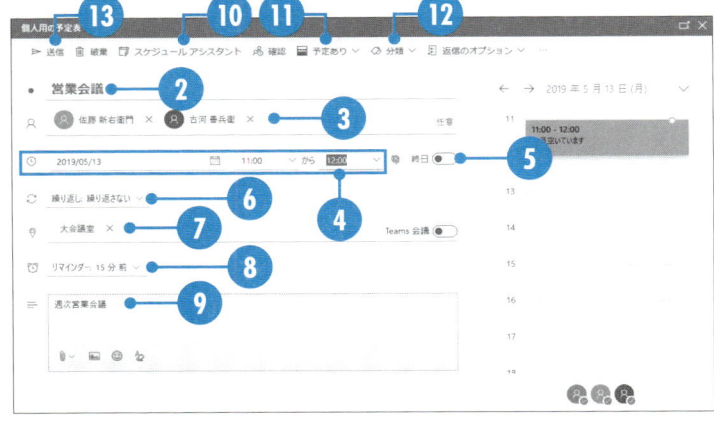

他の参加者のユーザー名を入力するとき、その参加者に既に予定が入っていれば、警告が表示されます。

　Office 365テナントに登録されている会議室を選択した場合は、その会議室が既に予約されているときは警告が表示されます。また、自由文を入力することも可能です。なお、Office 365が予約状況を管理する会議室は、管理者でなければ登録できません。

　他の参加者を入力したとき、[送信]をクリックすると、予定の案内通知メールが参加者に送信されます。自分だけの予定の場合は、[保存]ボタンとなります。通知メールについては、4-2-3を参照してください。

4-2-2　予定をすばやく作成する

　予定表の予定を登録したい箇所をクリックすると、簡易入力ウインドウが開きます。詳細な予定の設定はできませんが、手早く、最小限の情報を入力して予定を作成できます。

❶ 予定を入力したい日付（または時間帯）をクリック。

❷ 簡易入力ウインドウに情報を入力し、[保存]をクリック。

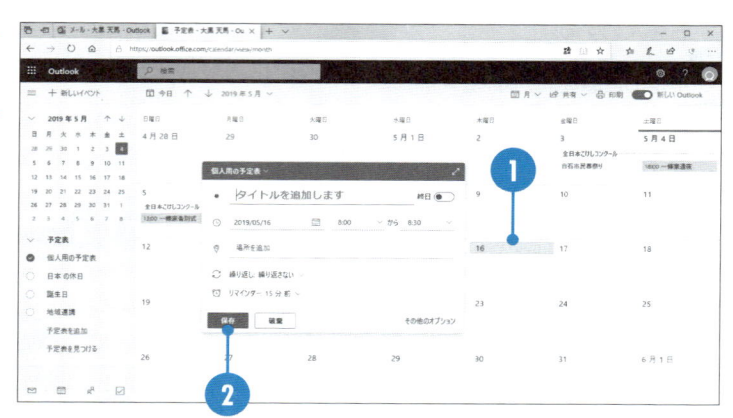

4-2-3　予定を承諾・辞退する

　予定にメンバーを追加すると、追加されたメンバーにはメールで予定が通知されます。その時、メンバーは予定の承諾や辞退を選択できます。

❶ 予定の通知を受けたユーザーが、Outlookで予定の通知メールを開く。

❷ メール中から、対応ボタンをクリックして選択する。いずれの場合も、予定の作成者に自動的に対応内容が送信される。

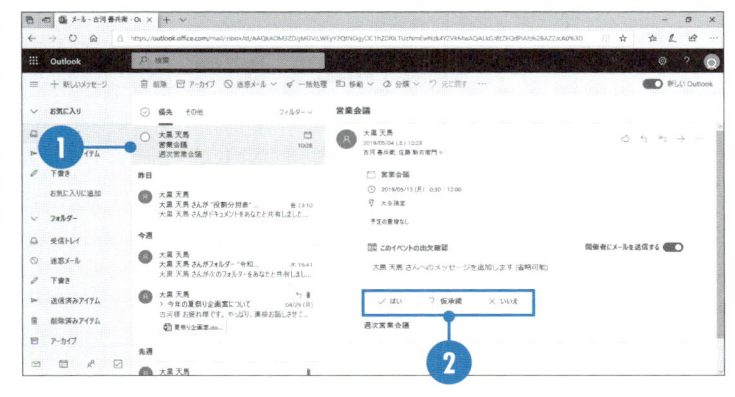

対応	説明
はい	この予定を承諾する。自分の予定表にこの予定が自動追加され、予定作成者には承諾したというメールを送信する
仮承諾	自分の予定表にこの予定が仮の予定として自動追加され、予定作成者には仮予定だというメールを送信する
いいえ	予定作成者に、予定を辞退するメールを送信する

4-2-4　予定を編集・削除する

作成済みの予定を編集または削除します。

❶ 編集または削除したい予定をクリック。

❷ ［編集］または［削除］をクリック。

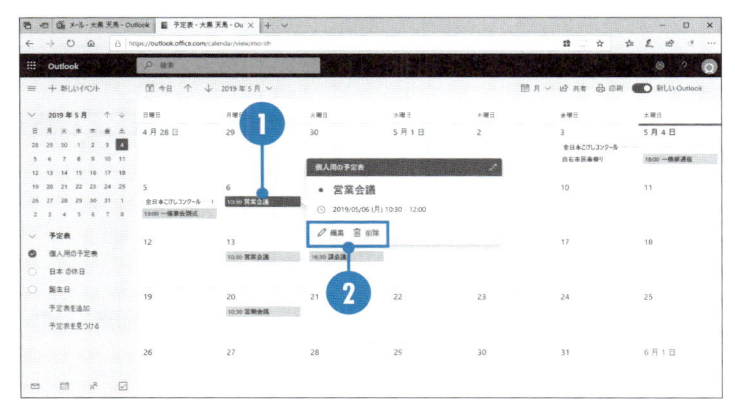

予定表を作成する

Office 365では、初期設定で1ユーザーに1つの個人予定表が用意されていますが、この他に、ユーザーが新しい予定表を作成して複数の予定表を使い分けることができます。

プライベートな予定用の予定表を作成したり、あるいはプロジェクトごとに予定表を作成したりできます。

4-3-1 予定表を作成する

新しい予定表を作成します。

❶ [予定表を追加]をクリック。

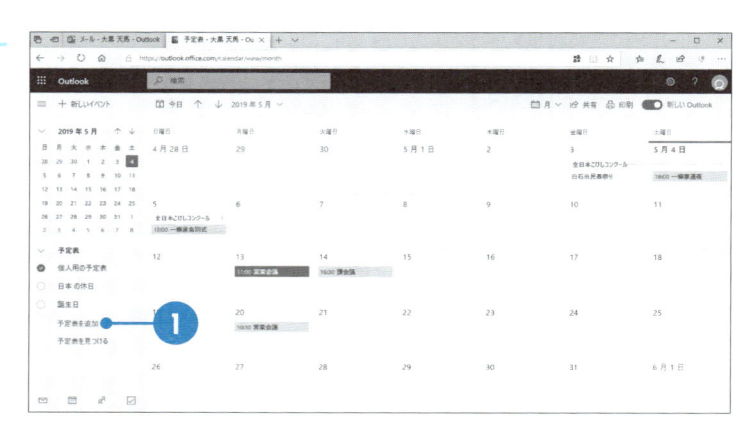

❷ 新しい予定の名前を入力する。

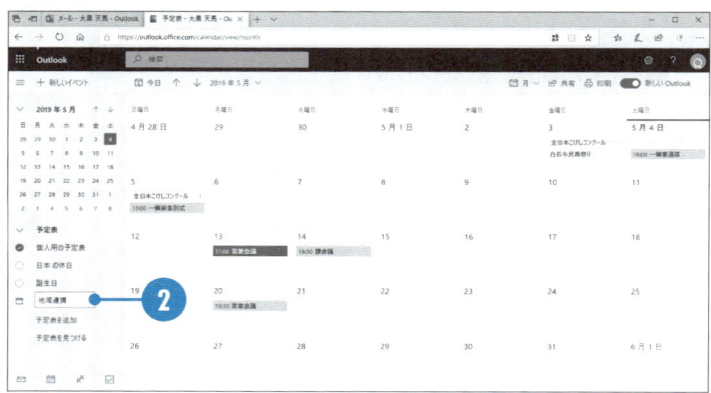

これだけで新しい予定表を作成できます。

4-3-2　予定表を切り替える

複数の予定表がある場合、どの予定表を表示するか、どの予定表に予定を作成するか、選択します。

❶
各予定表の先頭のチェックマークをクリックして、それぞれの予定表の表示、非表示を切り替える。
チェックマークがオンになっている予定表の予定を、すべて同一画面に合成して表示する。
なお、「日本の休日」、「誕生日」はあらかじめ用意されている既定の予定表である。

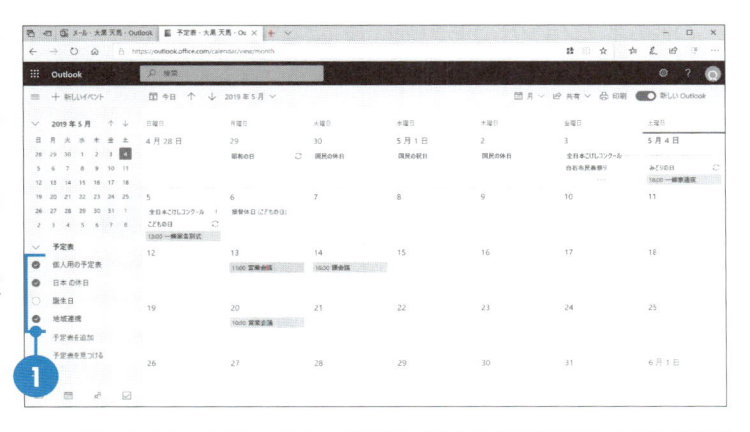

❷
新規予定を作成するとき、入力ウインドウの左上の予定表名をクリックして、予定を入力する予定表を選択する。

4-3-3 予定表を変更・削除する

予定表の名前や色を変更したり、不要になった予定表を削除したりできます。

①
対象となる予定表の右側の[その他のオプション]（...）をクリック。

②
ポップアップメニューから目的の操作をクリック。

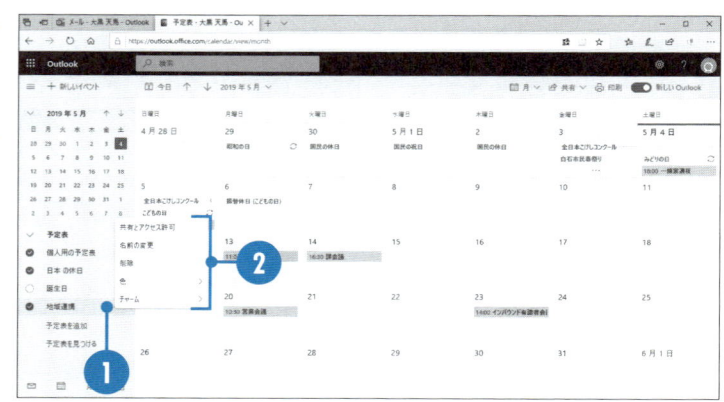

4-4 予定表を共有する

　自分の予定表を、他のユーザーと共有できます。自分の予定表を特定のメンバーに公開して予定を確認してもらったり、部署内で互いの予定の情報共有を図ったりできます。

　ただし、チーム作業を行うための予定表の共有であれば、ユーザー個人の予定表を共有するよりも、チーム用に新しい予定表を作成するか、Microsoft Teamsを利用した方がよいでしょう。

4-4-1 予定表を共有する

　予定表を他のユーザーと共有します。

❶ 共有する予定表の「その他のオプション」(...)をクリック。

❷ [共有とアクセス許可]をクリック。

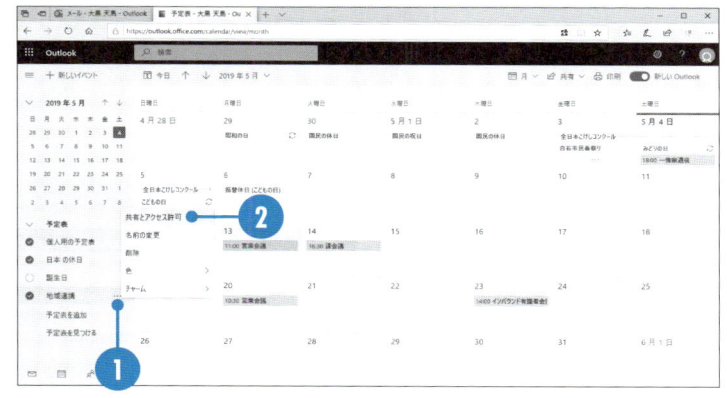

❸ 共有する相手のユーザー名を入力する。

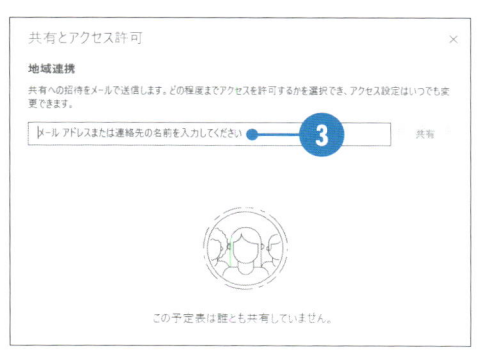

④

アクセス許可のレベルを選択
する。

⑤

[共有]をクリックして、共有相
手を共有リストに追加する。
共有した相手には、共有の通知
メールが自動送信される。

⑥

さらに共有する相手がいれば、
ユーザー名を入力する。

⑦

設定を終了するには、[閉じる]
(×)をクリック。

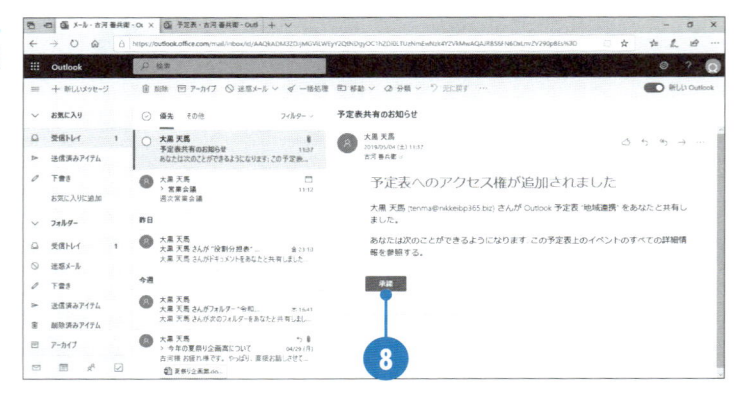

⑧

予定表の共有通知メールが届
いたら、[承諾]をクリック。

⑨

共有予定表が、「他の人の予定
表」に表示された。

4-5 タスクを使う

いつまでに何をしなければならないか、メモすることは業務遂行のうえでとても重要です。To Do リストなどとも呼ばれる機能ですが、Office 365 ではタスクと呼びます。

4-5-1 タスクを作成する

新規タスクを作成します。

① Office 365にサインインして、アプリ起動ツールボタンをクリック。

② アプリ一覧に[タスク]が表示されていない時は、[すべてのアプリ]をクリック。

③ [タスク]をクリック。

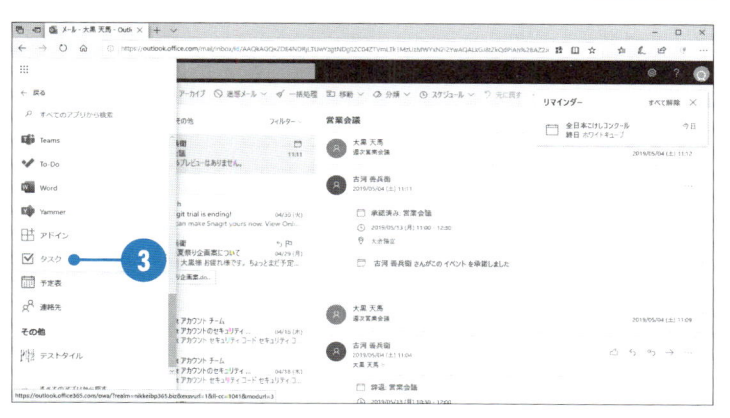

④
[新規作成]をクリック。

⑤
タスクの件名を入力する。

⑥
タスクの期限を入力する。

⑦
開始日やアラームの設定など、詳細設定をするときにクリック。

⑧
タスクの内容を入力する。

⑨
必要事項を設定したら、[保存]をクリック。

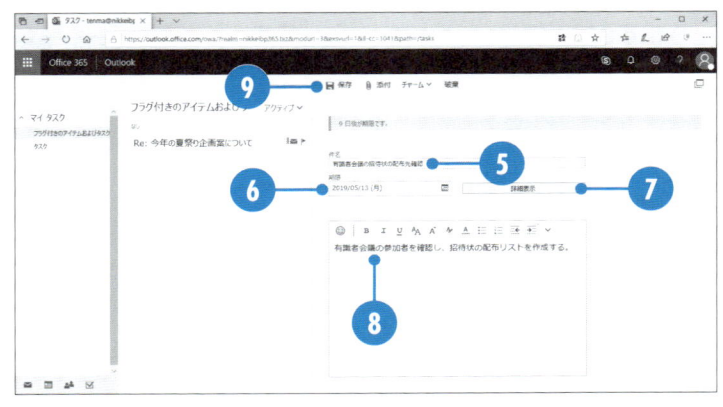

4-5-2 タスクを完了する

作業が終了したタスクに関しては、完了処理を行います。

❶
タスクを開き、完了したタスクにマウスを合わせ、[完了に設定する]（チェックボックス）をクリック。完了タスクは非表示になる。

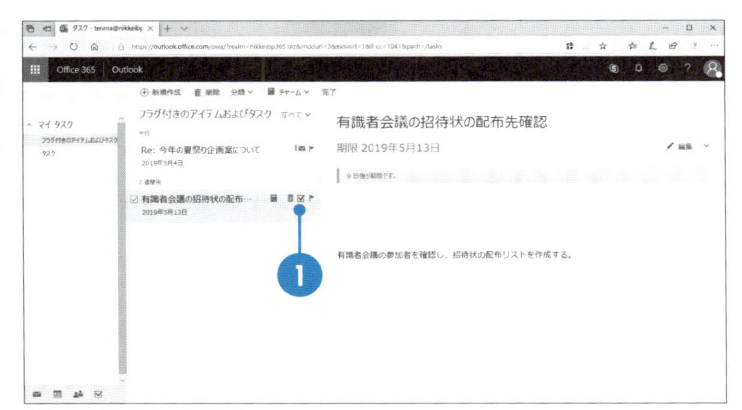

❷
フィルターメニューで[すべて]を選択すると、完了済みのタスクも表示される。

❸
完了したタスクには、取り消し線が表示される。
フィルターの設定を[アクティブ]にすると、未完了のタスクだけが表示される。
また、フラグを設定したメールも、タスク一覧に表示される。

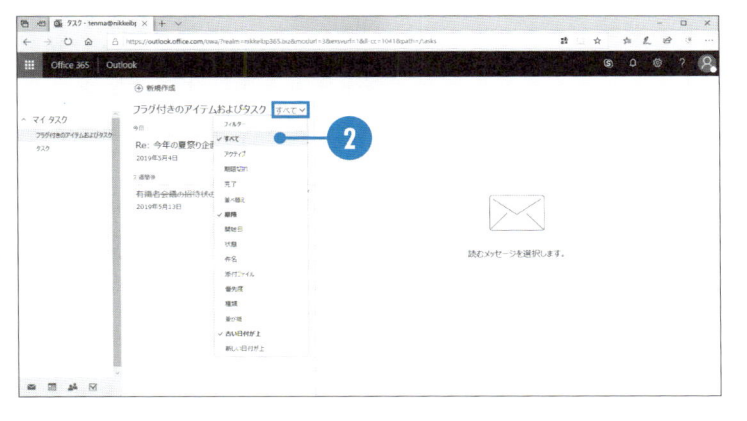

4-6 連絡先を使う

連絡先は、いわゆるアドレス帳機能です。頻繁に利用するメールアドレスや電話番号などは、連絡先に登録して活用しましょう。

スマートフォンやタブレットなどの携帯デバイスを利用している時、Office 365を活用すれば、PCで使う連絡先と携帯デバイスの連絡先を統合できるので便利です。

4-6-1 連絡先を登録する

Office 365の連絡先は2種類あります。

1つは個人用連絡先で、各ユーザーが自分で自由に連絡先を登録、編集、削除できます。個人用連絡先に作成した連絡先は、他のユーザーには影響しません。

もう1つはテナントの共有連絡先です。共有連絡先は管理者だけが作成、編集できます。また、共有連絡先に作成した連絡先は、テナント（組織）のユーザー全員が利用できます。共有連絡先については、12-6-1を参照してください。

本節では個人用連絡先の活用法を紹介します。

❶ アプリ起動ツールボタンをクリック。

❷ アプリ一覧に［連絡先］が表示されていない時は、［すべてのアプリ］をクリック。

3
[連絡先]をクリック。

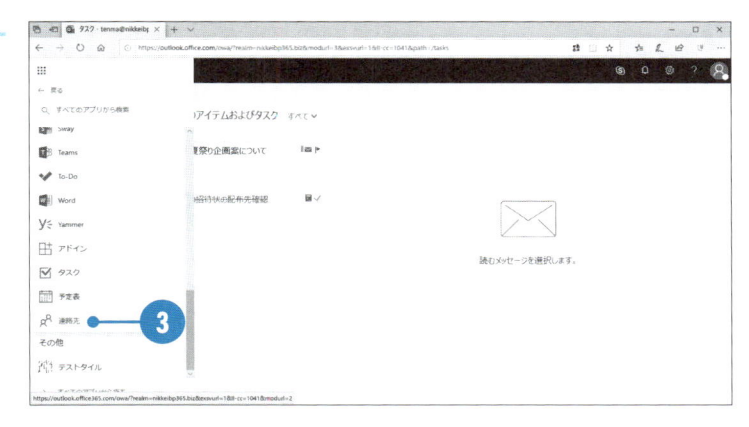

4
[新しい連絡先]をクリック。

5
連絡先情報を入力する。

6
顔写真などがあるときに、クリックして登録する。

7
[作成]をクリックする。

8
続けて他の連絡先を追加登録する時は、[さらに追加]をクリック。

⑨

連絡先が作成された。

⑩

[名の順]をクリックし[表示順]
の[姓]をクリックして、姓名の
順で表示する。
Office 365の連絡先では、「名
姓」の順番で表示されることが
ある。そのときは、[名の順]ド
ロップダウンリストで、[表示
順]の[姓]をクリックすると、
「姓　名」の順番で名前が表示
される。

　こうして連絡先に登録した情報は、メールを送信する際などに宛先自動補完の対象と
なります。また、連絡先を開いている時、メールアドレスや電話番号をクリックするこ
とで、その宛先への新規メール作成画面を開いたり、電話したりできます。

4-6-2　共有連絡先から個人用連絡先に取り込む

　共有連絡先はテナント（組織）ユーザー全員で利用できる連絡先ですが、個人的に必
要な情報を追加入力できない、Androidなどのモバイルデバイスの連絡先に同期できな
いなどの不自由な点もあります。

　このような時は、共有連絡先の情報を個人用連絡先に取り込んで使用します。

❶

連絡先を開き、検索ボックスに
取り込みたい連絡先名を入力
する。

❷

[連絡先に追加]をクリック。

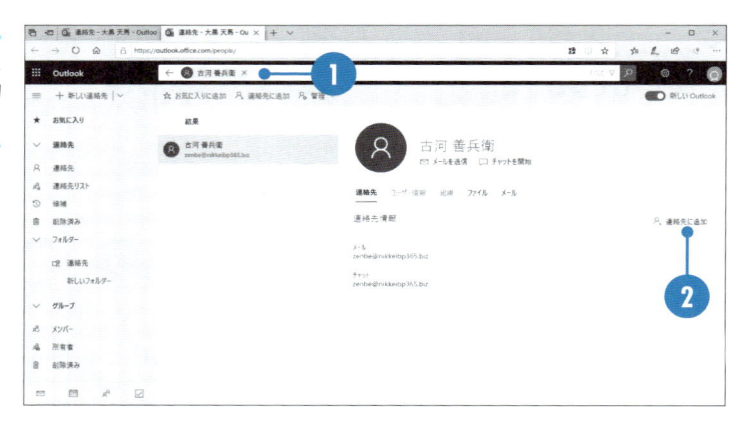

❸ 必要事項を入力し、[作成]をク
リック。

4-6-3　連絡先リストを作成する

　連絡先リストは、複数の連絡先（メールアドレス）をグループ化して、一括送信に利
用できます。ただし、メーリングリストではなく、あくまで、Office 365上で複数の宛
先を一括で扱うだけです。メールの送信先に連絡先リストを指定すると、実際にはリス
トに含まれる個々のメールアドレスにメールが送信されます。

❶ [新しい連絡先]の右側の▽をク
リック。

❷ [新しい連絡先リスト]をクリッ
ク。

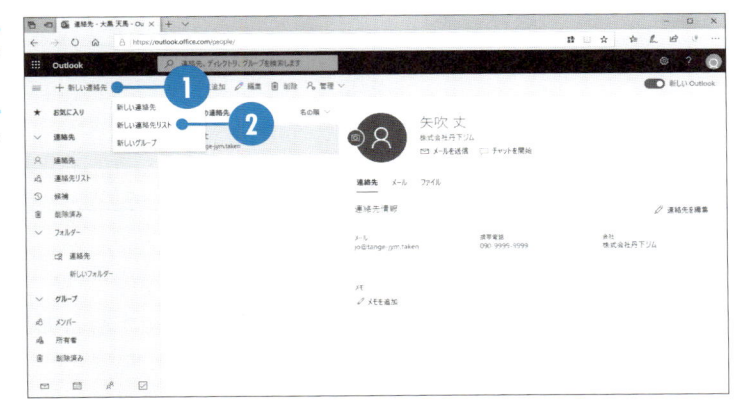

3 連絡先リストの名前を入力する。

4 メールアドレスを入力して、[追加]をクリック。メールアドレスは複数追加できる。また、テナント(組織)外のメールアドレスも追加できる。

5 連絡先リストの説明を入力する。

6 [作成]をクリック。

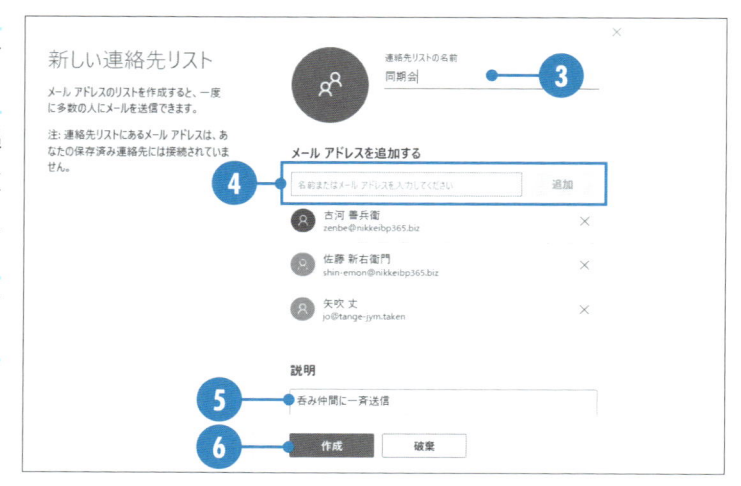

7 連絡先リストが作成された。

Column 連絡先グループ

　連絡先には、他に「連絡先グループ」があり、[新しい連絡先] の右側の▽ボタンから作成できます。連絡先グループは、グループのメンバーで、ファイルや予定表共有できる機能です。グループ用のメールボックス（共有メールボックス）やフォルダー（共有フォルダー）、予定表（共有予定表）が作成され、同じグループに登録したユーザーは、個々の設定を行わなくても、簡単にファイルや予定表を共有できるようになります。

　Office 365の過去のバージョンでは多用された連絡先グループですが、現在のOffice 365では、ユーザーの共同作業はMicrosoft TeamsやYammerに場を移しています。本書でも、コミュニケーションツールとしてはMicrosoft TeamsとYammerを紹介しています。

Chapter

5

OneDrive for Business

OneDrive for Businessは、Office 365のオンラインストレージ（インターネット上のファイル保存スペース）です。OneDrive for Businessにフォルダーやファイルを作成することにより、複数のデバイスから同じファイルを利用し、複数のユーザーで同じファイルを活用したりできます。

・OneDrive for Businessの概要
・ファイルの保存と編集
・フォルダーやファイルの共有
・ローカルドライブとの同期

5-1 OneDrive for Business を開く

OneDrive for Business は、Office 365 のオンラインストレージです。その実体は、SharePoint Online にあります。

5-1-1 OneDrive for Business の概要

マイクロソフトは、オンラインストレージサービスとして、OneDrive を展開しています。旧バージョンでの名称は SkyDrive でした。インターネットを通じて、ネットワーク上のストレージ（ドライブ、記憶装置）にファイルを保存できます。

OneDrive for Business を使うことで、以下のメリットを得られます。

・いつでもどこでもファイルにアクセスできる

OneDrive for Business には、Windows だけでなく、Mac OS、Linux、Android、iOS などからアクセスすることもできるので、OneDrive for Business にファイルを保存すれば、インターネット環境があれば、いつでもどこでも、ファイルにアクセスできます。

・端末のスペックを選ばない

データそのものはインターネット上のサーバーに保存し、また、Office アプリ（Web アプリの Excel や Word など）を利用できるため、インターネットに接続できる環境と、Office 365 に互換性がある Web ブラウザーがあれば、メモリやディスク容量が小さいデバイスでも利用できます。実際、タブレット端末やスマートフォンでも利用できます。

・ファイルを共有できる

共有設定を行うことで、1 つのファイルを複数のユーザーで共有して利用できます。情報共有や共同作業などに威力を発揮します。

・高信頼性

マイクロソフトが世界中に展開し、政府機関も利用する堅牢なデータセンターで稼働しているため、非常に信頼性が高く、OneDrive for Business に保存しておけば、PC などのデバイスが故障してもデータを失うことはありません。

なお、マイクロソフトの OneDrive には 2 種類のサービスがあるので注意が必要です。

1つは、単にOneDriveあるいはOneDrive - Personalと呼ばれるサービスで、マイクロソフトが個人ユーザー向けに無償提供しているサービスです（容量増設については有料）。これはOffice 365とは関係ありません。

もう1つは、本書で紹介しているOffice 365のOneDrive for Businessです。Office 365のクラウドサービスのうち、SharePoint Onlineの共有フォルダー機能を応用して実現されており、Office 365の各種サービスと連携できます。

両者はどちらもWindowsでは同じクライアントアプリで利用できますし、アイコンも似ています。しかし、中身はまったく異なるものですので混同しないように注意してください。

本書では単にOneDriveと表記するとき、基本的にOneDrive for Businessを意味します。

5-1-2 　OneDrive for Businessを開く

❶ Office 365にサインインし、アプリ起動ツールボタンをクリック。

❷ [OneDrive]をクリック。
※初めてOneDriveを開く時は、ストレージを準備するために数分ほど時間がかかる。また、ガイダンスメッセージが表示される。

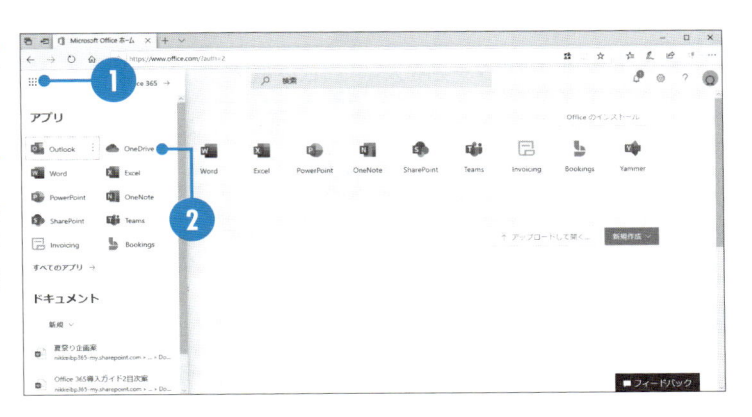

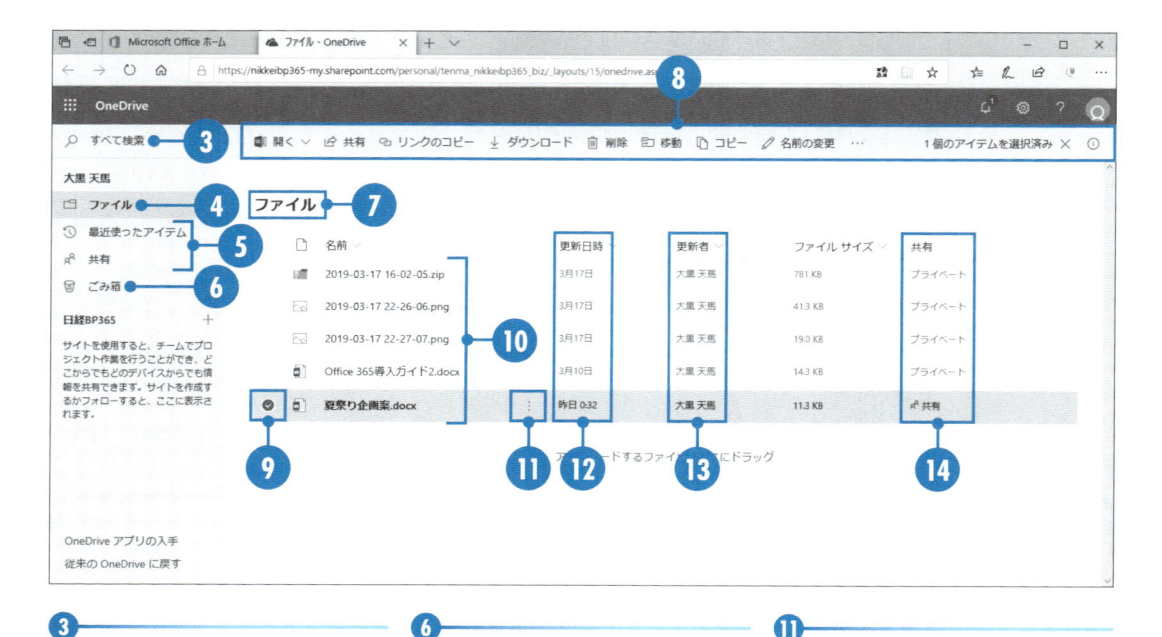

3
ファイル名やフォルダー名を入力して、アイテム（ファイルやフォルダー）を検索する。先頭から数文字を入力すると、該当するアイテムの絞り込みが始まる。

4
OneDrive for Business の通常のフォルダー表示に戻る。

5
［最近使ったアイテム］〜［共有］、それぞれの条件に合うアイテムを絞り込み表示する。

6
［ごみ箱］を表示する。

7
現在開いているフォルダー名を表示する。

8
メニューバー。各種の操作メニューを表示する。

9
アイテムを選択するチェックマーク。

10
アイテム名が表示される。クリックして開く。

11
アイテムに対する「アクション」（...）のメニューを開く。

12
最終更新日時が表示される。

13
最終更新者が表示される。更新者名にマウスを合わせると、連絡先を開くことができる。

14
共有情報が表示される。誰とも共有していない自分だけがアクセスできるアイテムには「プライベート」と表示される。

OneNoteなどの一部のOfficeアプリは、自動的にOneDrive for Business内にフォルダーを作成してデータを保存します。

アイテムを作成する

OneDriveには、PC上で作成したファイルをアップロードすることも、OneDrive上で直接フォルダーやファイルといったアイテムを作成することもできます。

5-2-1 フォルダーを作成する

OneDrive内に新規フォルダーを作成できます。

① OneDriveを開き、[新規]ー[フォルダー]をクリック。

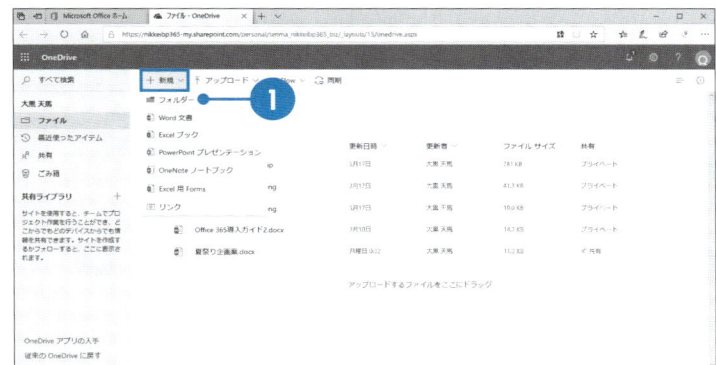

② フォルダー名を入力する。

③ [作成]をクリック。

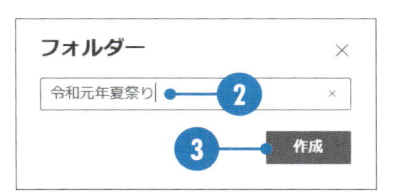

④ 新しいフォルダーが作成された。

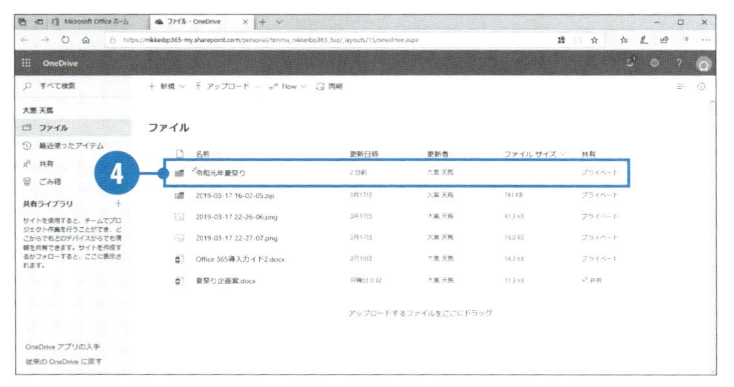

5-2-2　OneDrive上でファイルを作成する

OneDrive上にOffice文書を直接作成できます。

①
OneDriveを開き、[新規]−[(文書の種類)]をクリック。
作成できるのは、Word、Excel、PowerPoint、OneNote、Excel用Formsの文書。また、WebページやOneDrive上のファイルへのリンクも作成できる。

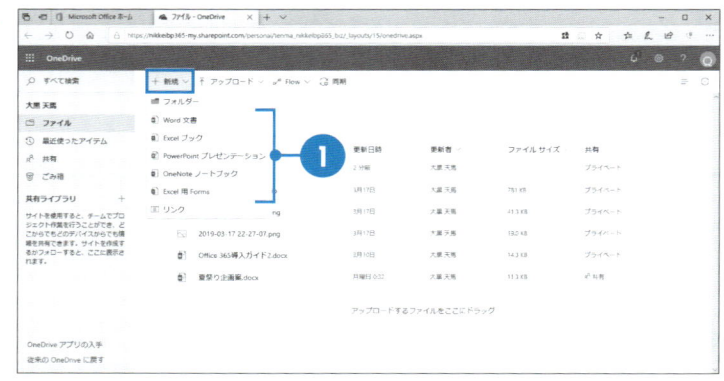

②
ファイルが作成され、編集できる状態になる。

③
タイトルバー中央にファイル名が表示される。

④
タイトルバー左にファイルの保存フォルダーが表示される。

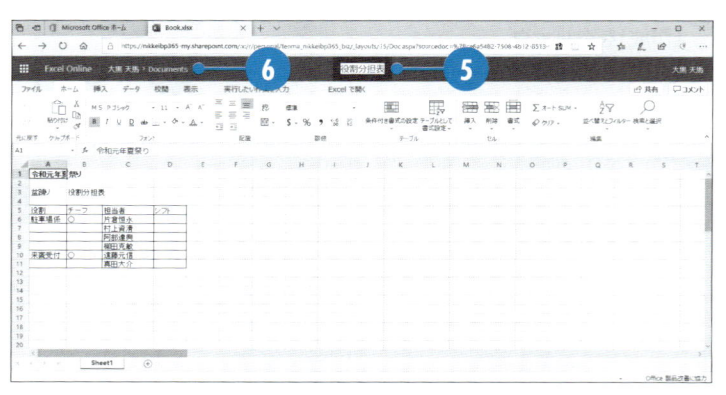

⑤
ファイル名をクリックするとファイル名を変更できる。

⑥
ファイルの保存フォルダーをクリックすると、フォルダーウインドウに移動する。

⑦ 新しいファイルがOneDrive上に保存された。

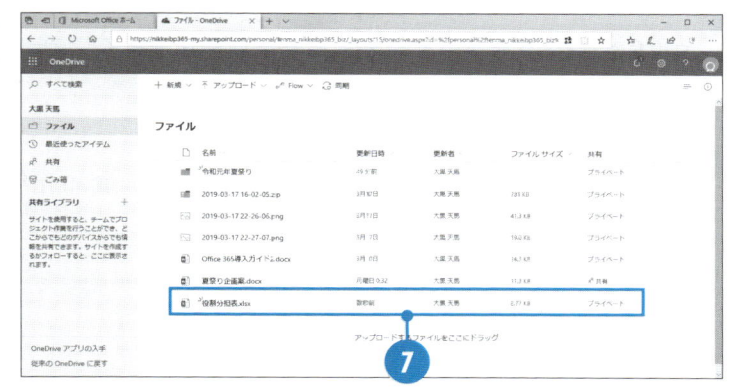

　Office 365のOfficeアプリ（Office Online）には、ファイルの保存、ファイルを閉じるという操作はありません。作成中のファイルは常にOneDriveに自動保存されます。作業が終了した時は、Webブラウザーで、タブまたはウインドウを閉じるか、他のWebページに移動するだけでかまいません。

5-2-3 アプリからファイルを作成する

　Office 365のオンライン版OfficeアプリからOneDrive上にファイルを作成できます。

❶ Office 365にサインインし、ファイルを作成するアプリのアイコンをクリック。

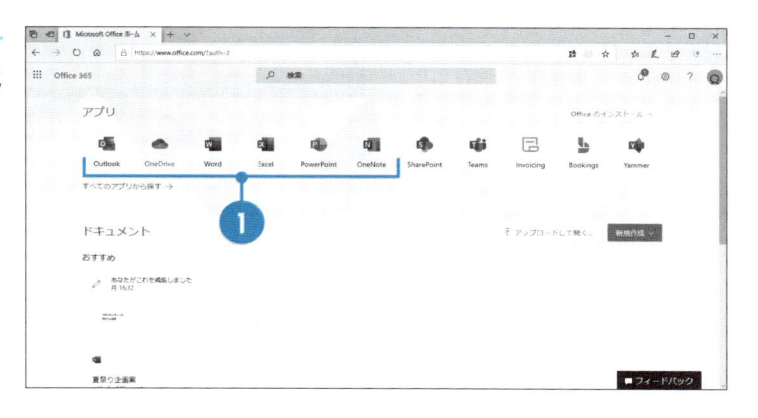

②

文書を作成する。

③

タイトルバー中央にファイル名
が表示される。

④

タイトルバー左にファイルの保
存フォルダーが表示される。

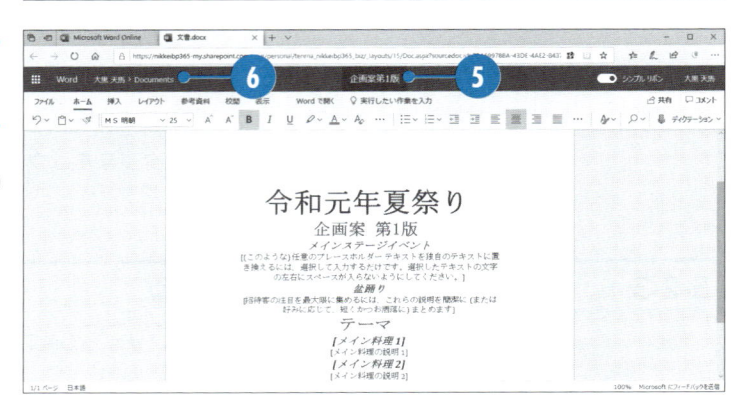

⑤

ファイル名をクリックして、
ファイル名を変更する。

⑥

フォルダー名をクリックして、
OneDriveのフォルダーにWeb
ページを切り替える。

⑦

新規ファイルを作成、保存した。

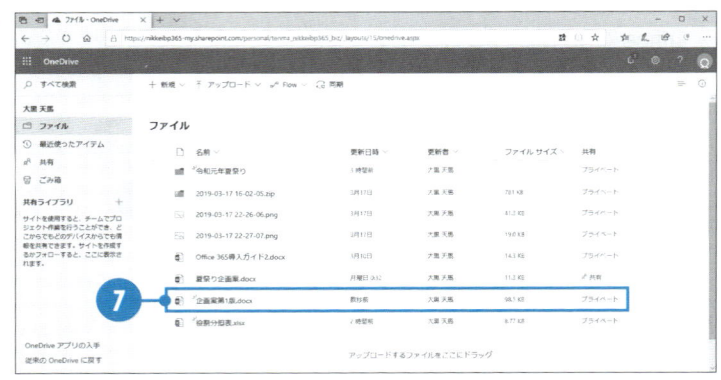

Officeアプリでは、編集中のファイルを随時保存するため、ファイルを閉じる、保存
するといった操作は必要ありません。編集が終わったら、他のページに移動するか、タ
ブやWebブラウザーを閉じてください。

アイテムを管理する

OneDriveのアイテム…ファイルやフォルダーを管理する方法を紹介します。

5-3-1　アイテムを削除する

OneDriveからアイテムを削除します。

❶ アイテム先頭のチェックマークをクリックして、削除するアイテムを選択する。

❷ メニューバーの[削除]をクリック。または、ファイルの[アクションの表示]（…）をクリックし、[削除]をクリック。
なお、1つのアイテムだけを削除するときは、アイテムを選択しなくても、削除したいアイテムの[アクションの表示]をクリックして削除できる。

❸ 確認ウインドウで[削除]をクリック。

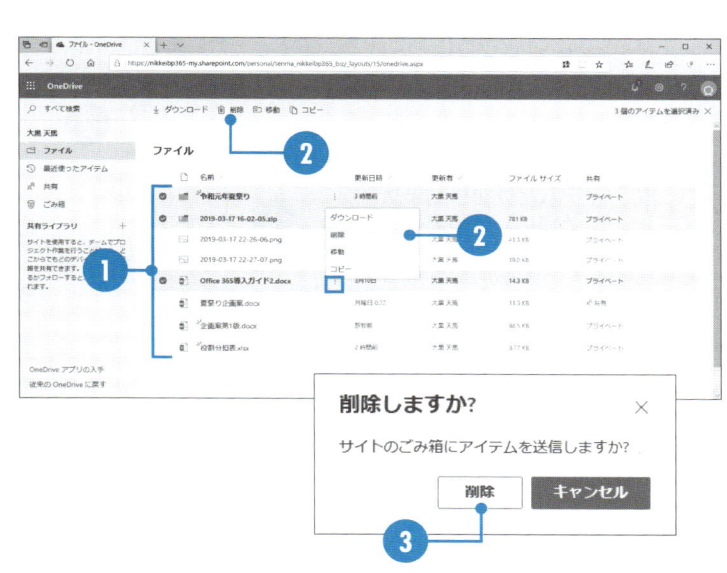

5-3-2　アイテムを復元する

削除してからあまり時間がたっていないアイテムは、ごみ箱に保存されています。ごみ箱から復元できます。

❶ OneDriveの[ごみ箱]をクリックして、ごみ箱を開く。

❷ 復元したいアイテムの先頭をクリックして、アイテムを選択する。

❸ [復元]をクリック。

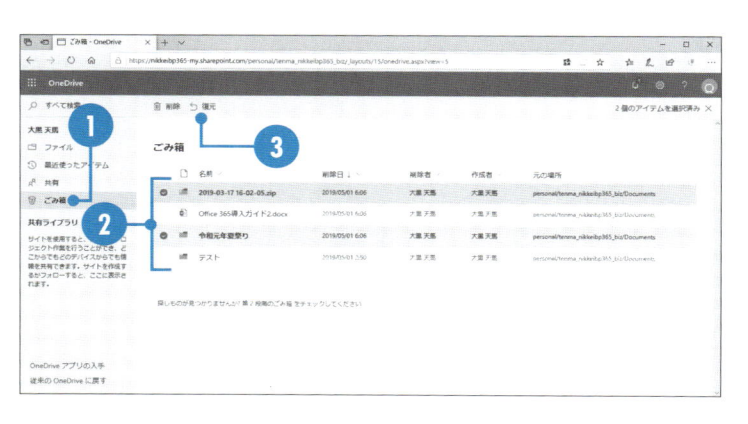

ごみ箱でアイテムを選択して［削除］をクリックすると、ごみ箱から完全に削除できます。保存容量の節約になりますが、ごみ箱から削除したアイテムを復元することはできません。

5-3-3 アイテムを移動またはコピーする

OneDrive内のアイテムをOneDrive内の他のフォルダーに移動またはコピーできます。

❶ 移動またはコピーしたいアイテムの先頭をクリックして、チェックマークをオンにする。

❷ ［移動］または［コピー］をクリック。
1つのアイテムだけを移動またはコピーする時は、そのアイテムの［アクションの表示］（…）をクリックして、［移動］または［コピー］をクリックしてもかまわない。

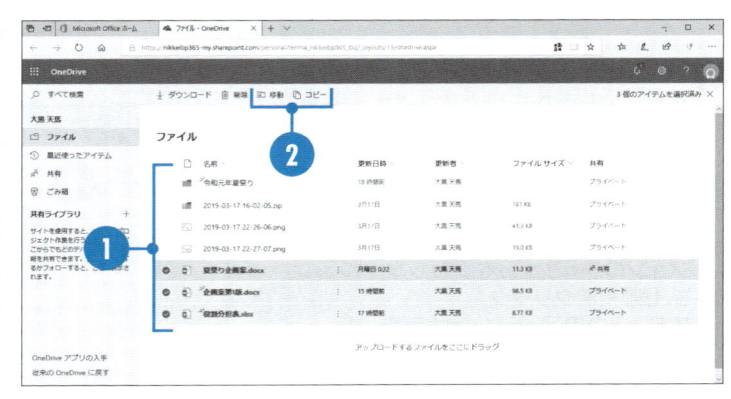

❸ OneDrive内のフォルダーに移動またはコピーするには、［自分のOneDrive］をクリック。

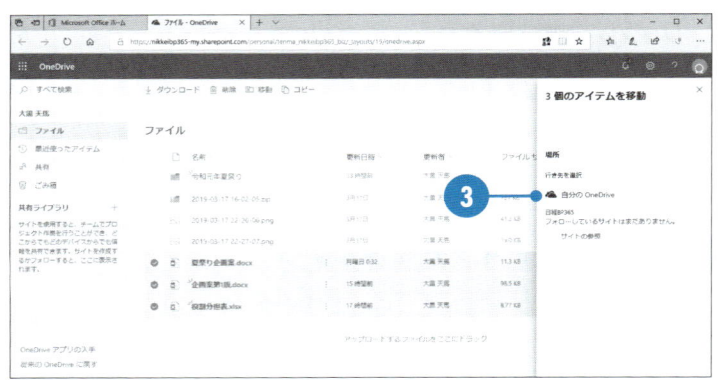

❹ 移動先またはコピー先のフォルダーをクリックして開く。

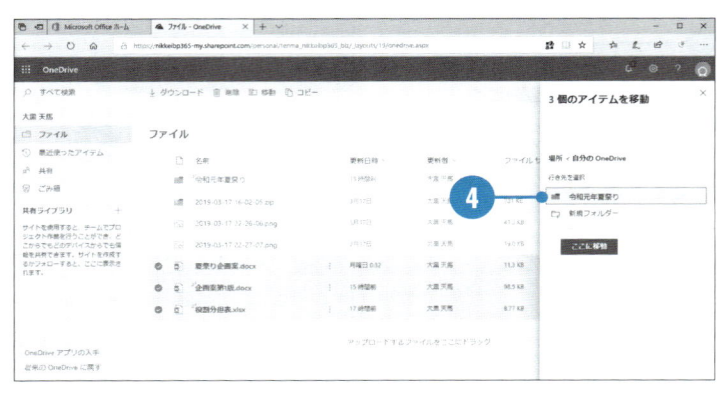

⑤

[ここに移動]または[ここにコピー]をクリック。

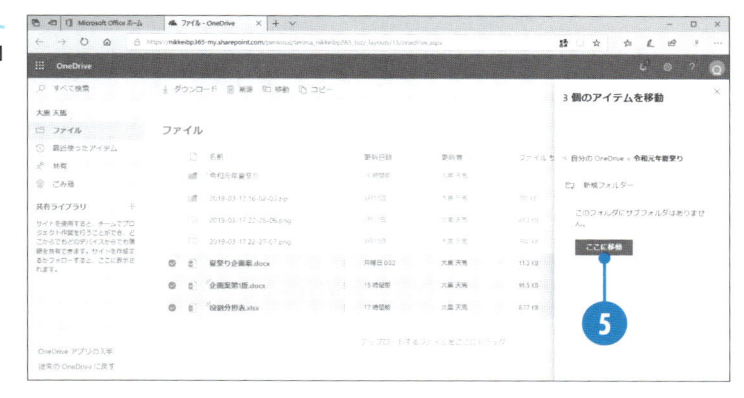

5-3-4 アイテムの名前を変更する

アイテムの名前を変更します。

①

名前を変更するアイテムの[アクションの表示]（...)をクリック。

②

[名前の変更]をクリック。

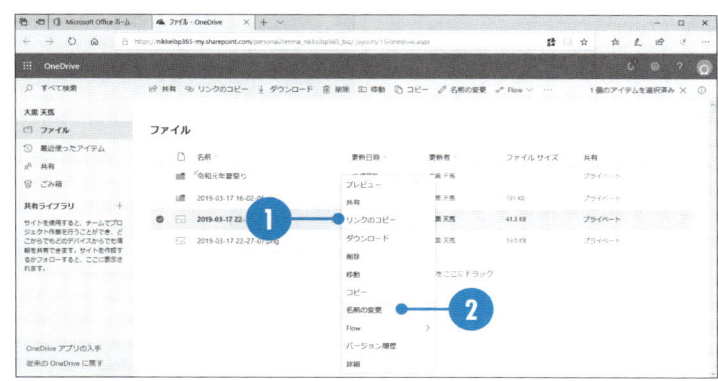

③

新しい名前を入力する。

④

[保存]をクリック。

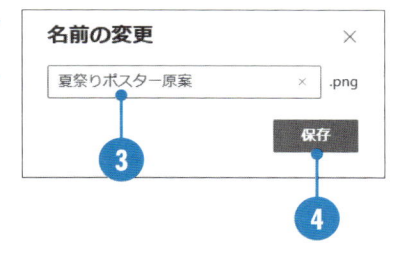

5-4 ファイルをアップロード・ダウンロードする

ローカルPCで作成したファイルをOneDriveにアップロードしたり、OneDrive内のファイルをローカルPCにダウンロードしたりできます。

OneDrive上でファイルを作成する場合、OneDriveが標準対応しているファイル形式…つまりOffice文書しか作成できませんが、ローカルPCで作成したファイルをアップロードすれば、どんなファイル形式のファイルでもOneDriveに保存できます。

5-4-1 ドラッグ＆ドロップでアップロードする

最も簡単な方法は、WebブラウザーであらかじめOneDriveを開いておき、デスクトップやローカルフォルダーから、OneDriveにファイルをドラッグ＆ドロップする方法です。

❶ OneDriveでファイルを開きたいフォルダーを開く。

❷ OneDriveにアップロードしたいアイテム（ファイルまたはフォルダー）を、OneDriveの「アップロードするファイルをここにドラッグします。」エリアに、マウスでドラッグ＆ドロップする。

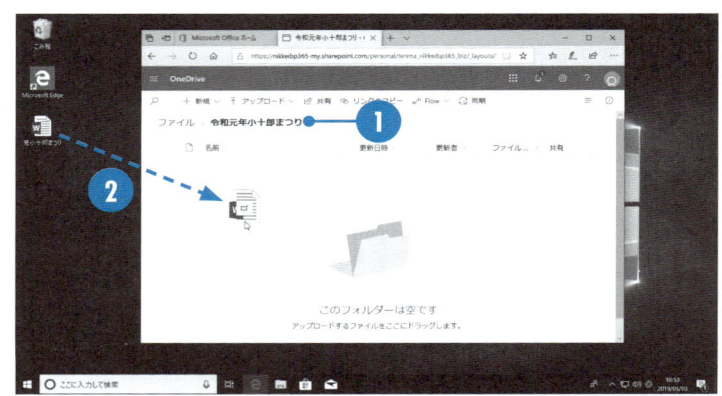

❸ アイテムがアップロードされた。

❹ このアイテムをすぐに共有するときは、[リンクの共有]クリック。共有しないときは、他の場所をクリック。

5-4-2 メニューでアップロードする

ドラッグ＆ドロップが難しい環境、あるいはドラッグ＆ドロップが苦手なユーザーは、メニューを使用してアップロードするとよいでしょう。

❶ OneDriveでファイルをアップロードしたいフォルダーを開く。

❷ [アップロード]をクリックし、[ファイル]または[フォルダー]をクリック。

❸ アップロードするフォルダーまたはファイルを選択し、[フォルダーの選択]または[ファイルを開く]をクリック。
フォルダーをアップロードする時は１つのフォルダーしか選択できないが、ファイルをアップロードする時は、[Ctrl]キーを押しながらファイルをクリックすることで、複数のファイルを選択できる。

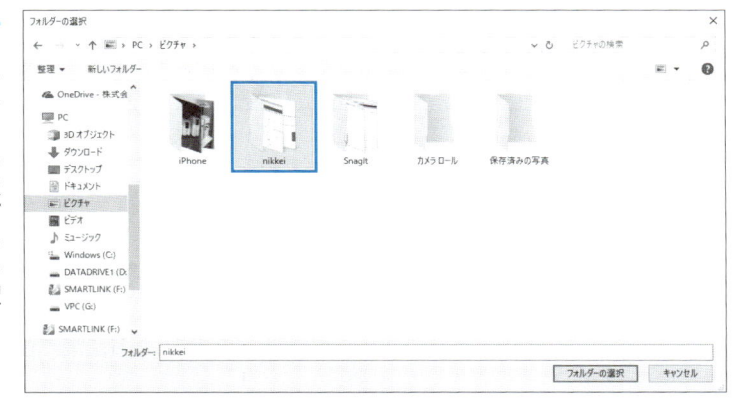

5-4-3 ダウンロードする

OneDriveのアイテムをローカルPCにダウンロードする時、単独のファイルであれば、オリジナルのファイル形式のままダウンロードできます。しかし、複数のファイルを一括してダウンロードする時は、選択したファイルをZIP形式の書庫ファイルに結合してダウンロードします。この場合、ダウンロード後、ZIP形式書庫ファイルを展開する必要があります。

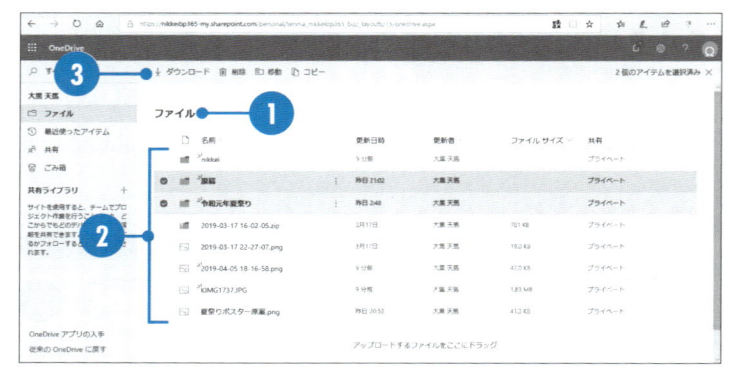

❶ OneDriveでダウンロードしたいファイルまたはフォルダーを表示する。

❷ ダウンロードしたいファイルまたはフォルダーを選択する。

❸ [ダウンロード]をクリック。

ダウンロードパターンは、以下のようになります。

パターン	ダウンロードファイル
1つのファイル	オリジナルファイル形式のままダウンロード
1つのフォルダー	選択したフォルダーをZIP形式の書庫ファイルにしてダウンロード。書庫ファイル名はダウンロードしたフォルダー名と同じ
複数のファイルまたはフォルダー	選択したファイルやフォルダーをZIP形式の書庫ファイルにしてダウンロード。書庫ファイル名は自動的に割り当てられる

また、1つのアイテムだけをダウンロードする時は、アイテムを選択しなくても、直接［アクションの表示］（...）をクリックして、メニューからダウンロードできます。

5-4-4　ファイルを開く

OneDriveのファイルを開いて閲覧したり編集できます。

❶ OneDriveで閲覧または編集したいファイルをクリック。
編集できるのはOffice文書ファイルのみ。

②
Officeアプリで文書を編集できる。

③
[Wordで開く]または[Excelで開く]、[PowerPointで開く]をクリックすると、Officeデスクトップアプリで文書を開くことができる。

④
WordアプリやPowerPointアプリでは、[シンプルリボン]をクリックすると基本機能を使いやすいようにしたシンプル表示から、通常表示に切り替わる。

⑤
通常表示。[シンプルリボン]をクリックすると、シンプル表示に切り替わる。

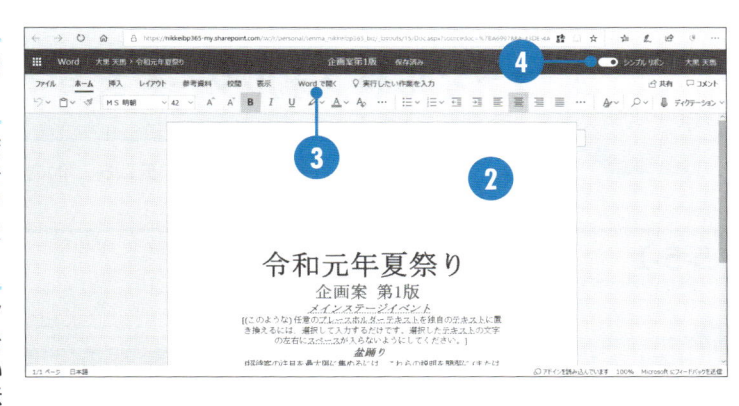

5-5 ファイルやフォルダーを共有する

ファイルやフォルダーといったアイテムを、他のユーザーと共有できます。

5-5-1 アイテムを共有する

❶ 共有したいアイテムの[アクションの表示](...)をクリック。

❷ [共有]をクリック。

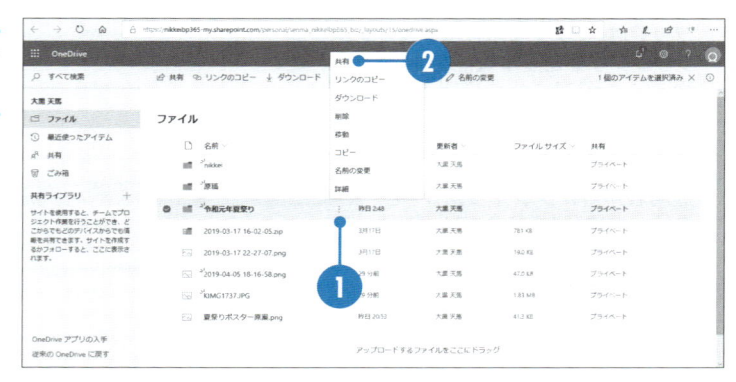

❸ より厳密な共有のアクセス権を設定するには、[リンクを知っていれば...]をクリック。手順9に進む。

❹ 共有したいユーザーのユーザー名を入力する。組織外のユーザーのメールアドレスを入力することも可能。

❺ [送信]をクリックすると、URLが共有相手にメール送信される。

❻ [リンクのコピー]をクリックすると、この共有アイテムにアクセスするURLを取得できる。手順8に進む。

❼ [Outlook]をクリックすると、宛先とURLを設定した新規メール作成画面が開くので、自分で文章を入力して送信できる。

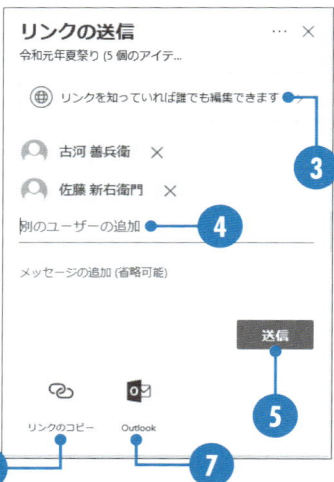

❽ URLを取得したい時、[コピー]をクリックするとURLがクリップボードにコピーされるので、メールあるいは文書に貼り付けてURLを利用できる。
OneDriveのアイテム共有の基本設定では、このアイテムのURLを知っている人であれば、組織内、組織外を問わず、誰でもアクセスできてしまう。そのため、URLの取り扱いには注意が必要。
より詳細なアクセス管理を行うには、手順3の操作で、[リンクの設定]ウインドウを開く。

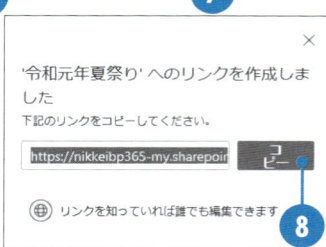

9 共有アクセス許可の種類を選択する。

10 編集を許可する時には、[編集を許可する]をオンにする。

11 [適用]をクリック。

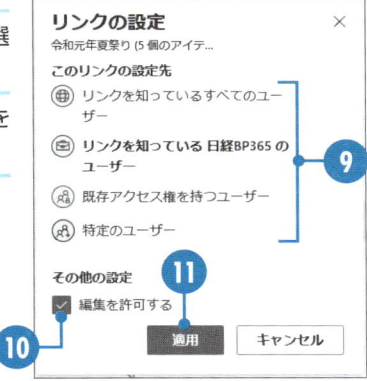

12 共有先のユーザーに、共有を通知するメールが届く。

13 [開く]をクリック。

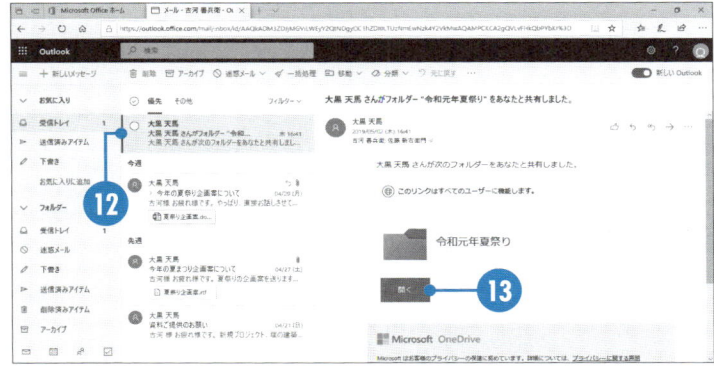

14 共有されたOneDriveアイテムが開いた。

5-5-2　共有したアイテムを確認する

自分が作成して他のユーザーに共有したアイテムは、OneDriveの［共有］で確認できます。

① OneDriveを開き、［共有］をクリック。

② ［自分が共有元］をクリック。
自分が共有元になっているアイテムを確認できる。［アクションの表示］(…)をクリックして、共有の設定を変更できる。

5-5-3　共有されているアイテムを開く

同じ組織（テナント）の他のユーザーが共有元となって提供されているアイテムを確認し、開くことができます。

① OneDriveを開き、［共有］をクリック。

② ［自分と共有］をクリック。
「自分と共有」とは、他のユーザーが共有元となってアイテムを自分と共有している、という意味である。

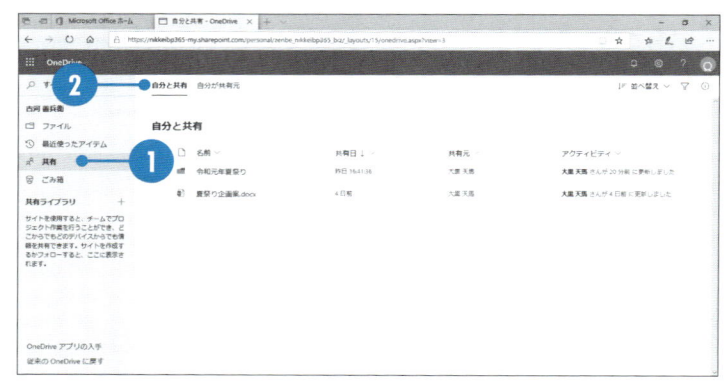

5-6 複数ユーザーで同時編集する

OneDriveでOffice文書を共有すると、複数のユーザーが同一文書を同時に編集できます。

① OneDriveで他のユーザーと共有しているファイルを開く。

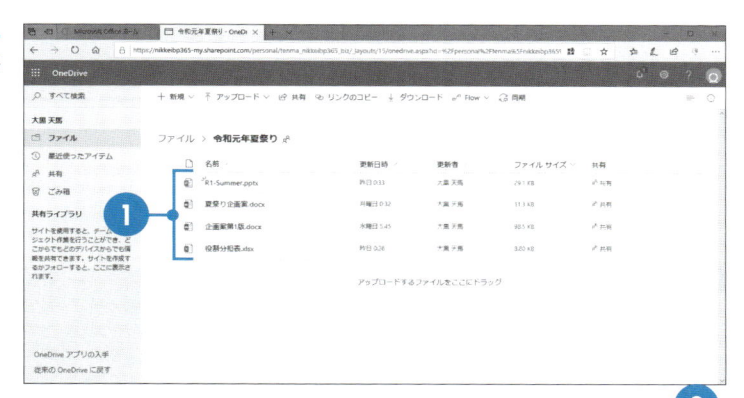

② タイトルバーの右上には編集中である自分の名前が表示される。

③ 他ユーザーが編集中の場合、「〇〇も編集中です」と色分け表示される。

④ 他ユーザーが編集中の箇所は、そのユーザーの色が表示される。

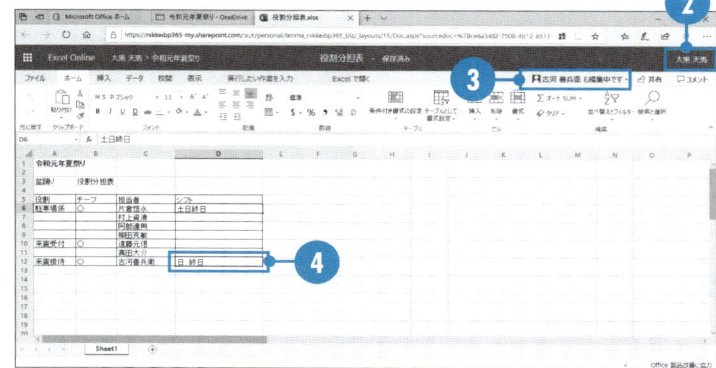

複数ユーザーが同時に編集できるといっても、たとえば、同じセルを複数のユーザーが同時編集することはできません。保存データが矛盾してしまいます。Excelの場合はセル単位で、Wordであれば行単位で、排他処理を行います。共同編集している他のユーザーの色が表示されている箇所は、編集を避けてください。

5-7 ローカルフォルダーと同期する

Windows の OneDrive クライアントアプリを使って、ローカル PC のフォルダーと OneDrive のフォルダーを同期できます。OneDrive クライアントアプリを設定しておけば、いちいち Web ブラウザーで OneDrive にアクセスして、ファイルのアップロードやダウンロードをする必要はありません。

5-7-1 OneDrive を設定する

Windows 10 は OneDrvive クライアントアプリを標準装備しています。Office 365 の ユーザーアカウントを登録するだけで、すぐに使えます。

❶ Windows 10のスタートメニューから、[OneDrive]をクリックして起動する。

❷ Office 365のユーザー名を入力する。

❸ [サインイン]をクリック。
Windows 10 に あ ら か じ め Office 365 のユーザーアカウントを登録している時は、ユーザー名の入力だけで OneDrive を設定できる。Windows 10に Office 365 のユーザーアカウントを登録していない時は、ユーザー名だけでなく、パスワードの入力やアカウントの種別の選択も必要となる。アカウントの種別は[職場または学校のユーザー]を選択する。
Windows 10に連携するOffice 365 アカウントの登録については、2-4を参照。

④
OneDriveと同期するフォルダーを変更する時は、[場所の変更]をクリックして、場所を指定する。
既定の設定では、同期フォルダーは以下の場所になる。

C:¥Users¥（Windowsのユーザー名）¥OneDrive - (Office 365テナント名）

⑤
[次へ]をクリック。

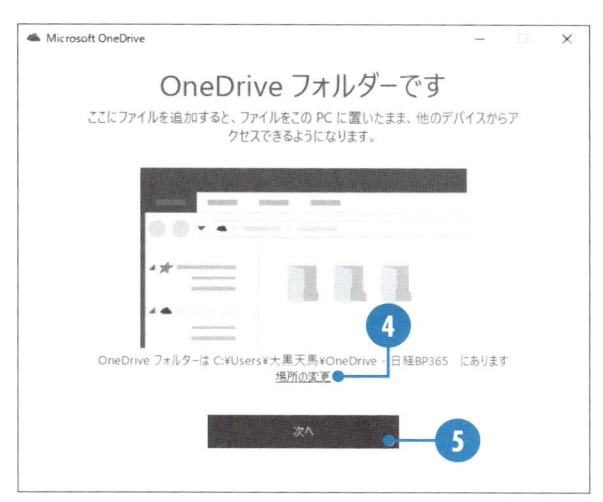

⑥
OneDriveのガイダンスが表示されるので、[>]をクリックして先に進む。

⑦
ガイダンスが不要な場合は、[×]をクリック。

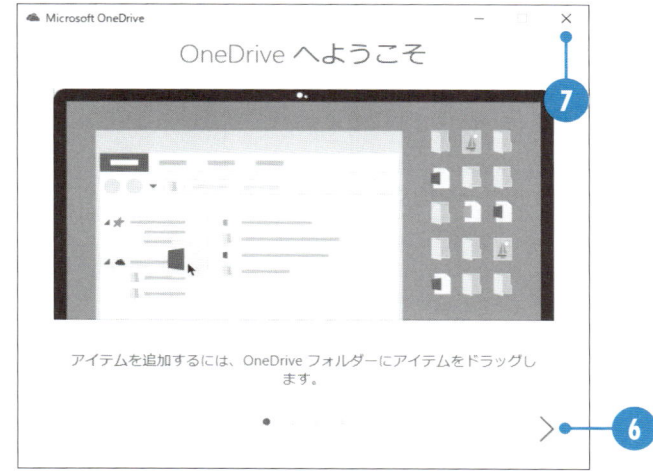

⑧
スマートフォン(Androidまたは iOS)用のOneDriveクライアントアプリが必要な時は、[スマートフォン向け OneDriveの入手]をクリック。

⑨
スマートフォン用の OneDriveが不要な時は、[>]をクリックして手順13に進む。

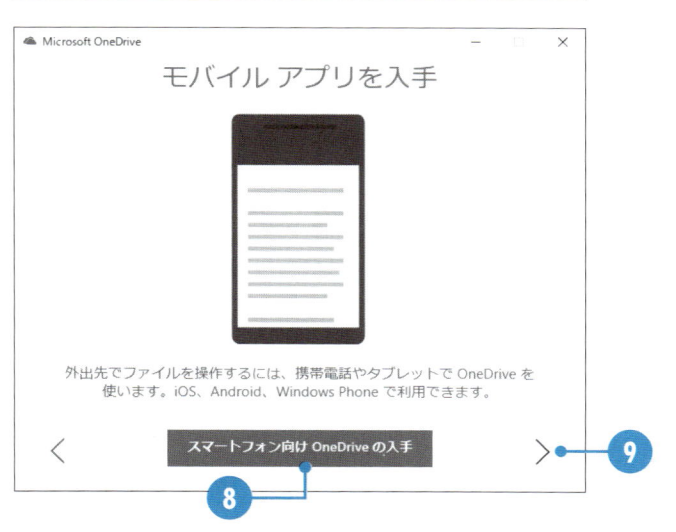

9

国や地域を選択する。

10

携帯電話番号を入力する。

11

[リンクをSMSで送信]をクリック。
ダウンロードサイトのURLがSMS（ショートメール、Cメール）で送信される。SMS非対応の回線を解約している時は利用できない。

12

ウインドウを閉じる。

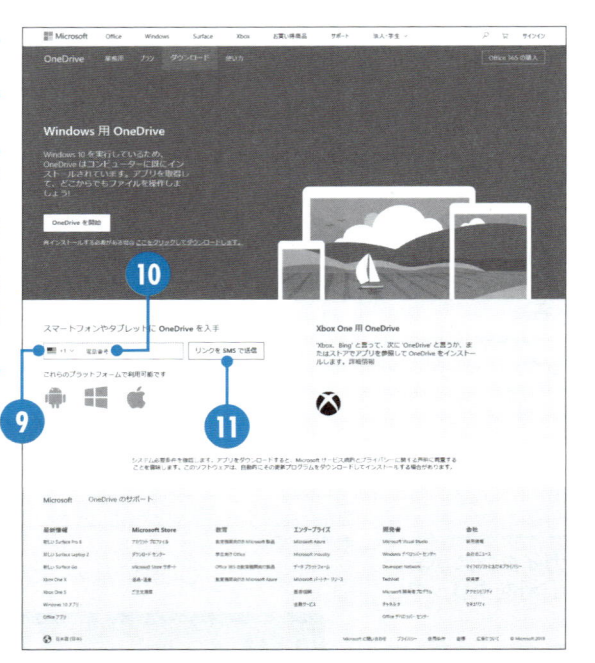

13

[OneDriveフォルダーを開く]をクリック。

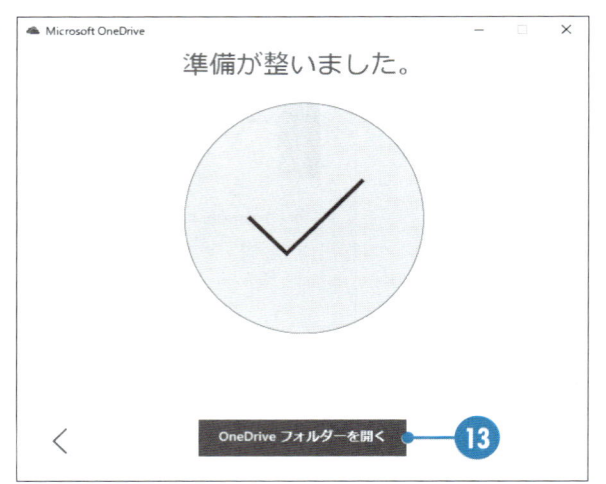

14

OneDriveのフォルダーウインドウが開く。

15

エクスプローラーから「OneDrive」のフォルダーを開くときは、[OneDrive -（Office 365のテナント名）]をクリック。

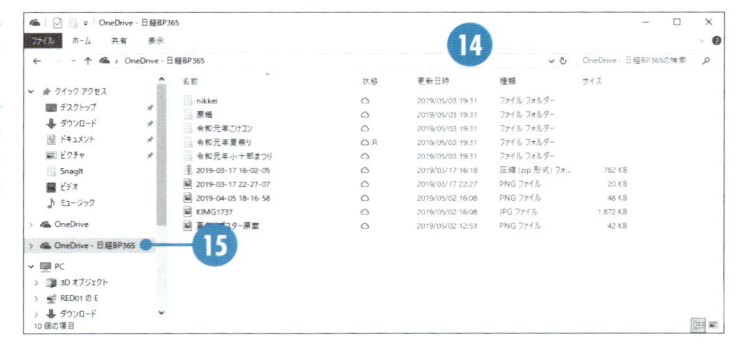

このフォルダーはOneDriveと同期するため、このフォルダーに保存したファイルは自動的にOneDriveにアップロードされます。また、OneDriveに作成したファイルは自動的にこのフォルダーにダウンロードされます。これにより、OneDriveを「ドキュメント」や「ピクチャ」のようなローカルPCのフォルダーと同様に使えるようになります。

5-7-2　OneDriveクライアントアプリをダウンロードする

OneDriveクライアントアプリを搭載していない、または現在のOneDriveと互換性のない古いOneDriveクライアントアプリが搭載されているWindowsでは、最新のOneDriveクライアントアプリをダウンロード、インストールする必要があります。

❶ Webブラウザーで OneDriveを開く。

❷ [OneDriveアプリの入手]をクリック。

❸ ダウンロードページから、OneDriveをダウンロードしてインストールする。

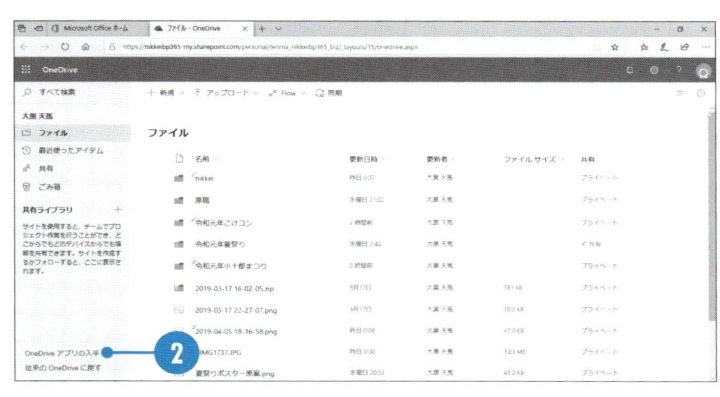

Chapter

6

Office
デスクトップアプリ

Excel 2019やWord 2019などのPCにインストールして使用するアプリケーションソフト、Microsoft Officeを、本書ではOfficeデスクトップアプリ（Officeデスクトップ）と呼びます。

本章では、OfficeデスクトップアプリをOffice 365で活用する方法を紹介します。

Office 365ライセンスのOfficeデスクトップアプリのインストールについては、2-3を参照してください。

また、Office 365ライセンスのOfficeデスクトップアプリだけでなく、別途購入したOffice 2016や2019などのMicrosoft Officeも、Office 365と連携して使用できます。

なお、Outlookに関しては、3-12で解説しています。

・Office 365へのサインイン
・OneDriveにファイルを保存する

6-1 Officeデスクトップアプリで サインイン・サインアウトする

Officeデスクトップアプリでは、Office 365ユーザーアカウントでサインインすることで、Office 365のオンラインサービスと連携できます。Officeデスクトップアプリでは、必要に応じてオンラインサービスにサインイン、サインアウトできます。また、複数のユーザーアカウントを持っていれば、ユーザーアカウントを切り替えて使うこともできます。

パッケージ販売のOffice 2016、Office 2019でも、Office 365のユーザーアカウントでサインインすることで、OneDriveなどのOffice 365のサービスを利用できます。

サインイン、サインアウト情報は、Officeデスクトップアプリ全体で共有されます。Excel、Word、PowerPoint、いずれかでサインインすれば、そのサインイン情報は他のアプリでも有効となりますので、アプリごとにサインインまたはサインアウトする必要はありません。

6-1-1 Officeデスクトップアプリでサインインする

Officeデスクトップアプリに Office 365ユーザーアカウントでサインインする方法を説明します。

ここでは、Excelを例に紹介しますが、WordやPowerPointでも操作は基本的に同じです。

① Officeデスクトップアプリで、[ファイル]をクリック。

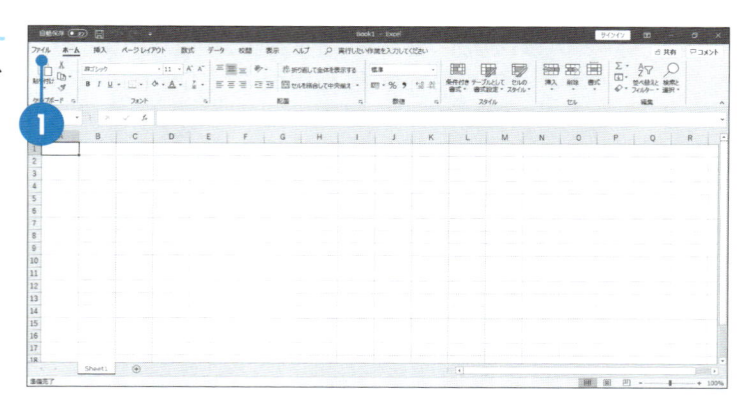

② [アカウント]をクリック。

③ [サインイン]をクリック。

④ Office 365のユーザー名を入力する。

⑤ [次へ]をクリックして、サインインする。

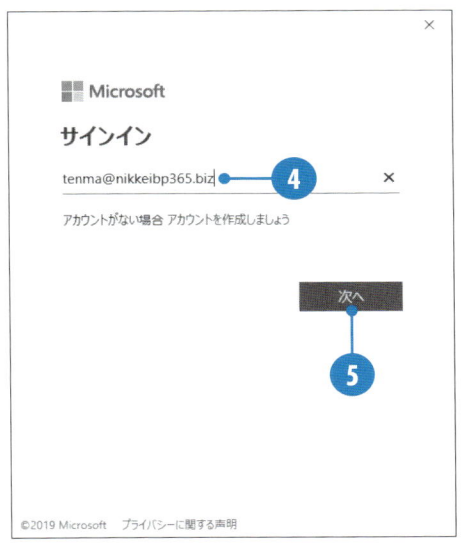

Column ## Office デスクトップアプリ

Office 365 ライセンスに含まれるOfficeデスクトップアプリは、パッケージ販売されているMicrosoft Officeの、Office Professionalとほぼ同じものです。

過去には、パッケージ販売のOffice 2013やOffice 2016に合わせて、Office 365 ライセンスのOfficeデスクトップアプリも、Office 2016やWord 2016など、西暦のバージョン番号が付いていました。バージョンアップも、ほぼ同じタイミングで行われていました。

しかし、2018年、パッケージ版のOffice 2019の発売と前後して、Office 365 ライセンスのOfficeデスクトップアプリからは西暦のバージョン名がなくなり、Office 365と表示されるようになりました。また、サブスクリプション契約のメリットを生かし、パッケージ版Officeデスクトップアプリのバージョンアップを待たずに、随時オンラインでバージョンアップや新機能の追加が行われるようになりました。

6-1-2 Officeデスクトップアプリでサインアウトする

Officeデスクトップアプリを使うユーザーが変わる時は、それまで使用していたユーザーのOffice 365ユーザーアカウントをサインアウトして、新しいユーザーのOffice 365ユーザーアカウントでサインインします。

ここでは、Excelを例に紹介しますが、WordやPowerPointでも操作は基本的に同じです。

① Officeデスクトップアプリで、[ファイル]をクリック。

② [アカウント]をクリック。

③ [サインアウト]をクリックして、サインアウトする。

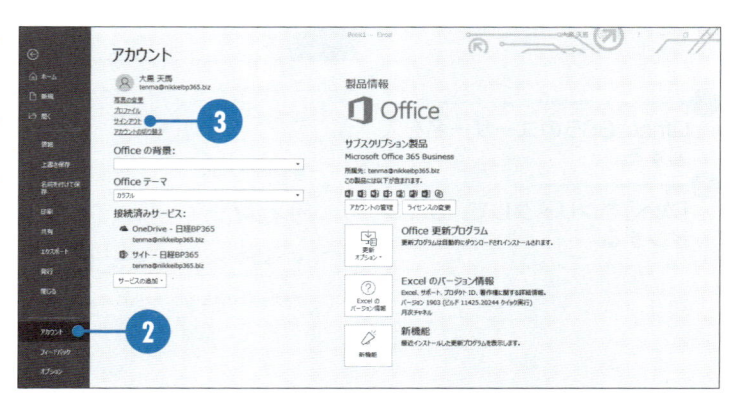

6-2 OfficeデスクトップアプリでOneDriveを使う

　Officeデスクトップアプリから、直接OneDrive for Businessにファイルを保存したり、OneDrive上のファイルを開いたりできます。あらかじめ、Officeデスクトップアプリで Office 365にサインインしておいてください。

6-2-1 OneDriveに文書を保存する

　WordやExcel、PowerPointなどのデスクトップから、作成したファイルを直接 OneDriveにアップロードして保存できます。

　ここではPowerPointを例に解説していますが、WordやExcelでも基本的に同じです。

❶
Officeデスクトップアプリで文書を作成する。

❷
[ファイル]をクリック。

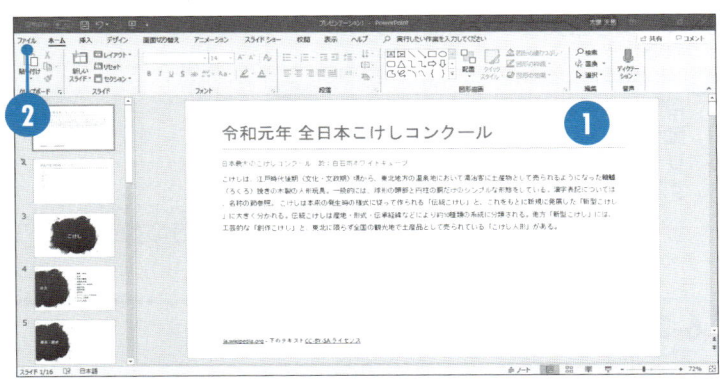

❸
[名前を付けて保存]をクリック。

❹
保存先として、[OneDrive－(サイト名)]をクリック。

❺
OneDrive内の保存先フォルダーを開く。

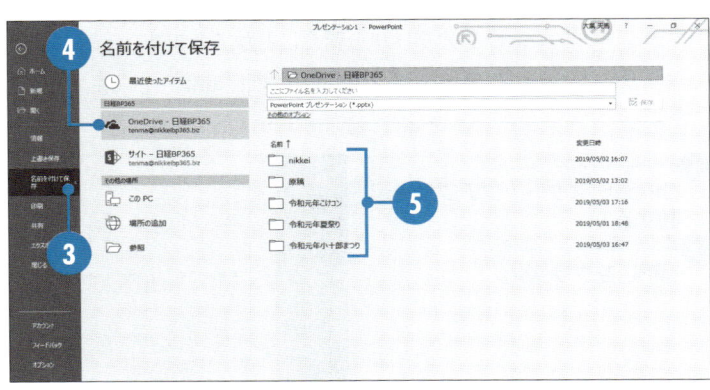

6

保存するファイル名を入力する。

7

[保存]をクリック。

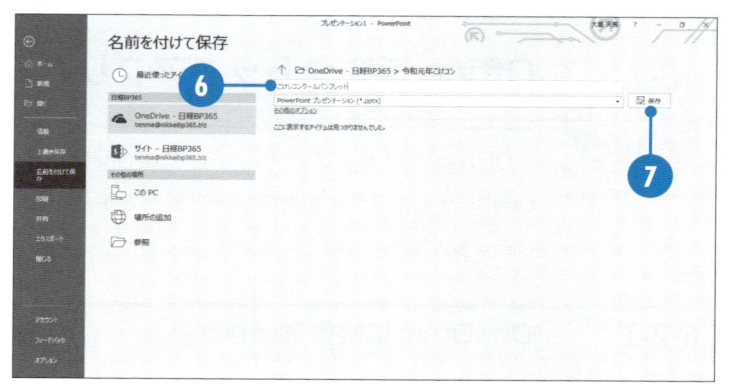

8

OneDriveに保存すると、自動保存のメッセージが表示される。[OK]をクリック。
自動保存が有効な場合、文書作成中に適宜文書が自動保存される。

9

自動保存を無効化するには、[自動保存]スライドスイッチをクリックして、自動保存をオフにする。

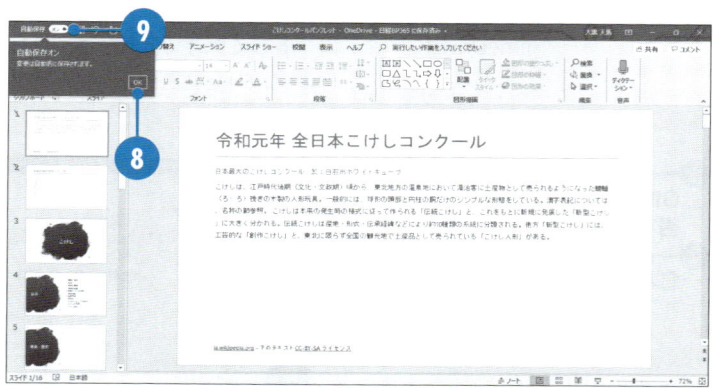

6-2-2　OneDrive上の文書を開く

OneDrive上のOffice文書を、いちいちダウンロードすることなく、直接Officeデスクトップアプリから開くことができます。

ここではPowerPointを例に解説していますが、WordやExcelでも基本的に同じです。

1

Officeデスクトップアプリを起動する。

2

[開く]をクリック。

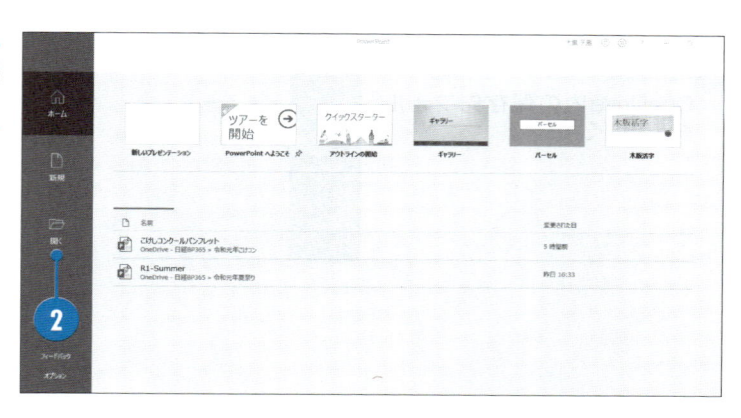

❸
[OneDrive −（テナント名）]を
クリック。

❹
開きたいフォルダーをクリッ
ク。

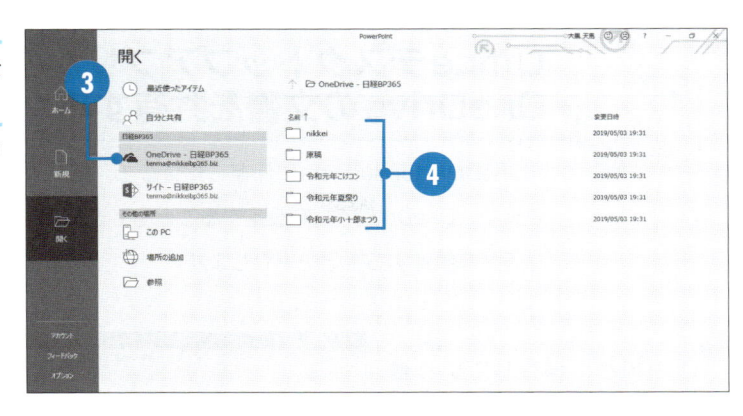

❺
編集するファイルをクリックし
て開く。

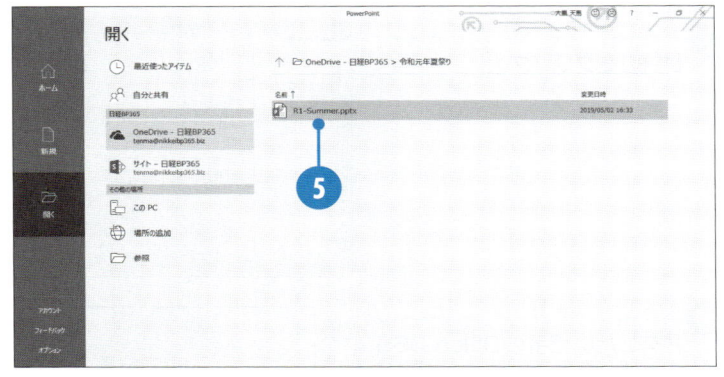

❻
OneDrive上のファイルが開か
れた。ファイルを開いている間
も、自動的に随時保存されるた
め、明示的に保存操作をしなく
てもかまわない。

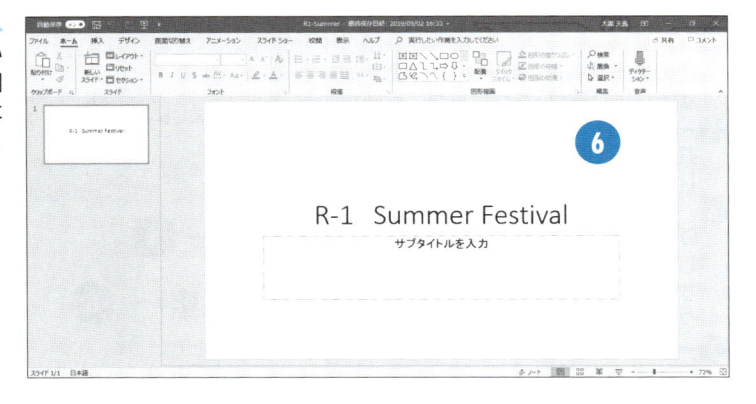

Office デスクトップアプリから OneDrive の文書を共有する

OneDrive for Business に保存した文書を、他のユーザーと共有して使用することができます。OneDrive で共有設定することもできますが、ここでは Office デスクトップアプリで共有設定する手順を紹介します。

❶ OneDrive に保存している他ユーザーと共有するファイルを開く。

❷ [共有]をクリック。

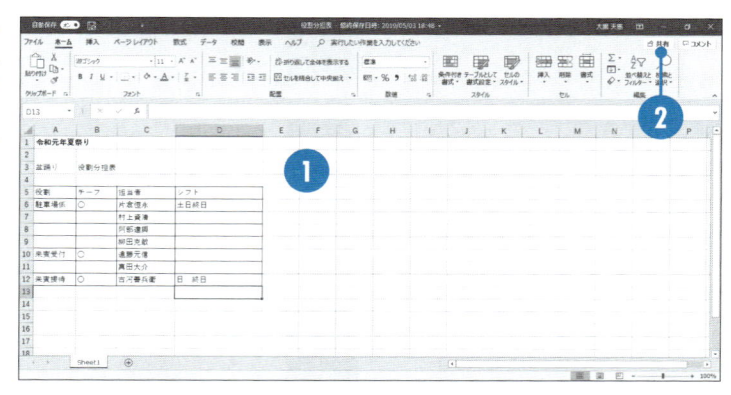

❸ 共有したい相手の Office 365 ユーザー名あるいはメールアドレスを入力する。

❹ このまま共有メッセージを送信するには、[送信]をクリック。

❺ 共有先の URL を取得するには、[リンクのコピー]をクリック。

❻ Outlook で新規メールを作成し、メッセージを入力して送信するには[Outlook]をクリック。

❼ ファイルを共有するのではなく、ファイルのコピーを送信するには[コピーを送信]をクリック。

❽ 詳細な共有アクセス許可を設定するには、[リンクを知っていれば誰でも編集できます]をクリック。
共有の詳細については、5-5を参照。

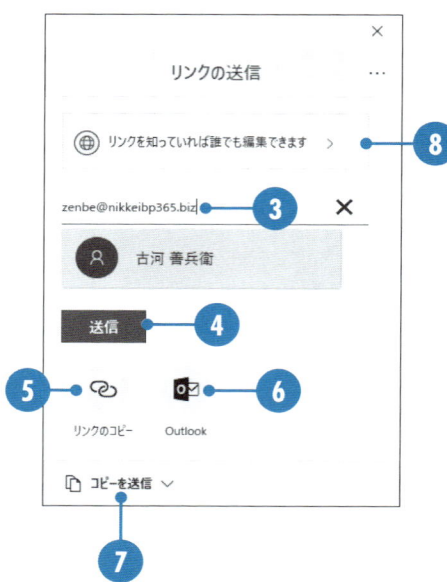

⑨
共有相手に共有情報が送信された。

⑩
共有相手には、通知メールが届く。

⑪
[開く]をクリックして、共有ファイルを開いて編集する。

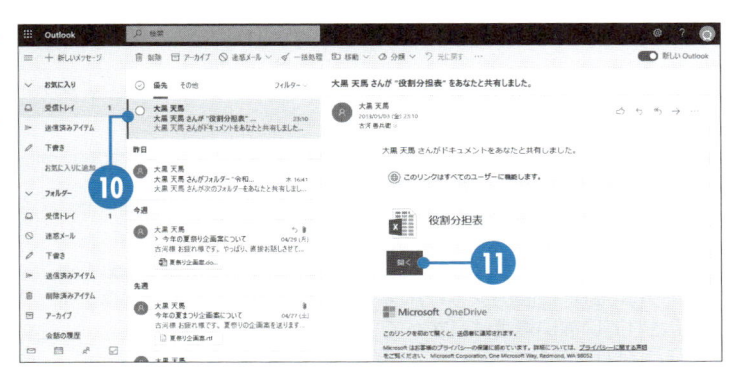

その他のアプリ

Office 365には、Word、Excel、PowerPointなど、伝統的なOfficeアプリ以外にも、多くのアプリが存在しています。ここでは、それらのアプリの起動方法を簡単に紹介します。

また、アドオンとして、サードパーティが開発したアプリを追加インストールできます。アドオンについては、「Chapter 14　アドオン」を参照してください。

❶ Office 365にサインインし、アプリ起動ツールボタンをクリック。

❷ アプリ一覧に目的のアプリが表示されていない場合は、[すべてのアプリ]をクリック。

❸ Office 365のトップページに移動するときは[Office 365]をクリック。

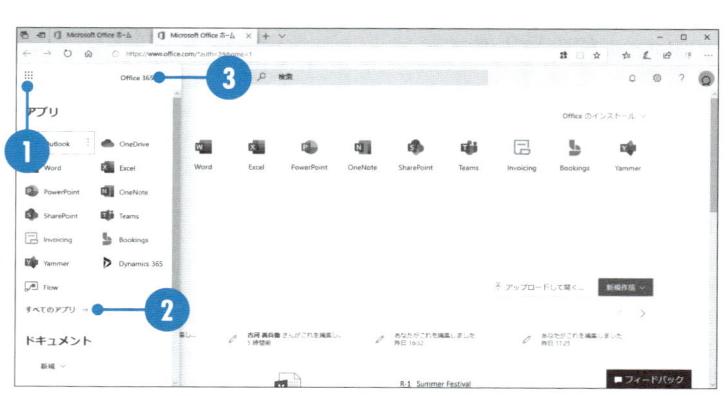

❹ アプリ一覧が表示される。

❺ ページ上部にはExcelなどの主要なアプリが表示されるので、ページ下部の「すべてのアプリ」までスクロールする。

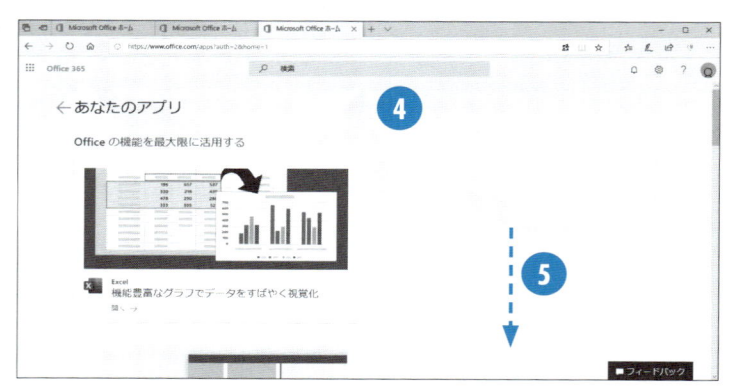

❻ すべてのアプリが説明付きで表示されるので、目的のアプリをクリックして起動する。

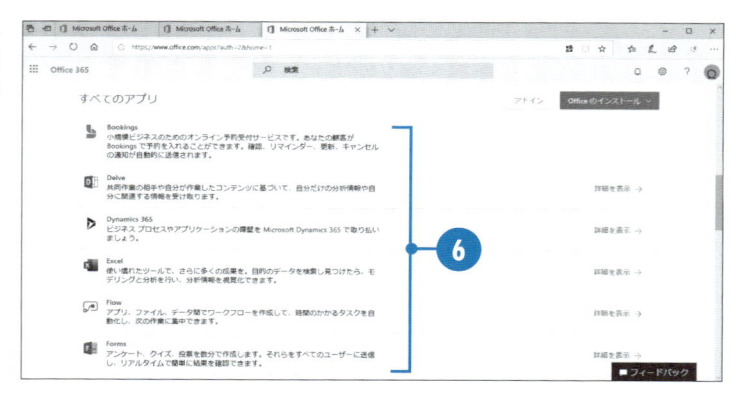

Chapter

7

Android や iOS で使う

Office 365 は、Android、iOS といった、スマートフォンやタブレットの携帯端末用 OS にも対応しています。ブラウザから Office 365 にアクセスすることもできますし、Office 365 アプリをダウンロードして活用することもできます。Outlook、Excel、Word、PowerPoint、OneDrive など、多くの Office 365 アプリが用意されています。

いつでもどこでも、という Office 365 の優れたサービスを存分に活用できます。

・Office 365 アプリのインストール
・Outlook のインストール

Office 365アプリをインストールする

本書では、Android 6.0.1を例に、Office 365アプリのインストール方法を説明します。iOSや、他のバージョンのAndroidでも基本的には同じです。

なお、Windows 10タブレットやWindows Phoneでは、初めからOffice 365に対応するアプリが用意されているので、改めてアプリをインストールする必要はありません。最初にアプリを起動する時に、Office 365のユーザー名とパスワードを適切に設定すれば、すぐに使えるようになります。

7-1-1　Office 365アプリをインストールする

AndroidやiOSに対応したOffice 365アプリは多数ありますが、最初にOutlookをインストールするとよいでしょう。Outlookはメールや連絡先といった、モバイル器機とOffice 365を連携させる中核的な機能を担っています。最初にOutlookをインストールし、同期の設定を行うことで、他のアプリを使いやすくできます。Google PlayまたはApp Storeから、Outlookをインストールしてください。

❶ Google Playを開き、検索ボックスに「Office 365」と入力する。

❷ Microsoft Outlookの[インストール]をタップ。

❸ インストールが完了したら、[開く]をタップ。

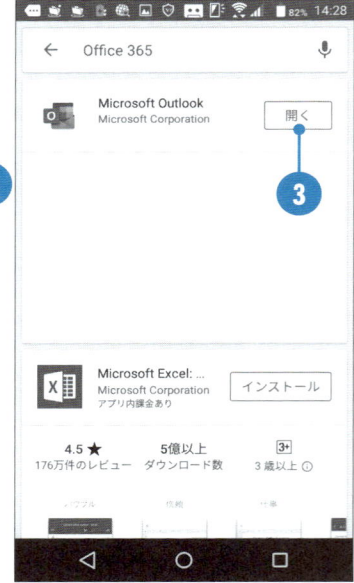

④

[始める]タップ。

⑤

Office 365のユーザーアカウントが選択肢にないので、[スキップ]をタップ。

⑥

Office 365のユーザー名を入力する。

⑦

[続行]をタップ。

⑧

パスワードを入力する。

⑨

[サインイン]をタップ。

10 追加するアカウントがなければ、[スキップ]をタップ。

11 Outlookのガイダンスが表示される。不要な時は[スキップ]をタップ。

12 Outlookを使用できるようになった。
Android、iOS版のOutlookでは、連絡先が独立した画面になっていない。[検索]（虫眼鏡）をタップすると、メールアイテムも連絡先も、まとめて検索できる。

以上の設定で、Outlookでのメール送受信、連絡先確認など、Outlookを使用できるようになりました。また、OneDrive、Word、Excel、PowerPointなどのOffice 365アプリを追加インストールすると、Outlookでサインインしたアカウントで Office 365を使用できるようになります。

必要に応じて Google Play または App Store で、他の Office 365 アプリもインストールしてください。

スマートフォン用Officeアプリ

Google Play（Play Store）やApp Storeに登録されている多くのOfficeアプリは、Office 365と連携して使用できますが、中にはOffice 365に対応していないアプリもあります。

たとえば、Office LensはOffice 365に対応していません。Office Lensはスマートフォンで撮影した画像をOneDriveに保存するアプリです。しかしOffice Lensが保存先とするOneDriveは、Office 365のOneDrive for Businessではなく、個人ユーザー向けのOneDriveです。

7-2 アカウント同期を設定する

　Androidの場合、Outlookをインストールして Office 365 アカウントを設定しても、それだけでは Office 365 アプリ以外で Office 365 を使えません。

　たとえば、スマートフォンで電話をする時に、電話アプリから Office 365 の連絡先を使えず不便です。また、スマートフォンで新しい連絡先を作成すると、スマートフォンの内部アドレス帳に保存してしまってOffice 365 のクラウドサービスが使えなかったり、Google アカウントで Gmail の連絡先に保存してしまったり、ということもあります。

　必要に応じて、以下の2つの作業を行ってください。

1. **Office 365 のアカウントをスマートフォンの連絡先と同期するように設定し、Office 365 の連絡先をスマートフォンの電話帳として使えるようにする。**
2. **Gmail のアカウントの同期を制限し、不必要に Gmail の連絡先や予定表が表示されないように、あるいは Gmail の連絡先や予定表に入力しないようにする。**

　なお、これらの設定は、Android や iOS のバージョンや、スマートフォンに標準搭載されているアプリの種類によって、設定方法が大きく異なる場合があります。

7-2-1 Office 365 のアドレス帳を Android の連絡先で使う

　Office 365 の連絡先と Android 標準の連絡先を同期し、Android 標準の連絡先や電話アプリで、Office 365 の連絡先を使えるようにします。

　ただし、同期できるのは Office 365 の個人用連絡先です。共有連絡先は同期できません。

❶ Outlook を 開 き、左 上 の メ ニューボタンをタップ。

❷ 左下の[設定]（歯車）をタップ。

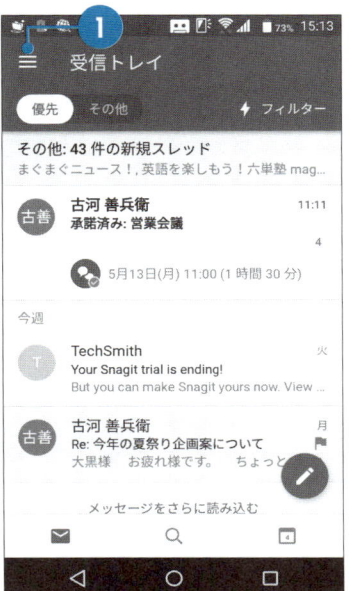

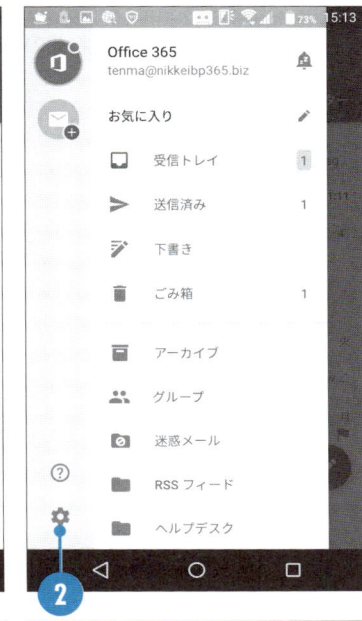

❸ 登録済みの Office 365 アカウ ントをタップ。

❹ [連絡先の同期]スライドスイッ チをタップ。

5 確認メッセージが表示されるので、[許可]をタップ。

6 連絡先の同期が有効化された。

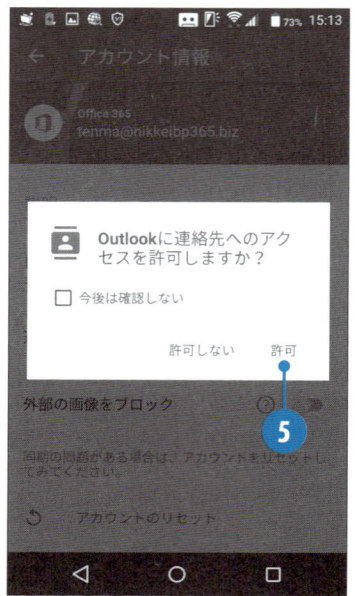

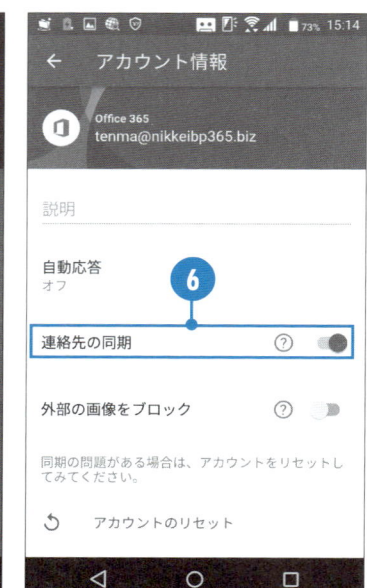

7 Android標準の連絡先アプリを開く。または、電話アプリから連絡先アプリを開く。

8 右上の[メニュー](...)をタップ。

9 [表示する連絡先]をタップ。

⑩ Office 365の連絡先だけを使用するには、[Outlook]をタップ。
複数のアカウントの連絡先を併用する時は、[すべての連絡先]を選ぶか、[カスタマイズ]をタップして使用する連絡先、使用しない連絡先を詳細設定する。

⑪ Android標準の連絡先にOffice 365の連絡先が表示されるようになった。電話アプリからもアドレス帳として使用できるようになった。

7-2-2 不要な同期を停止する

Office 365以外の連絡先や予定表を使用しない時は、同期を停止します。

❶ Androidの設定アプリを開き、[アカウント]をタップ。

❷ 同期を停止し、連絡先などに表示させたくないアカウントの種類をタップする。

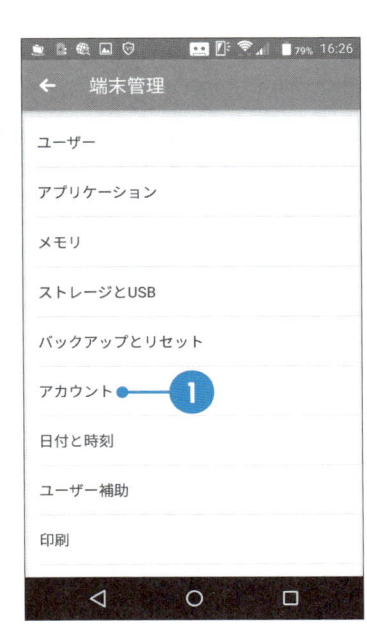
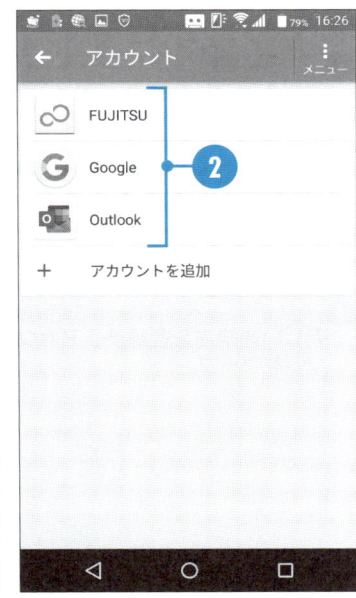

第7章 Android やiOS で使う　141

3 同期を停止するアカウントを
タップする。

4 スライドスイッチをタップし
て、同期したい項目、同期した
くない項目を個別に設定する。

7-2-3　連絡先を作成する

　複数のアカウントを併用している環境では、新しい連絡先を作成する時に、どのアカ
ウントの連絡先に作成するのか、注意してください。

1 連絡先アプリを開き、新しい連
絡先の作成を開始する。

2 [他の項目]をタップして、詳細
設定画面を開く。

3 [(アカウント名)]の右側の[▼]
をタップ。

4 新しい連絡先を登録するアカウ
ントをタップ。

第 **2** 部

グループウェア、
コラボレーション機能

Office 365 は、もともとグループウェアとしての性格が強いサービスでしたが、近年では Microsoft Teams や Yammer などを追加し、より強力なシステムになっています。

第2部では、Office 365 の各アプリのうち、特にチーム作業、情報共有に特化したアプリを紹介します。

これらのアプリは重複する機能も少なくありませんが、それぞれの特長を生かして、チーム作業、コラボレーションに活用してください。

Chapter
8

Microsoft Teams
を使う

Microsoft Teams は、チャットサービスを中核とし
たチーム作業を効率化する新しいアプリです。リアルタイ
ムにメッセージを交換したり、ファイルを転送したり、あ
るいは掲示板でメッセージやファイルを共有したりしま
す。

　チームは、管理者でなくても一般ユーザーでも作成でき
ます。プロジェクトなど、用途に応じてチームを作成し、
情報共有やコラボレーションに役立ててください。

・チームを作成する
・チームでチャットをする
・電子会議を開催する
・ファイルを共有する

8-1 チームを作成する

Microsoft Teams は、Skype for Business に代わる、リアルタイムな情報交換をメインとしたグループウェア機能です。

8-1-1 Microsoft Teams の概要

Office 365 には、従来から Skype for Business というチャットアプリケーションのサービスがあります。リアルタイムにメッセージを交換し、通話することもでき、またファイルの転送や画面の共有を可能としています。これに対し、新しく登場した Microsoft Teams では、リアルタイムチャットや電子会議だけでなく、Office 365 の他のサービスと連携したファイルの共有など、共同作業を包括的に支援します。Skype for Business や Office 365 グループを使っていた Office 365 ユーザーは、Microsoft Teams への移行をお勧めします。

ただし、Microsoft Teams はグループウェア的なコミュニケーション、コラボレーション機能を実現するために SharePoint などと不可分であるため、Skype for Business のような単体サブスクリプションはありません。Microsoft Teams を使用するには、Office 365 の Business Essentials、Business Professional、Enterprise などの契約が必要です（機能制限がある無料版もあります）。

なお、Office 365 は、組織内 SNS として Yammer も装備していますが、Microsoft Teams は明確なチーム活動を想定し、リアルタイム性を重視しているのに対し、Yammer は、もっと緩い意見交換を想定しています。用途に応じて使い分けてください。Yammer については「Chapter 9　Yammer を使う」で紹介しています。

一方、Microsoft Teams は、Web ブラウザーで Microsoft Teams にアクセスして使用することも、Microsoft Teams のデスクトップアプリをインストールして使用することもできます。Web ブラウザーを使用してもデスクトップアプリを使用しても、デザイン、操作性、ほとんど違いがありませんが、以下の点で異なります。一般的にはデスクトップアプリの利用をお勧めします。

	Web ブラウザー	デスクトップアプリ
PC への負荷	Web ブラウザーなので、比較的軽快	アプリが常駐するので、スペックの低い PC ではやや負荷がかかる
サインイン	Office 365 にサインインして Microsoft Teams を開く	専用アプリを起動してサインインするので、手間がかからない
共有トレイ機能	使用できない	使用できる

なお、共有トレイとは、アプリケーションウインドウやデスクトップを複数のユーザーで共有する機能です。オンライン会議の参加者全員で、同じアプリの画面、同じPCのデスクトップ画面を見ながら会議できます。

8-1-2　チームを作成する

チームはOffice 365の誰でも作成できます。

① アプリボタンをクリックして、[Teams]をクリック。

② Teamsアプリをダウンロードしてインストールする時にクリック。

③ このままWebブラウザーでTeamsを使う時にクリック。
WebブラウザーからMicrosoft Teamsを開くと、Teamsデスクトップアプリを使用するか、このままWebブラウザーでTeamsを使うか、選択画面が表示される。
後でTeamsデスクトップアプリをインストールすることもできる。

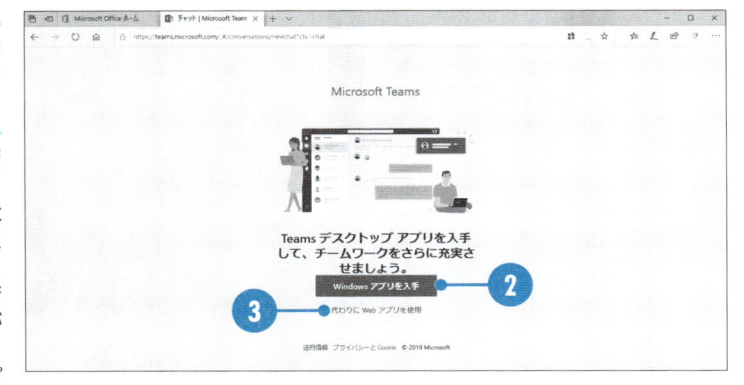

④

Microsoft Teamsのガイダンスが表示される。[次へ]をクリックしてガイダンスを進める。

⑤

ガイダンス不要な時は、[閉じる](×)をクリック。

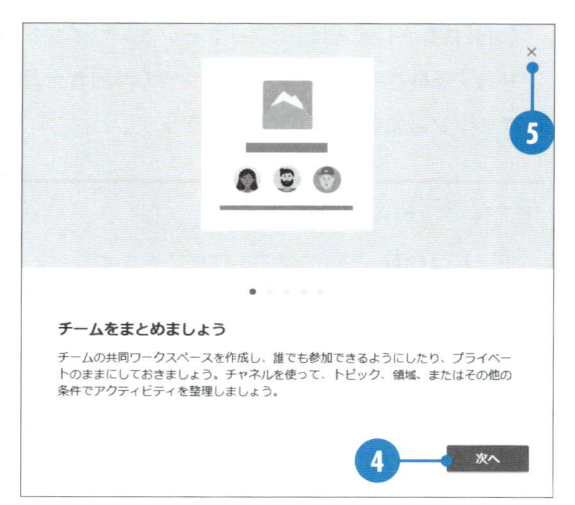

⑥

左サイドメニューから[チーム]をクリック。

⑦

[チームに参加、またはチームを作成]をクリック。

⑧

[チームを作成]をクリック。
既存のパブリックチームがある時は、この画面に表示される。既存のチームに参加する時は、チームアイコンの[チームに参加]をクリックする。

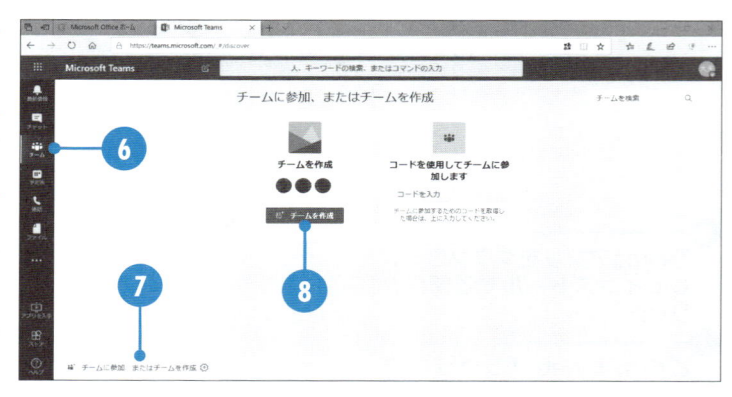

⑨

[初めからチームを作成する]をクリック。

⑩

チームの種類を選択する。
チームの種類は以下の2つから
選択する。

種類	機能
プライベート	チームの作成者が、チームの参加者を招待する。招待されていないユーザーが勝手にチームに参加することはできない
パブリック	テナントのどのユーザーでも自由にこのチームに参加できる

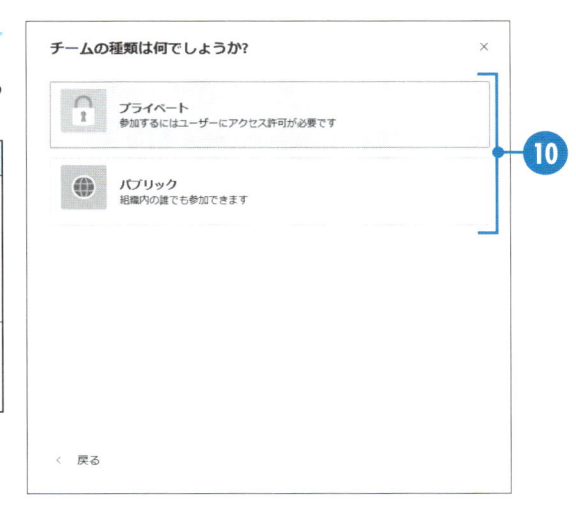

⑪

チーム名を入力する。

⑫

チームの説明を入力する。

⑬

[作成]をクリック。

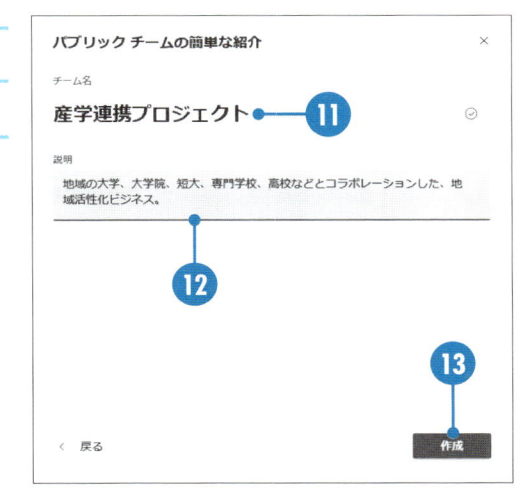

⑭

チームに招待するユーザー名を
入力する。

⑮

[追加]をクリック。

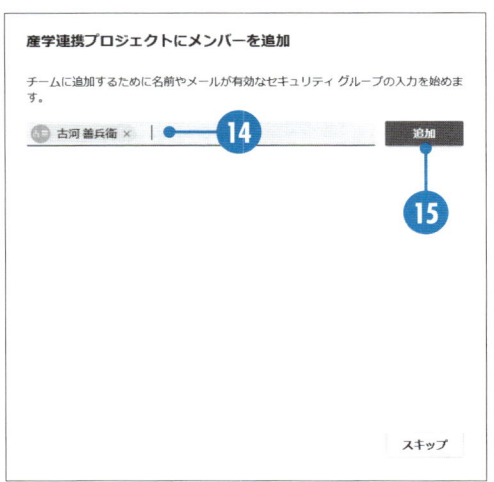

16

他のユーザーも追加する時は、続けてユーザー名を入力する。

17

[追加]をクリック。

18

追加したユーザーの[メンバー]をクリックすると、ユーザーの種類を選択できる。
ユーザーの種類には、所有者とメンバーがある。

19

メンバーを追加し終えたら、[閉じる]をクリック。
以上で、チームの作成は終了である。

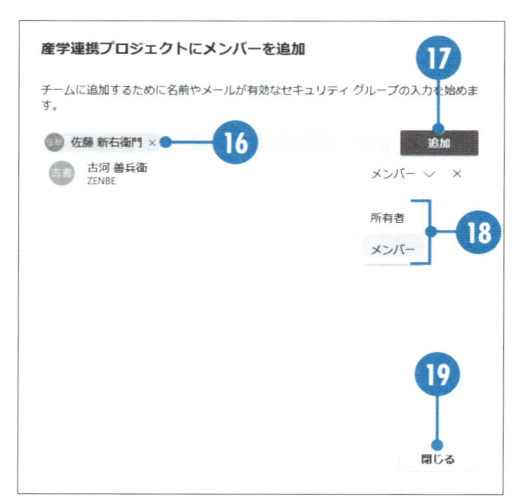

ユーザーの種類	権限
所有者	メンバーの追加や削除、チームの閉鎖など、このチームに対する管理権限を持つ
メンバー	一般ユーザーとしてこのチームを使用する。このチームを管理することはできない

20

チームが作成された。

21

チームの新着情報を表示する。

22

ユーザーを追加する。

23

チャネルを作成する。チャネルについては8-5を参照。

24

FAQ（オンラインマニュアル）を開く。

25

[予定表]をクリックすると、チームの予定表が表示される。

26

[アプリを入手]をクリックすると、Microsoft Teamsのデスクトップアプリをインストール、起動する。

27

チームに追加されたメンバーには、招待メールが届く。チームのアイコンまたは[Open Microsoft Teams]をクリックして、チームを開く。

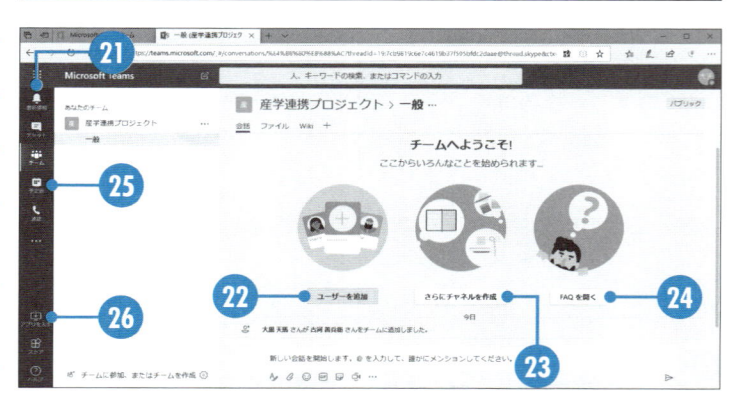

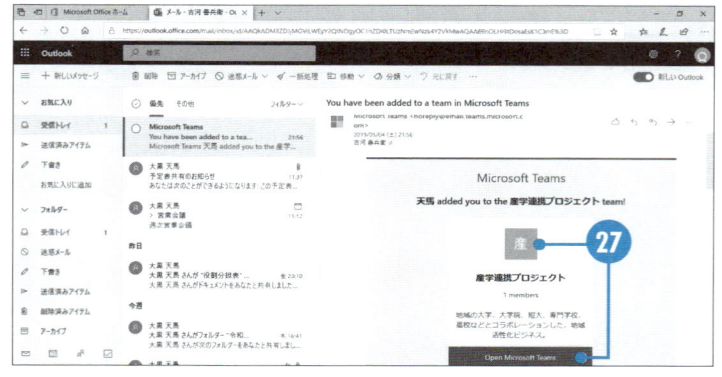

チームでチャットする

チームでリアルタイムなメッセージ交換をします。LINEユーザーであれば、LINEグループのイメージが近いでしょう。

8-2-1　メッセージを送信する

文字メッセージを送信します。

① Microsoft Teams で、[チーム]をクリック。

② 対象のチームをクリック。

③ メッセージを入力する。

④ 送信ボタンをクリック。
メッセージ入力後に Enter キーを押しても、メッセージを送信できる。

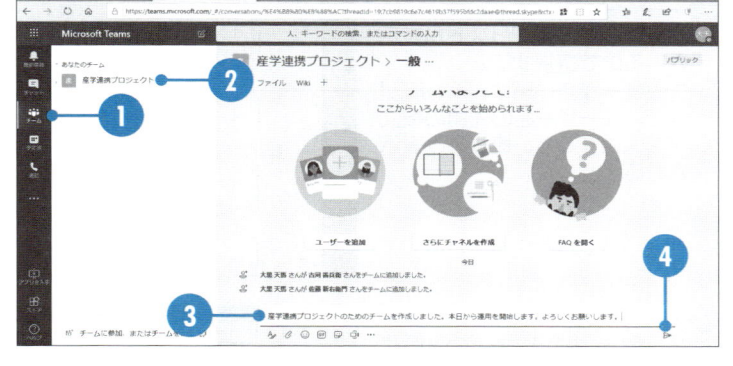

⑤ メッセージを投稿してコミュニケーションしている例。

⑥ 表示されたメッセージにマウスを合わせて、[その他のオプション]（…）をクリックすると、メッセージの再編集（自分が投稿したメッセージのみ）や、コピー、添付ファイルのダウンロードなどをできる。

⑦ 賛同の意思を示す[いいね]ボタン。

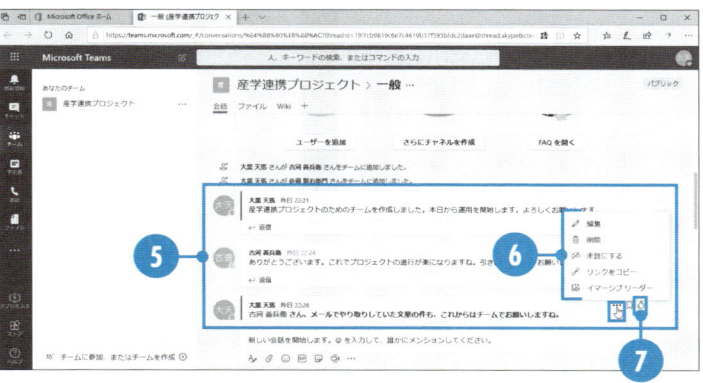

8-2-2　メンションを使って送信する

　　メンションとは、相手先を特定してメッセージを強調したい時に使用するマーキング
です。たとえば、nameさんに対して特にメッセージを強調したいとき、メッセージの
先頭に＠nameと入力します。

　　＠を入力すると、Office 365 の他のユーザー選択機能と同様、ユーザー入力の補完機
能を利用できます。

❶

メッセージ欄に「＠」を入力す
る。

❷

ユーザー名の選択リストが表示
されるので選択する。
ユーザーが多い時は、「＠zen...」
など、ユーザー名の先頭の数文
字を入力すると、絞り込み表示
される。

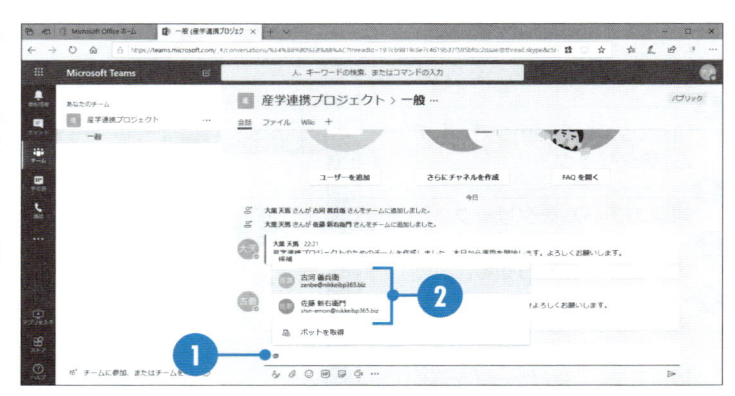

❸

メッセージを入力して送信す
る。
メンションを使用する時や相手
に呼びかける時にいちいち敬称
を付ける習慣がない英語圏とは
異なり、日本語では名前の呼び
捨てが気になるかもしれませ
ん。そういう場合は、メンショ
ンの後に、「さん」などの敬称を
自分で入力してください。

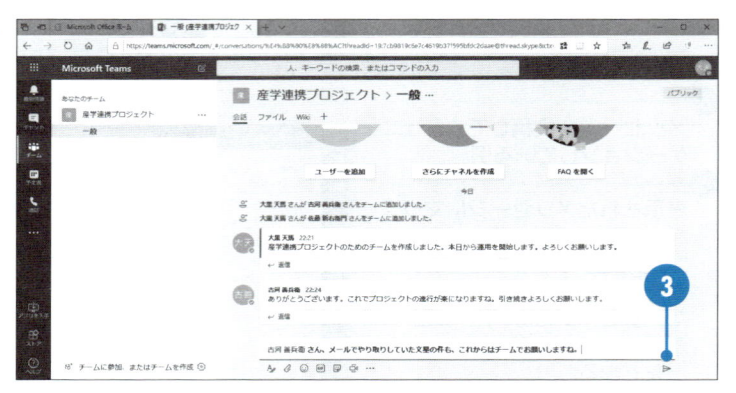

❹

自分宛のメンションは、強調表
示される。

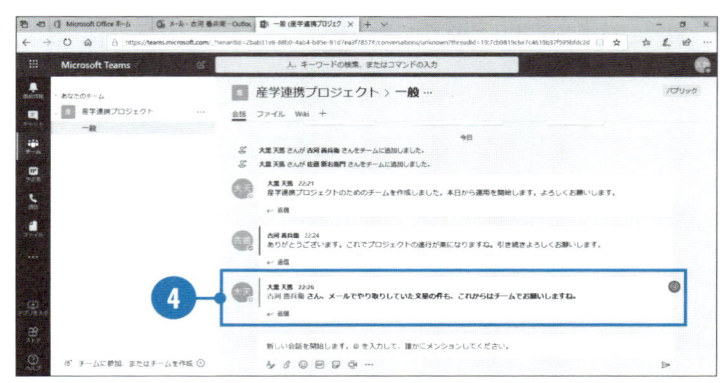

なお、メンションはOffice 365で広く利用できる機能です。SharePointへの投稿や、Outlookを使用したメール送受信でも使用できます。

メッセージに返信する

特定のメッセージに返信する時、「返信」機能を使うことで、スレッド（同じ話題）をまとめて、視認性をよくできます。

❶ [返信]をクリック。

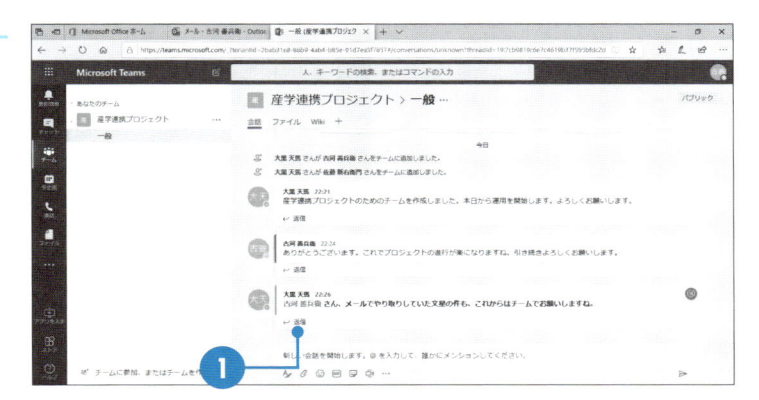

❷ 返信メッセージを入力して送信する。

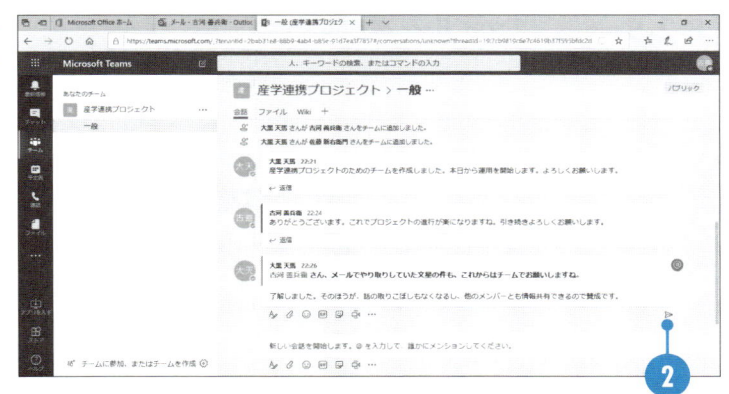

❸ 返信元のメッセージとグループ化されて表示される。

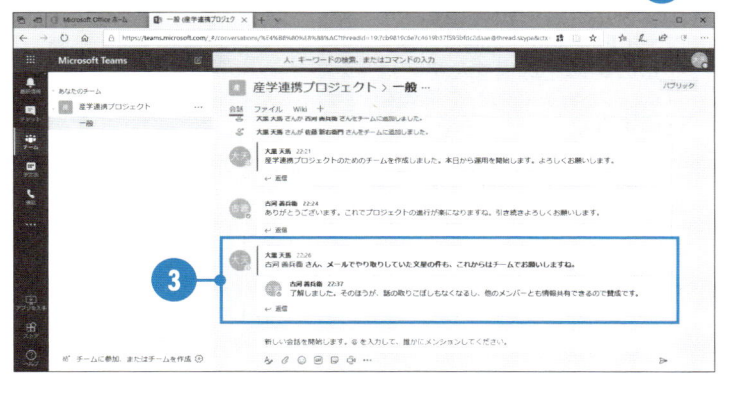

8-2-4　メッセージに書式を設定する

メッセージの文字の大きさや色を指定できます。

❶ メッセージ入力ボックスの[書式]をクリック。

❷ 書式バーが表示されるので、Wordなどと同様に書式を設定する。

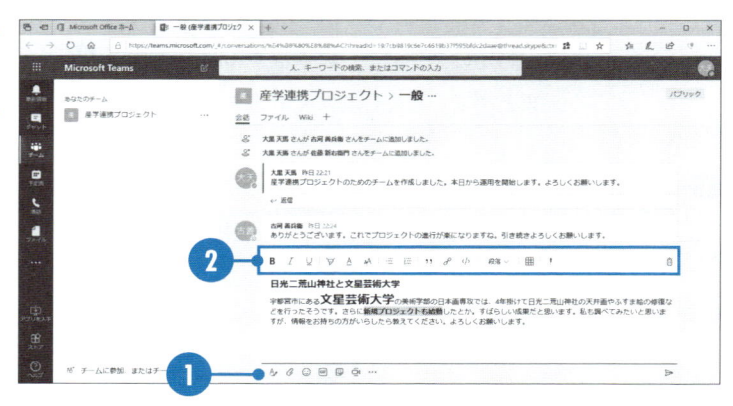

なお、コピー＆貼り付けで、他のアプリケーションソフトから、文章や画像を貼り付けることもできます。

8-2-5　ファイルを送信する

メッセージにファイルを添付できます。

❶ メッセージを入力する。

❷ [添付]（クリップ）をクリック。

❸ 送信するファイルの種類を選択する。
Microsoft Teams や OneDriveなどの Office 365 のフォルダーに保存してあるファイルを添付する時は、ファイルの実体を送信するのではなく、ファイルのリンク情報を送信する。
コンピューターからアップロードする際には、実際にファイル本体を送信する。

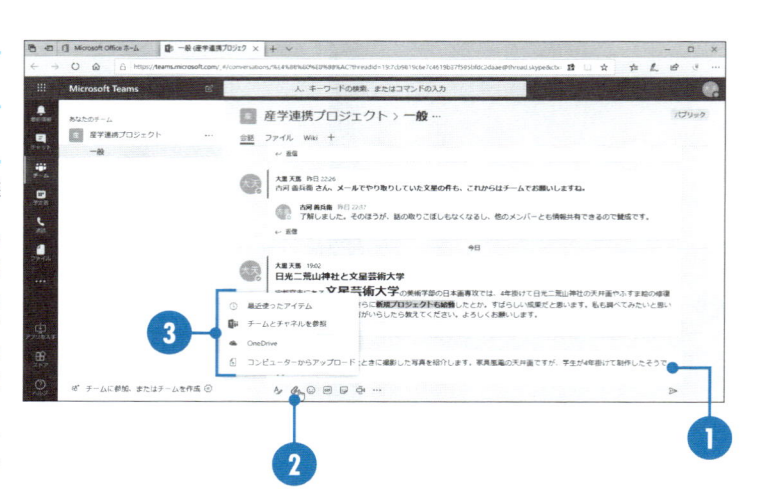

4

[送信]をクリック。

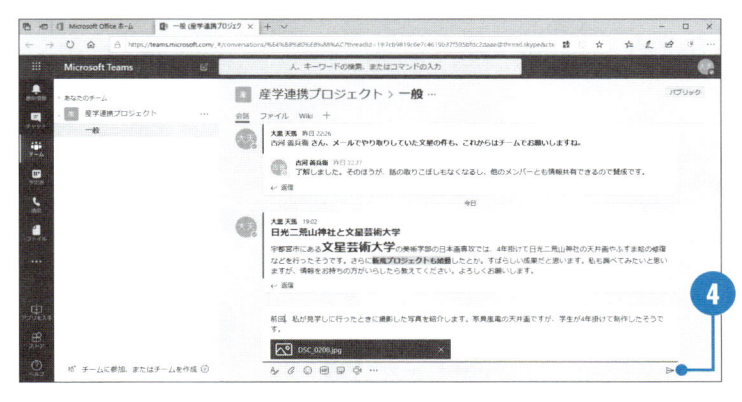

5

画像ファイルを添付したメッセージが送信された。
メッセージの添付ファイルの例。JPEGファイルなどのMicrosoft Teamsが標準で表示できるファイルであれば、メッセージにプレビュー表示される。
PDFファイルなどの場合は、ファイル名だけが表示される。添付ファイルの右端の[オプション](…)にマウスを合わせると、開く、ダウンロードなどのメニューが表示される。

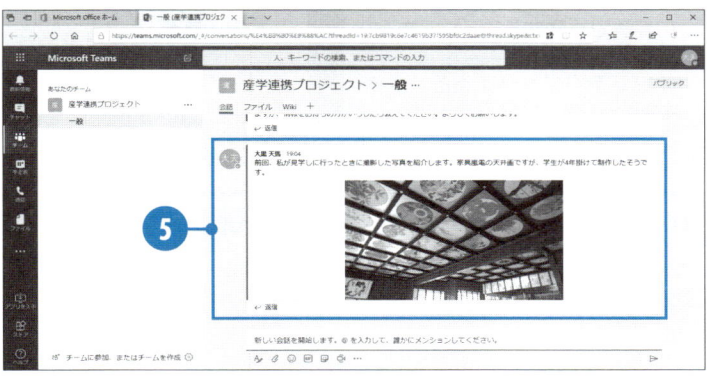

チームで継続的に使用するファイルについては、あらかじめOneDriveかチームのストレージにアップロードしてから、チームの共有ファイルとして利用するとよいでしょう。ファイルを共有することで、各ユーザーが個別にファイルを保存する容量の無駄や、さまざまなバージョンが散在する混乱を防止できます。

8-2-6　絵文字を使う

文字サイズの絵文字を使用できます。

①
[絵文字]をクリック。

②
絵文字を検索する時は、キーワードを入力する。
検索ボックスに文字を入力すると、絵文字を検索できる。「笑」「怒」のように日本語で検索することも、「smile」「angry」のように英語で検索することもできる。

③
絵文字をクリックすると、メッセージに挿入される。

8-2-7　GIFアニメーションを使う

あらかじめMicrosoft Teamsに用意されているGIFアニメーションをメッセージ中に挿入できます。

①
[Gify]をクリック。

②
GIFアニメーションを検索する時は、キーワードを入力する。

③
GIFアニメーションをクリックすると、メッセージに挿入される。

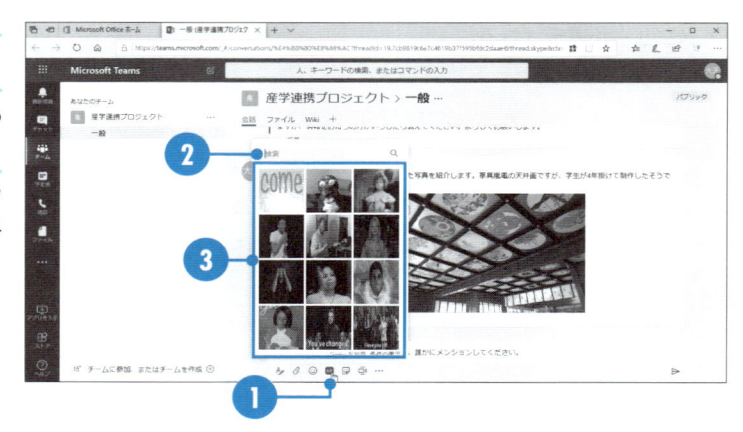

8-2-8 ステッカーを使う

ステッカーをメッセージ中に挿入できます。ステッカーでは、ステッカー画像の中に
キャプションやせりふの文字を差し込むことできます。

①
[ステッカー]をクリック。

②
ステッカーを検索する時は、
キーワードを入力する。

③
ステッカーを選択する。

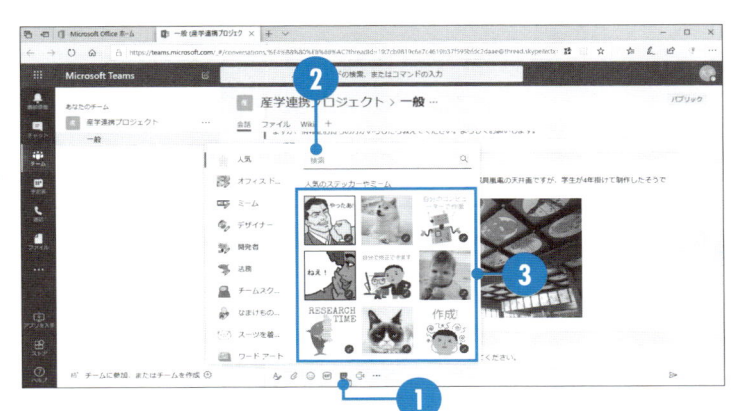

④
ステッカーに貼り付けるキャプ
ションを入力する。

⑤
[完了]をクリックすると、メッ
セージに挿入される。

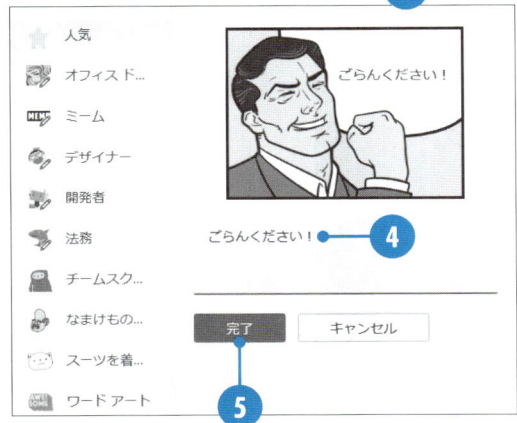

ビデオ・音声会議を行う

ビデオ会議、音声会議を開催できます。音声会議を開催するには、音声入力（マイク）、音声出力（スピーカー、ヘッドフォン等）が必要です。ビデオ会議を開催するには、さらにWebカメラが必要です。

本書ではビデオ会議を例に解説します。音声会議も、映像が流れないこと以外は基本的に同じ使い方になります。

8-3-1　ビデオ会議を開始・終了する

最初の1人が会議の主催者となり、会議を開始します。その会議に対して、他のメンバーが参加するという手順になります。

❶ [チーム]をクリック。

❷ 会議を行うチームをクリック。

❸ [会議を開始]をクリック。

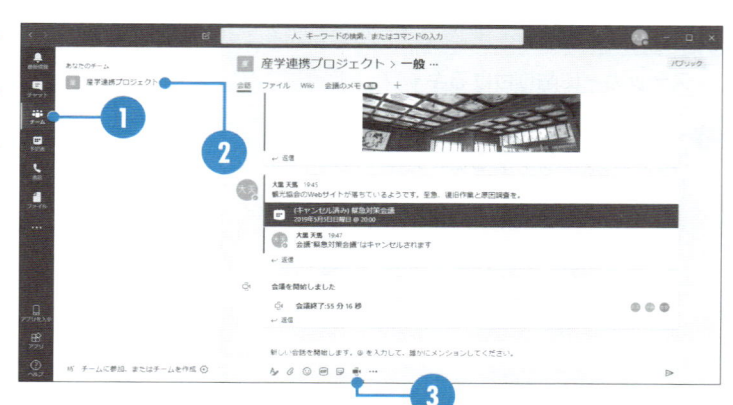

❹ 会議名を入力する。

❺ 会議を開始する。

❻ カメラの映像の送信のオン／オフを切り替える。

❼ 複数のカメラを装備している時、カメラを切り替える。

❽ 会議を予約する。会議予約については、8-3-2を参照。

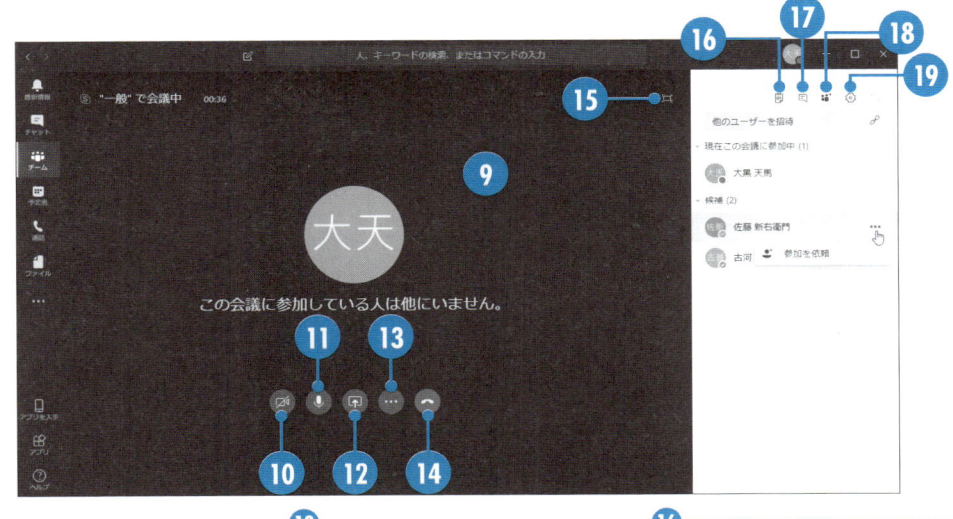

9 会議が開始された。他のユーザーの参加を待っている状態。

10 カメラの映像の送信のオン／オフを切り替える。

11 音声の送信のオン／オフを切り替える。

12 共有トレイを開始する。共有トレイはデスクトップアプリ版のMicrosoft Teamsで使用可能。

20 他のユーザーのチームのウインドウには、会議が開催中であるメッセージが表示される。会議に参加するには、[参加]をクリック。

13 [その他の操作]メニューを開く。[その他の操作]メニューでは、背景をぼかす、キーパッドを表示する、会議を録画する、映像着信を拒否する、といった操作が可能。

14 会議を退出する。

15 全画面表示にする。

16 会議メモを記録するメモパッドを開く。

17 [会話]（チャット）ウインドウを開く。

18 参加者一覧を表示する。

19 会議の設定ウインドウを開く。

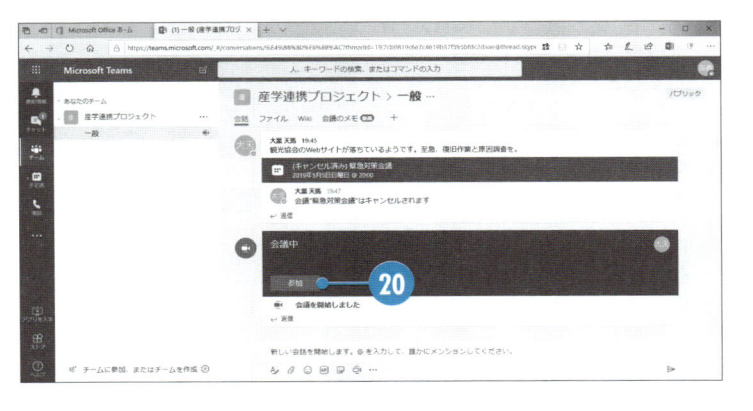

㉑

他のユーザーに参加を促すことも可能。ただし、相手がデスクトップアプリ版のMicrosoft Teamsを使っているか、Webブラウザー版のMicrosoft Teamsを開いている必要がある。
参加を促したいユーザーの[オプション]をクリック。

㉒

[参加を依頼]をクリック。

㉓

相手先にメッセージが表示される。

㉔

[参加]をクリックして会議に参加する。

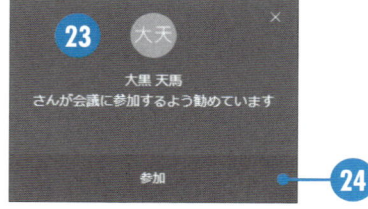

㉕

会議中の画面。Webカメラを使用していれば、参加者の映像がそれぞれ表示される。

㉖

コマンド入力テキストボックス。
会議中、上部に[人、キーワードの検索、またはコマンドの入力]ボックスが表示される。「/」を入力すると、各種のコマンドを入力し、ステータスを設定したり、他の機能を呼び出したりできる。「@」を入力すると、相手先を選択したり、他の機能を呼び出したりできる。「@」で相手先を指定してメッセージを入力すると、チーム全体での会議を進行しながら、並行して特定の相手にだけメッセージを送信できる。

㉗

会議を退出する。全員が会議を退出すると、会議が終了する。

㉘

会議が終了すると、会議中に記録したメモなどは、会議に付随する情報としてグループ化されて履歴として残る。

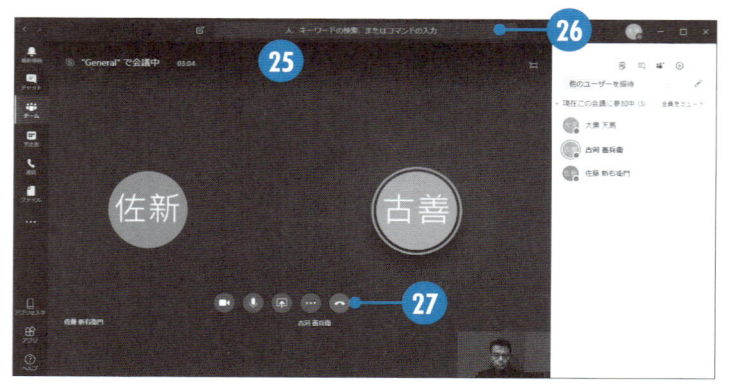

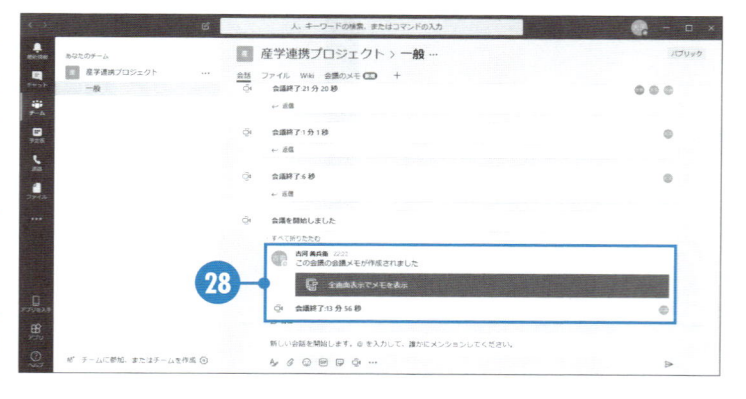

8-3-2 会議を予約する

あらかじめ会議を予約しておけば、予約時刻に自動的に会議を開催できます。

① [チーム]をクリック。

② 会議を行うチームをクリック。

③ [会議を開始]をクリック。

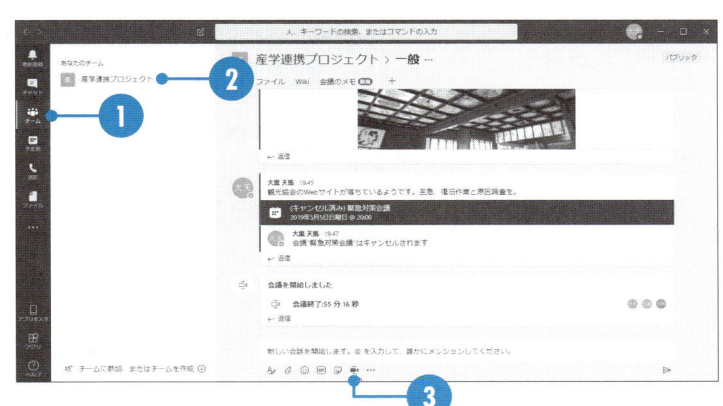

④ [会議を設定します]をクリック。

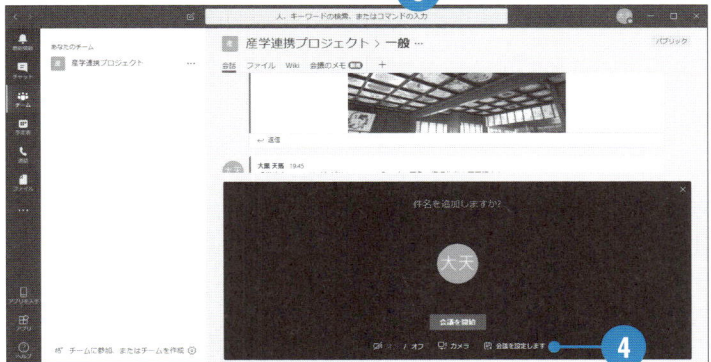

⑤ 会議のタイトルを入力する。

⑥ 会議の日時を入力する。

⑦ 定期的に繰り返す会議の時にオンにする。

⑧ 会議の説明を入力する。

⑨ 会議の参加者を入力する。

⑩ [スケジュール]をクリックすると、会議が予約される。

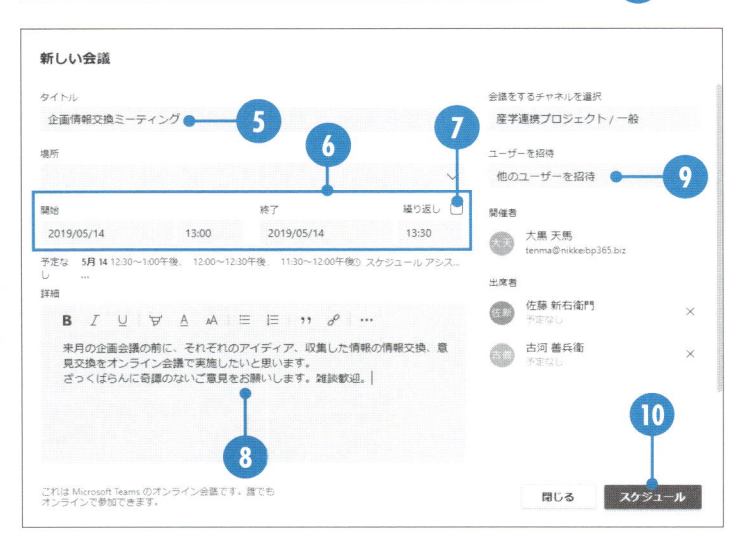

⑪ 会議の参加者にはメールで会議情報が届くので、[はい][仮承諾]［いいえ]のいずれかをクリック。

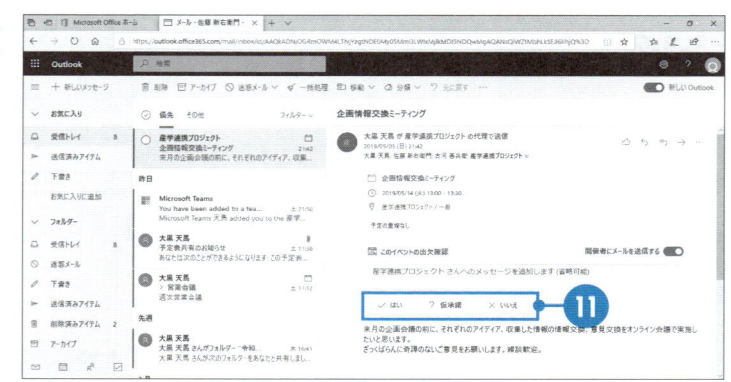

プライベートチャットを使う

通常のメッセージは、チーム内メンバー全員が見ることができます。つまりチーム内全員の情報交換であり、掲示板投稿に近い機能です。あるいはLINEで言うLINEグループへの投稿です。メンションを付けていても、メンションの相手先にだけメッセージが届くわけではなく、メンバー全員にメッセージが届きます。

それに対し、一対一で、他のユーザーが読めないチャットをプライベートチャットと呼びます。

❶ Microsoft Teamsで、[チャット]をクリック。

❷ プライベートチャットしたい相手のユーザー名を入力する。

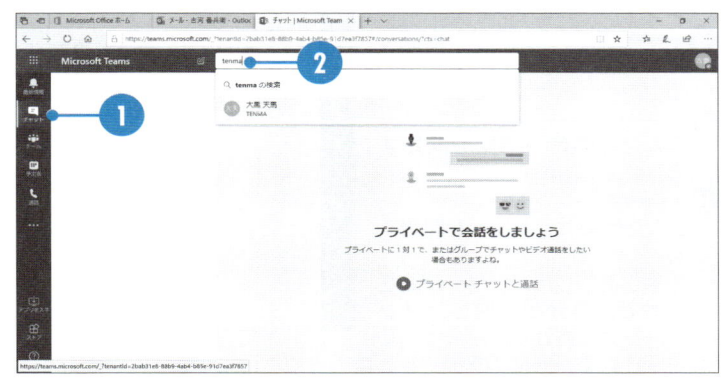

❸ 相手がリストに追加された。複数の相手先が表示されている時は、チャットの相手をクリック。

❹ メッセージを入力して送信する。

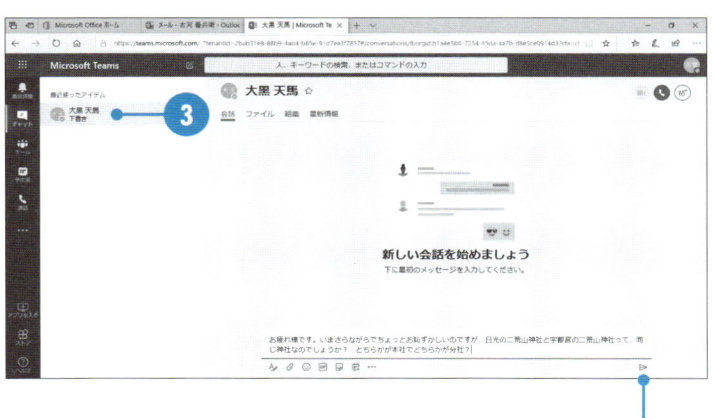

⑤

メッセージが着信した。この
メッセージは他のユーザーには
見えない。

⑥

返信メッセージを入力して送信
する。

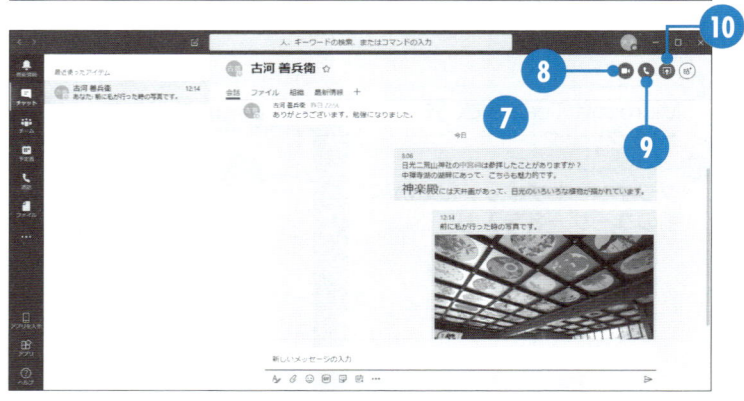

⑦

プライベートチャット中。

⑧

2人だけのビデオ通話を開始す
る。

⑨

2人だけの音声通話を開始す
る。

⑩

2人だけの共有トレイを開始す
る。
相手が送信したメッセージは左
寄せで、自分が送信したメッ
セージは右寄せで、色分けして
表示される。LINEのチャットと
似たデザイン。

8-5 チャネルを活用する

　チャネルとは、チーム内のカテゴリ、あるいはチーム内の話題の単位のようなものです。様々な話題を同じ次元で平面的にコミュニケーションしていると、話題の展開をつかみにくくなることがあります。話題に即したチャネルを作成するとよいでしょう。

　なお、チームを作成すると、既定のチャネルとして「一般」というチャネルが自動作成されています。

8-5-1 チャネルを作成する

　チャネルを作成します。

❶
Microsoft Teams で、[チーム]をクリック。

❷
チャネルを作成するチームをクリック。

❸
チーム内のチャネルが表示されていない時、チーム名左側の三角をクリックすると、チャネルが展開される。

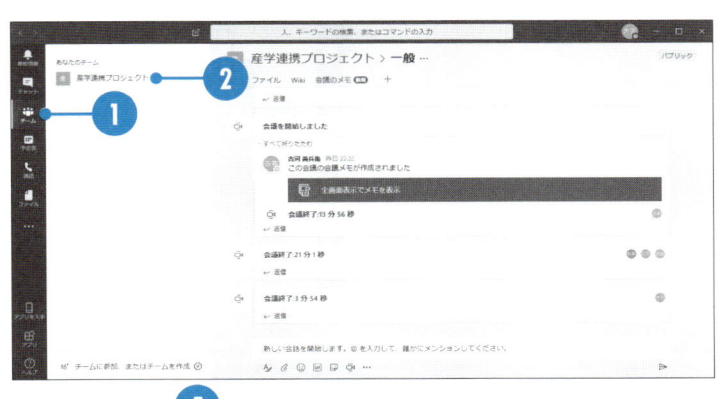

❹
チャネル名が表示された。

❺
[その他のオプション]（…)をクリック。

❻
[チャネルを追加]をクリック。

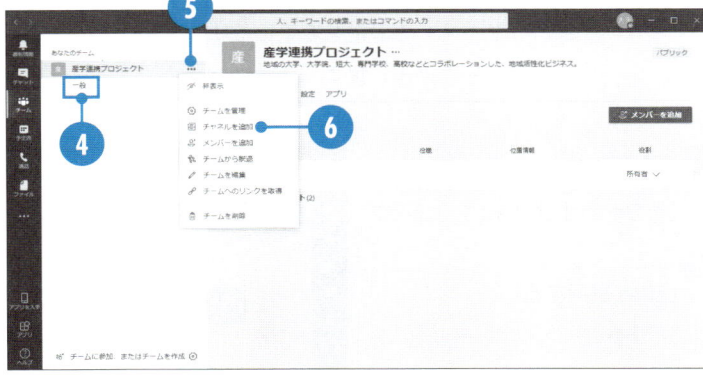

⑦ チャネル名を入力する。

⑧ チャネルの説明文を入力する。

⑨ 他のユーザーに知ってもらうためにチェックボックスをオンにする。

⑩ [追加]をクリック。

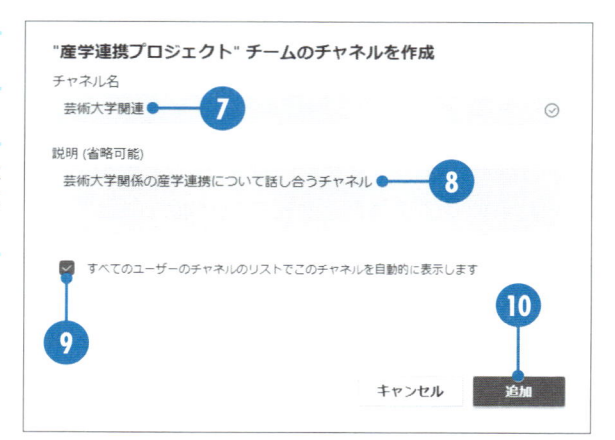

⑪ 新しいチャネルが作成された。

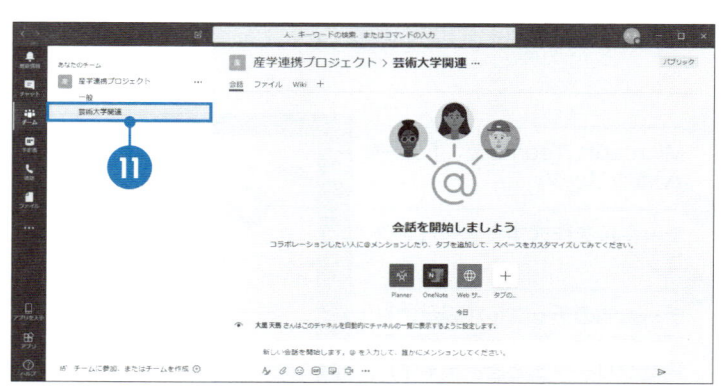

8-5-2　チャネルの設定を変更する

チャネルの設定を変更したり、不要になったチャネルを削除する時は、オプションメニューを使用します。

❶ 設定を変更したいチャネルの[その他のオプション]（...）をクリック。

❷ 操作を選択する。

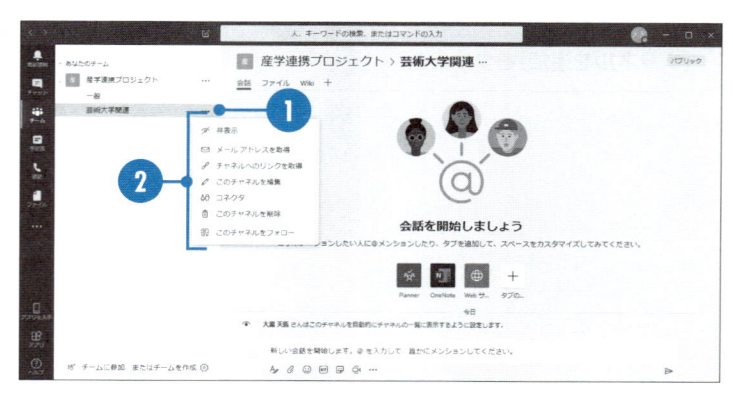

メールアドレスを取得すると、このチャネルに投稿するためのメールアドレスを取得できます。Microsoft Teamsを利用できない環境でも、そのメールアドレスにメールを送信すると、チャネルに投稿できます。

　チャネルのリンクを取得すると、Office 365のトップページからメニューをたどらなくても、直接このチャネルにアクセスできるURLを取得できます。

チームの共有フォルダーを使う

チームで共有するファイルをチームのフォルダーに保存できます。また、Microsoft Teamsから自分のOneDrive for Businessにアクセスすることもできます。

8-6-1 チャネルへの投稿でアップロードする

添付ファイルとしてチャネルに投降したファイルは、自動的にチャネルの共有フォルダーに保存され、チームのメンバーがアクセスできるようになります。

❶ メッセージに添付ファイルを付けて投稿する。

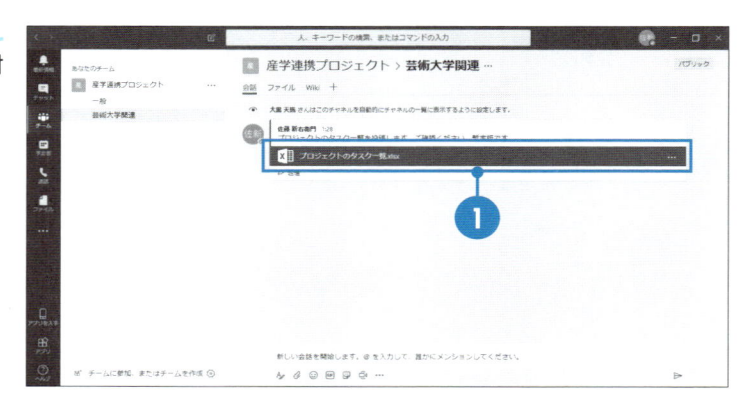

添付ファイルのアップロードについては、8-2-5を参照してください。

アップロードしたファイルは、チャネルのメッセージをクリックして閲覧できるほか、チャネルの［ファイル］タブをクリックして、チャネルの共有フォルダーを開くことで利用できます。

8-6-2 ローカルPCからファイルをアップロードする

ローカルPCで作成したファイルをチームのチャネルにアップロードできます。

① Microsoft Teams で、ファイルをアップロードしたいチームのチャネルを開く。

② ［ファイル］タブをクリックして、チャネルの共有フォルダーを開く。

③ ローカルPCから、ファイルをドラッグ＆ドロップする。

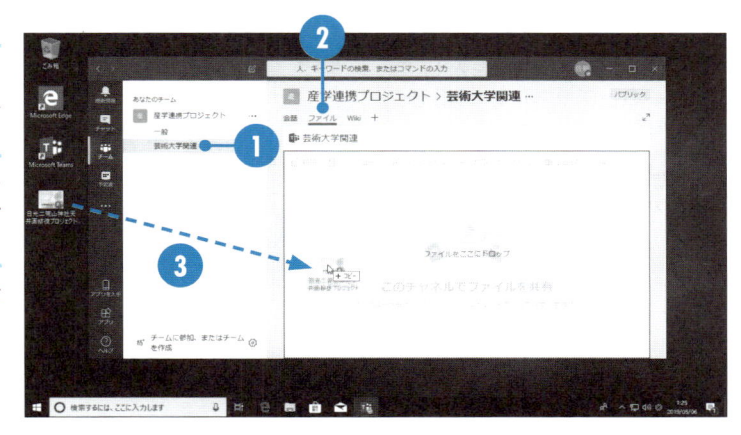

8-6-3　OneDriveからファイルを移動またはコピーする

OneDrive for Businessのファイルをチームのチャネルに移動またはコピーできます。

① Microsoft Teamsで、［ファイル］をクリック。

② ［OneDrive］をクリックして、自分の OneDrive for Business を開く。

③ 移動またはコピーするファイルの［その他のオプション］（...)をクリック。

④ ［移動］または［コピー］をクリック。

5

移動またはコピー先として、
[チームとチャネルを参照]をク
リック。

6

移動またはコピー先のチーム名
をクリック。

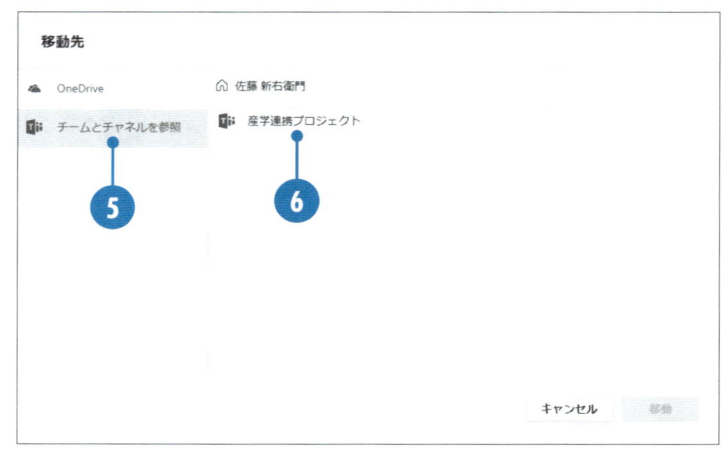

7

移動先またはコピー先のチャネ
ル名をクリック。

8

[移動]または[コピー]をクリッ
ク。

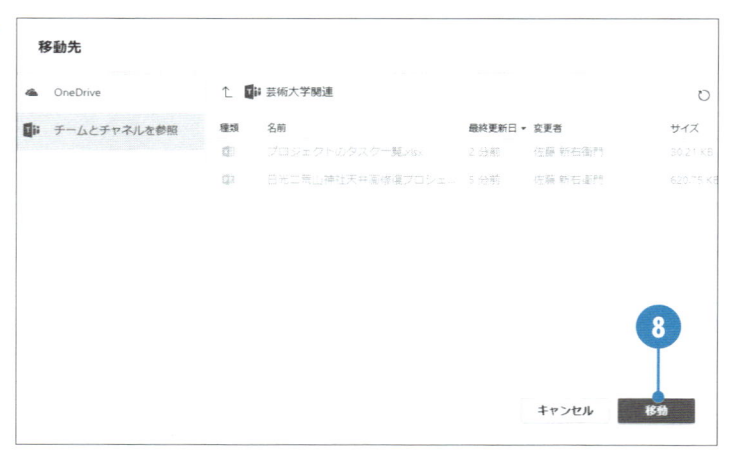

8-6-4 チャネルの共有フォルダーのファイルを管理する

基本的にはOneDrive for Businessと同じように管理できます。

❶
チャネルの[ファイル]タブをクリックして、チャネルの共有フォルダーを開く。

❷
ファイルの[その他のオプション]をクリックして、ファイルの編集や削除、移動などを行う。

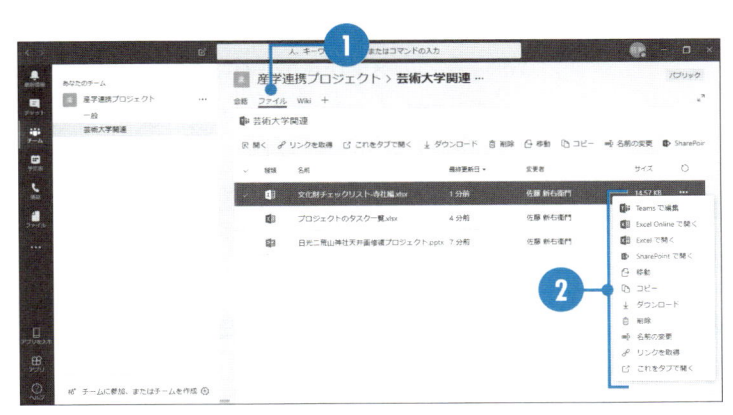

8-7 コンテンツタブを作成する

Microsoft Teamsでチームのチャネルを開くと、ページ上部に［会話］、［ファイル］、［Wiki］などのタブが表示され、よく使うコンテンツにワンクリックでアクセスできます。このタブは追加することができます。

チャネルページに表示するコンテンツ（ファイルなど）を作成して、チームの共有フォルダーに保存します。たとえば、ExcelやWord、PowerPointの文書、PDFファイルなどを登録できます。チームの共有フォルダーに関しては、8-6を参照してください。

①
コンテンツとしてファイルのタブを作成するチャネルを開き、［ファイル］タブをクリックしてファイルが保存済みであることを確認する。

②
［+］をクリック。

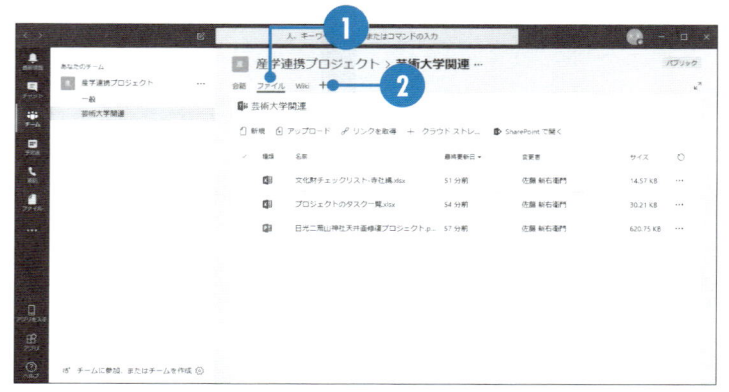

③
タブとして追加するコンテンツの種類を一覧から選択する。ここでは例としてExcelブックを追加するので、［Excel］をクリック。

③
タブの名前を入力する。

④
タブに表示するコンテンツ
(ファイル)を選択する。

⑤
[保存]をクリック。

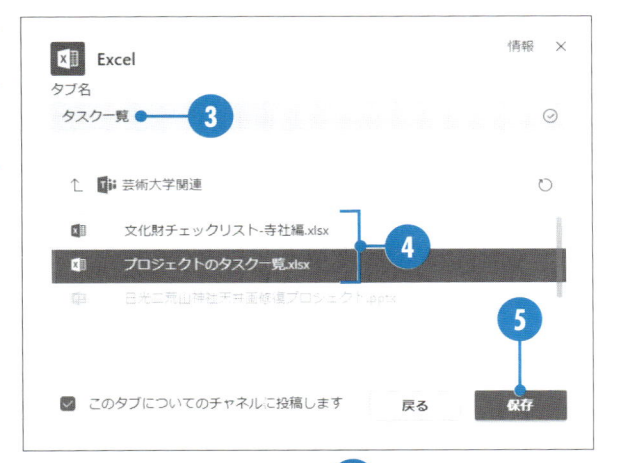

⑥
チャネルページに、新しいタブ
が追加された。

⑦
作成したタブの名前の変更や
削除をするには、タブ名の右側
の[▽]をクリック。

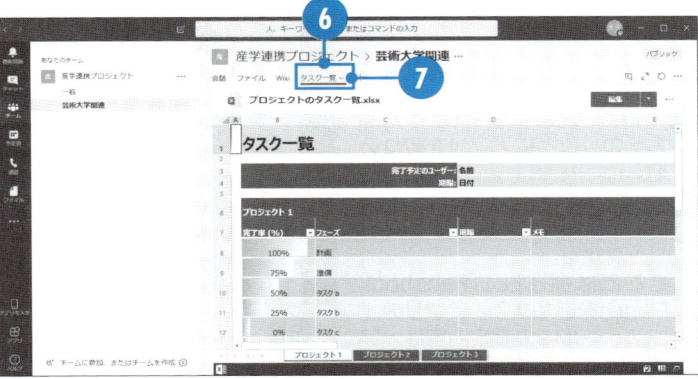

　コンテンツの種類によっては、タブをクリックしただけで文書内容がそのまま表示さ
れます。いちいちアプリケーションを起動して文書を開く必要はありません。簡単に
Office文書などのコンテンツをチームで共有できます。

アプリを追加する

Microsoft Teamsでは、サードパーティが開発したアプリを組み込んだり、外部のクラウドストレージ（オンラインストレージ）を活用したりできます。

Windows 10にMicrosoft Storeからアプリをインストールするように、あるいはスマートフォンにアプリをインストールするように、Microsoft Teamsに必要に応じてアプリをインストールして利用できます。

1 Microsoft Teamsで、[アプリ]をクリック。

2 キーワードを入力してアプリを検索する。

3 カテゴリごとにアプリを絞り込む。

4 チームに追加するアプリをクリックする。
ここでは例として「Facebook Page」を追加する。アプリのインストール中の設定内容は、アプリによって異なる。

5 インストール先のチームを選択する。

6 [インストール]をクリック。

7 インストール先のチャネルを選択する。

8 [設定]をクリック。

9 [ログイン]をクリックして、Facebookのアカウント情報を入力し、Microsoft Teamsとの連携アクセス許可を設定する。

10 アプリ「Facebookページ」が追加された。

11 [閉じる]（×)をクリックして、アプリ一覧ウインドウを閉じる。

⑫ チャネルにFacebookが追加された。以降、「Facebookページ」アプリに設定したFacebookページが更新されると、新着情報がチャネルに自動投稿される。

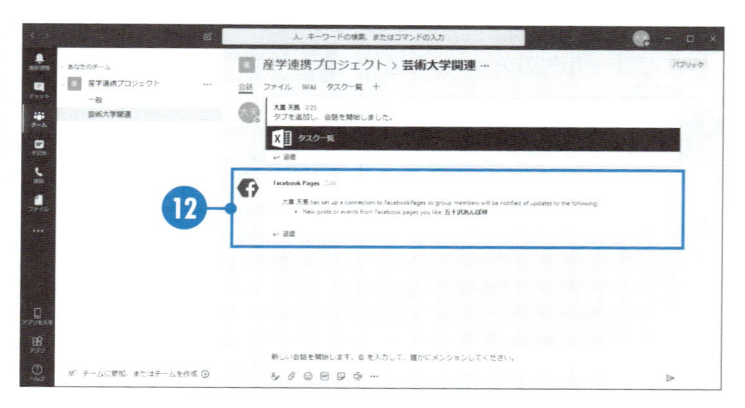

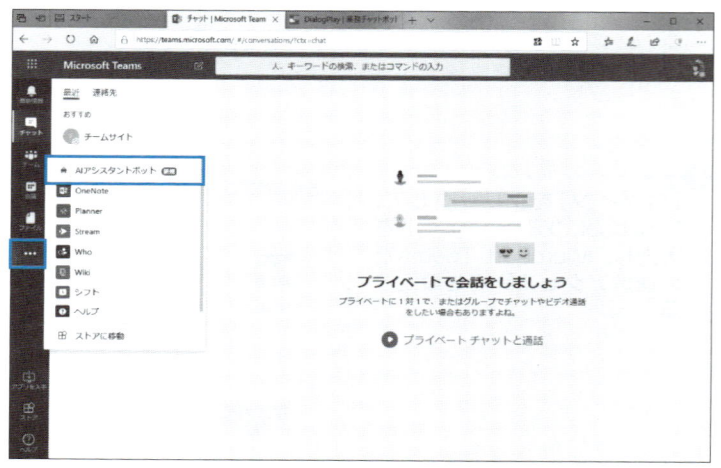

Microsoft Teams用アプリだけでなく、Office 365では多くの追加アプリを活用できます。ただ、残念ながら、現時点でストアからインストールできる日本語対応アプリはあまり多くはありません。特に無料アプリの大半は英語版です。

8-9 クラウドストレージを追加する

Microsoft Teamsでは、Office 365のクラウドストレージ（オンラインストレージ）であるOneDrive for Businessを利用できます。加えて、OneDrive以外の主要なクラウドストレージも活用できます。たとえば、Google Drive、Dropboxなどを追加できます。

ここでは、Google Driveを例に手順を説明します。

① Microsoft Teams で、ストレージを追加するチャネルを開く。

② [ファイル]タブをクリック。

③ [クラウドストレージを追加]をクリック。

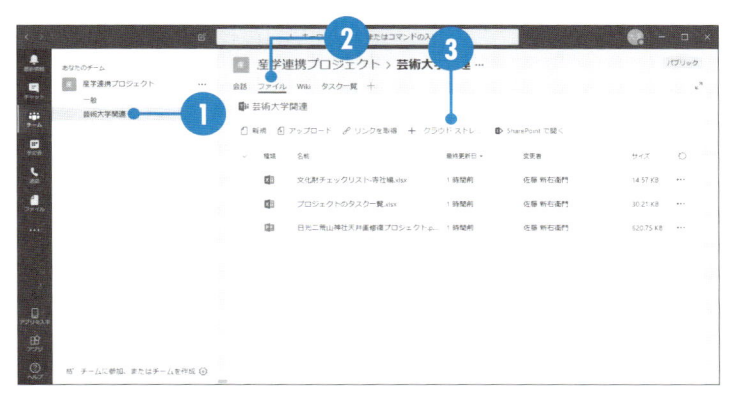

④ 追加したいストレージをクリック。
ここでは、例としてGoogle Driveを追加する。

5

Googleアカウントを入力し、案内に従って、Googleのユーザー認証、Microsoft TeamsとGoogle Driveを連携させるアクセス許可設定などを行う。

6

[フォルダーを追加]をクリック。

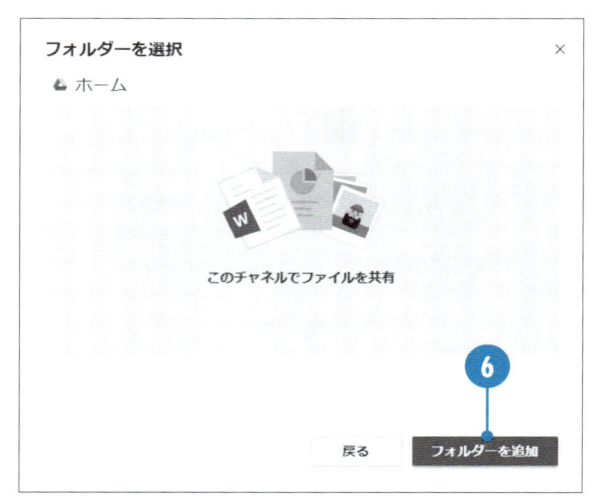

7

チームの共有フォルダーの中に、サブフォルダーとしてGoogle Driveが追加された。

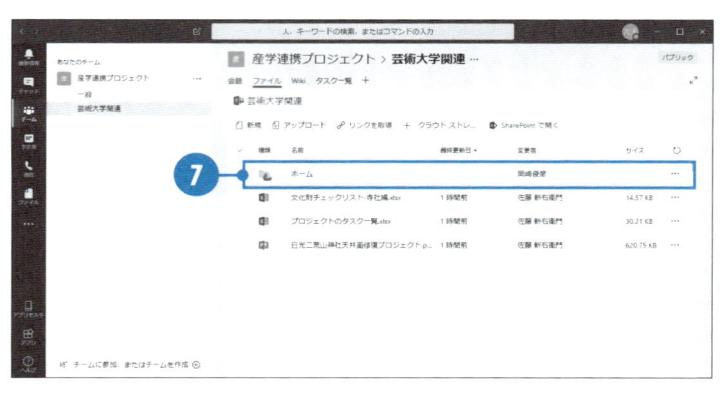

チームを管理する

Microsoft Teamsで作成した各チームのアイコンを変更したり、チャネルを作成したり、メンバーを管理したり、チームの基本設定を変更することができます。

なお、チームのすべての項目を管理できるのはチームの所有者だけです。最初にチームを作成したユーザーは自動的にチームの所有者になります。また、チームの所有者は、他のユーザーをチームの所有者に設定できます。

8-10-1 メンバーを管理する

チーム名などの基本設定を管理します。

① Microsoft Teamsで、[チーム]をクリック。

② 管理するチーム名の[その他のオプション](...)をクリック。

③ [チームを管理]をクリック。

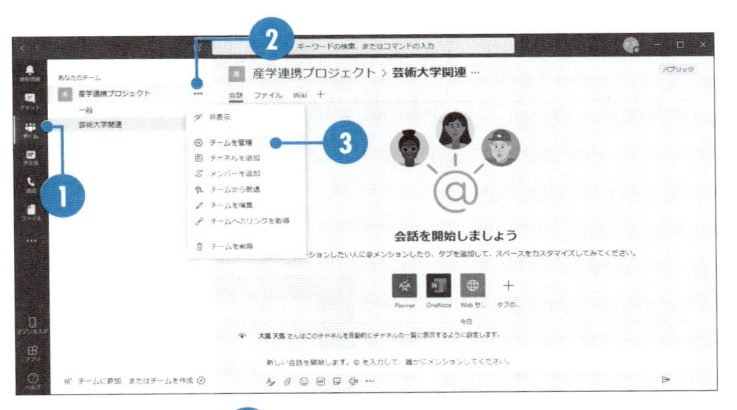

④ メンバーを管理するには、[メンバー]をクリック。

⑤ メンバーを追加する。

⑥ [×]をクリックするとメンバーが削除される。

⑦ メンバー名の右側の[▽]をクリックすると、「所有者」か一般「メンバー」か、権限を変更できる。

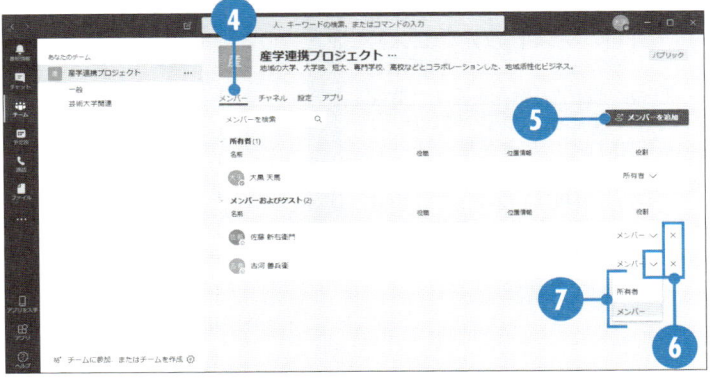

なお、項目名の先頭に右向き三角が表示されている時は、項目が折りたたまれています。右向き三角をクリックすると、折りたたまれいた内容が展開されます。

8-10-2　チャネルを管理する

チャネルの表示/非表示などの設定を行えます。

① [チャネル]タブをクリック。

② チェックボックスのオン/オフで、表示/非表示を切り替える。

③ オプションメニューを表示する。

④ チャネルを作成する。

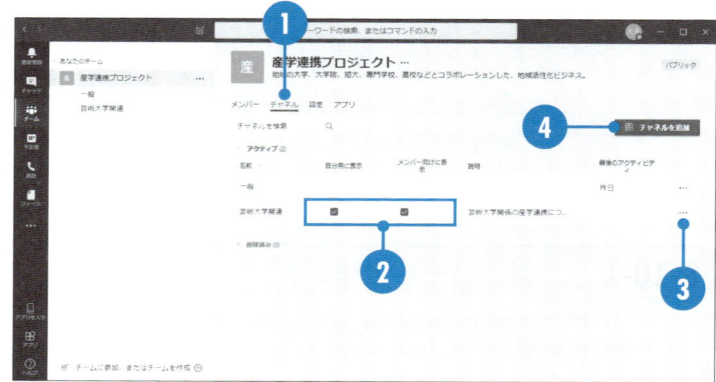

8-10-3　チームの詳細を管理する

チームのアイコンを変更したり、チームのメンバーのアクセス許可を詳細に設定したりできます。

① [設定]タブをクリック。

② 右向き三角をクリックして、設定メニュー項目を展開する。チームの画像、メンバーアクセス許可、ゲストのアクセス許可…等の設定メニューが表示される。設定したいメニューをクリックすると、サブメニューが展開される。たとえば、チームのアイコン（初期設定ではチーム名の最初の1文字）を変更するには、[チームの画像]をクリックして、画像ファイルをアップロードする。

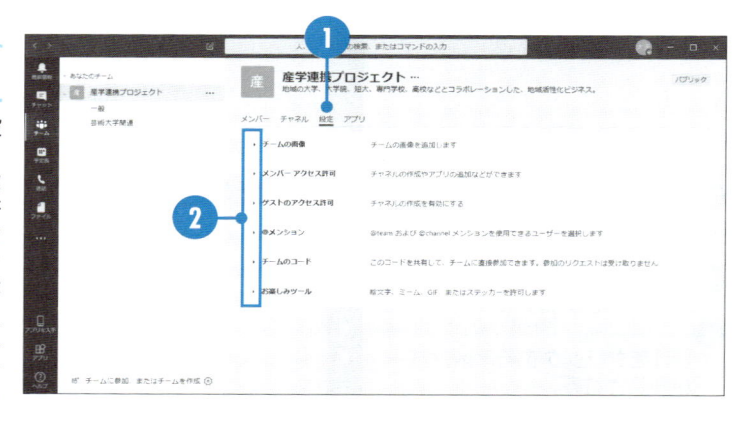

3

[メンバーアクセス許可]の設定
例。チームのメンバーに使わせ
たくない項目の許可を無効化
（チェックボックスをオフ）する
など、詳細に設定可能。

Chapter

9

Yammer を使う

　Yammer は法人向け SNS システムで、使い勝手は Facebook などと似ています。ただ、Facebook などの個人向けサービスは広く全世界のインターネットユーザーに開放されているのに対し、Yammer は Office 365 のテナントを単位とした、組織内だけで使用できる SNS です。

　組織内 SNS なので、インターネット上に漏らしてはならない業務情報なども気軽に取り扱うことができます。

- ・Yammer のセットアップ
- ・メッセージを投稿する
- ・Yammer グループを使う

Yammerをセットアップする

Yammerは、2008年にサービスが開始された法人向けのSNSサービスを、2012年からOffice 365のサービスの1つとしてマイクロソフトが引き継ぎました。

Office 365の情報共有・コミュニケーションサービスには、SharePoint、Microsoft TeamsとYammerがあります。SharePointは伝統的な電子掲示板、ファイル共有、ワークフローなどのカスタマイズに優れています。Microsoft Teamsはリアルタイムの情報交換…チャットや電子会議に優れています。それに対し、Yammerは企業内SNSと言えます。Facebookのようなソーシャルネットワークサービスを、企業内に限定した安全な環境で利用できます。

また、全社的なコミュニケーションだけでなく、特定のジャンルのためのグループを作成してグループ内で情報交換したり、あるいは部署を横断して通常業務ではほとんどお付き合いのない社員と親しくなったり、インターネットの最新情報を組織で共有したりできます。

9-1-1 Yammerをセットアップする

初めてYammerを開く時に、自動的にYammerへのメッセージ投稿が行われます。

① Office 365で、アプリボタンをクリック。

② [Yammer]をクリック。初めてYammerを開く時は、数分かかることがある。

③ メニューに[Yammer]が表示されない場合は、[すべてのアプリ]をクリックして選択する。

④

Yammerで連絡を取り合いたいユーザーを入力する。

⑤

[完了]をクリック。
YammerはOffice 365テナント内のユーザーなら誰でも参加できる。ここで登録するユーザーは、Yammerに参加するユーザーではなく、自分がフォローしたいユーザー。

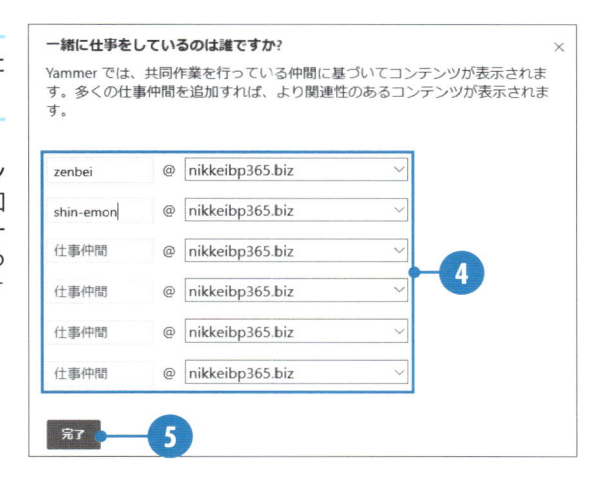

⑥

Yammerが開いた。Yammerに初アクセスした時にはメッセージが自動投稿される。

⑦

[アプリをダウンロード]をクリックすると、Yammerデスクトップアプリをダウンロードしてインストールする。

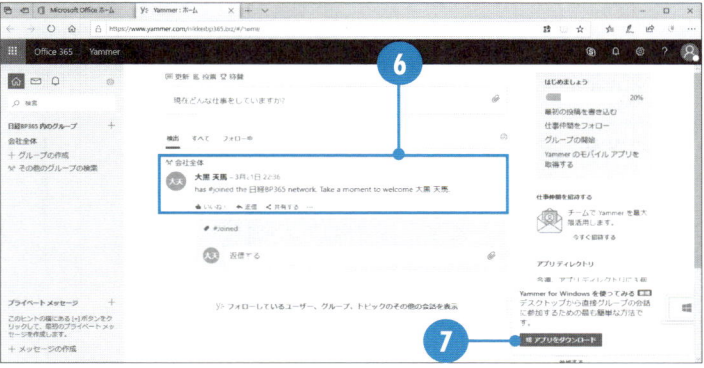

⑧

Yammerデスクトップアプリの画面。基本的にWebブラウザでYammerを使用するのと同様に使用できる。

メッセージを投稿する

新規メッセージを投稿する時は、上部のテキストボックスを使用します。または、ウインドウ右上に「はじめましょう」が表示されている時は、「はじめましょう」エリアの [最初の投稿を書き込む] をクリックして投稿できます。

9-2-1 メッセージを投稿する

メッセージを投稿するには、投稿先のグループまたはユーザーを選択する必要があります。

❶ テキストボックスにメッセージを入力する。

❷ 投稿先を選択する。

❸ 必要に応じて、GIFアニメーションを添付する。

❹ SharePoint や Microsot Teamsに保存済みのファイルを添付する。

❺ Yammerに保存済みのファイルを添付する。

❻ ローカルPCからファイルをアップロードする。

❼ [投稿]をクリックして、メッセージを投稿する。

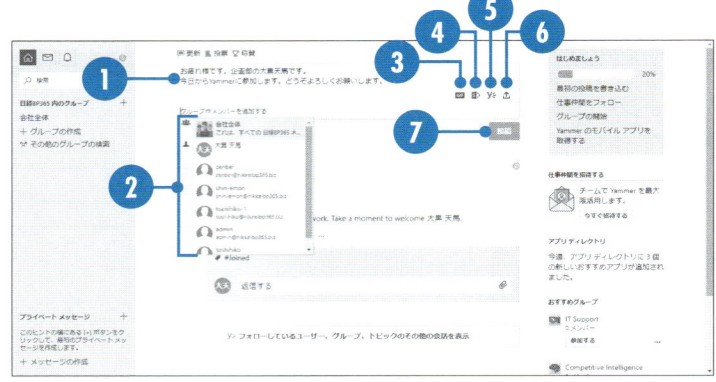

❽ メッセージが投稿された。

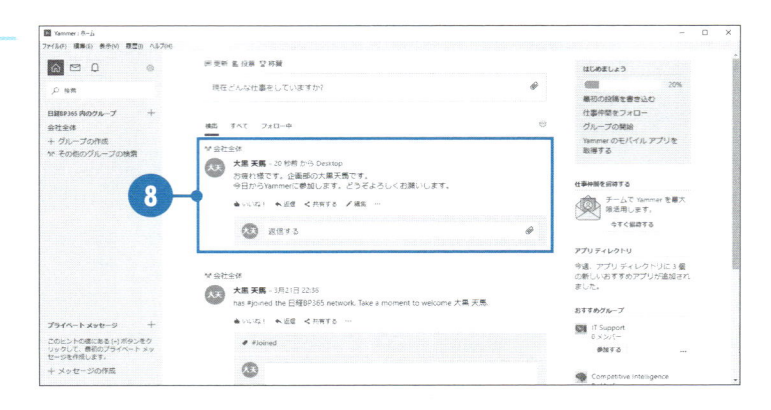

9-2-2 メッセージに返信する

返信テキストボックスを使うことで、スレッドごとにメッセージがグループ化されます。返信する際は投稿先を選択する必要はありません。

❶ 返信テキストボックスにメッセージを入力する。

❷ [投稿]をクリック。

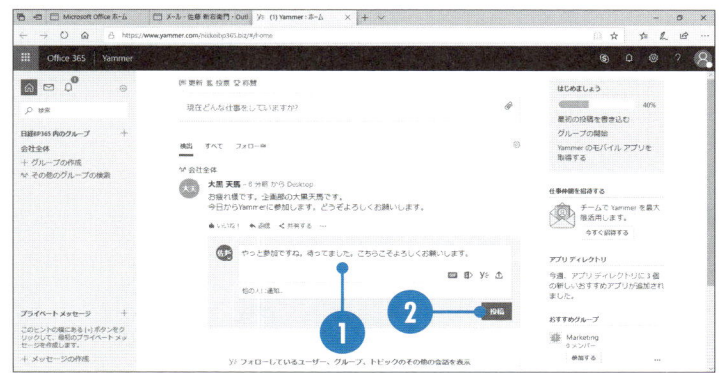

9-2-3 投稿メッセージを確認する

タグを使って表示するメッセージを絞り込みます。

❶ [検出]タブをクリックすると、未読メッセージが表示される。

❷ [すべて]タブをクリックすると、すべてのメッセージが表示される。

❸ [フォロー中]タブをクリックすると、フォローしているメッセージが表示される。

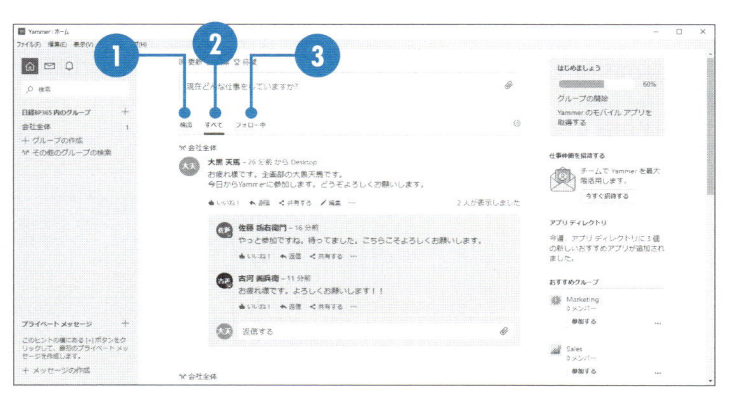

4

投稿したメッセージに返信があると、メールアイコンに未読数が表示される。メールアイコンをクリックして、未読メッセージを確認する。

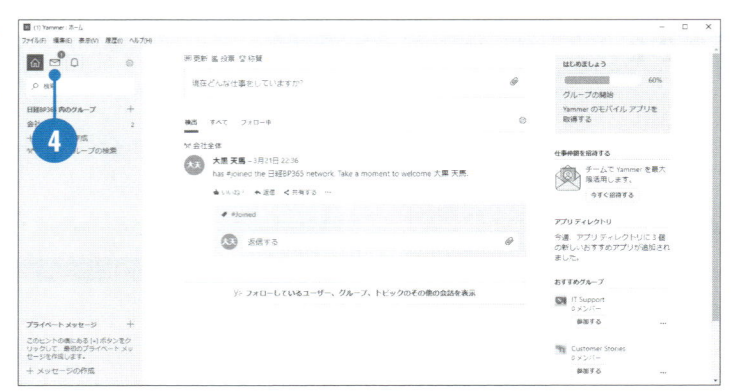

5

未読メッセージを含むスレッドをクリックして展開する。

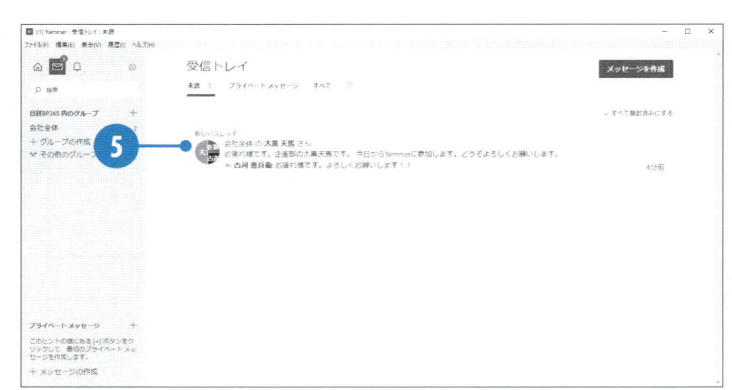

6

未読の返信が表示された。

7

Yammerのホームページに戻るには、[ホーム]をクリック。

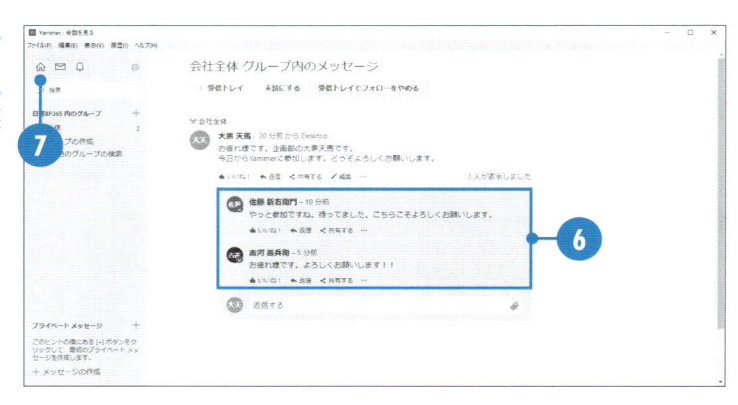

9-2-4　他のユーザーをフォローする

Yammerでの特定の相手の活動をフォローできます。

❶

フォローしたいユーザーのアイコンにマウスを合わせる。

❷

[フォロー]をクリック。
フォロー中の相手は[フォロー]ボタンが「フォロー中」という表示に変わる。[フォロー中]をクリックすると、フォローが解除される。

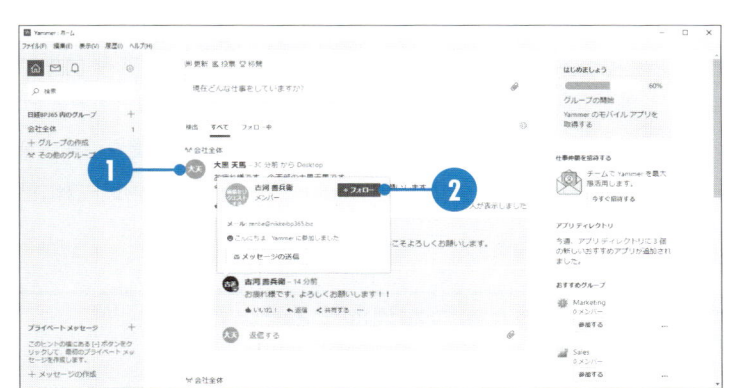

Yammer グループを使う

Yammer をセットアップすると、テナント全員が参加できる「会社全体」グループが作成されます。一方、テーマを決めて新しいグループも自由に作成できます。

また、Yammer では、テナント内のユーザーだけでなく、外部テナントのユーザーを招待できます。たとえば、取引先の企業や協業企業も Office 365 を利用している時、そうした外部組織のメンバーを Yammer グループに招待し、共同プロジェクトの円滑なコミュニケーションを実現できます。

9-3-1 グループを作成する

グループを作成します。

① Yammer を開き、[グループの作成]をクリック。

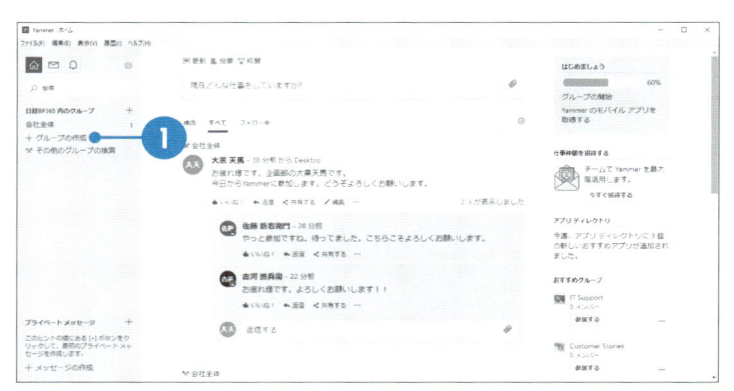

② テナントの内部グループか外部テナントのユーザーも参加できるグループか選択する。

③ グループ名を入力する。

④ グループメンバーを Office 365 のユーザー名で入力する。

⑤ テナント内の全ユーザーがアクセスできる[パブリックアクセス]か、グループメンバーだけがアクセスできる[プライベートアクセス]か選択する。

⑥ [グループの作成]をクリック。

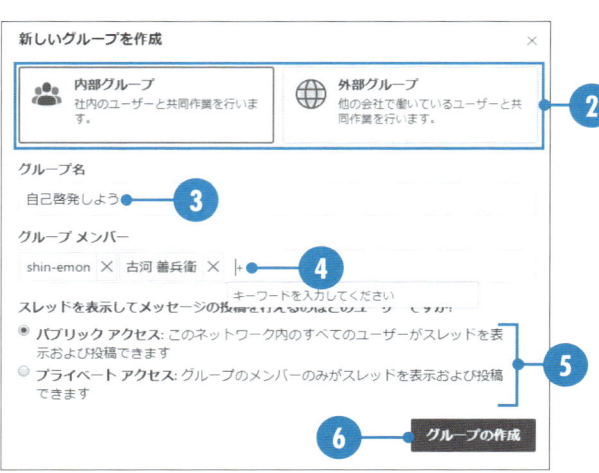

⑦

新しく作成したグループが表示されるので、グループの説明を入力するために、[ここをクリック]をクリック。

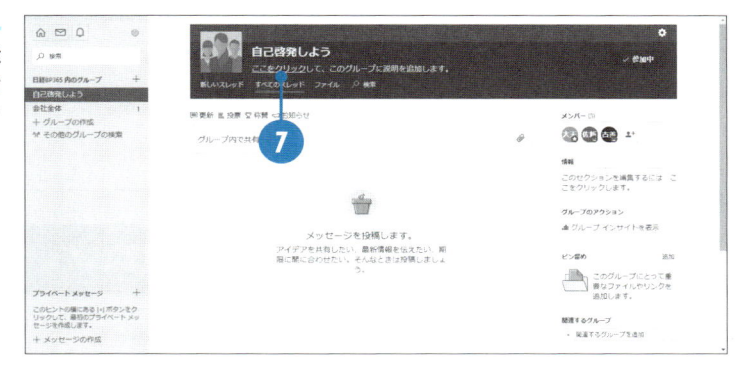

⑧

グループの説明を入力する。

⑨

グループのアイコン画像を変更する。

⑩

色を変更する。

⑪

パターン画像を変更する。

⑫

グループを削除する。

⑬

[変更の保存]をクリックして、設定を保存する。

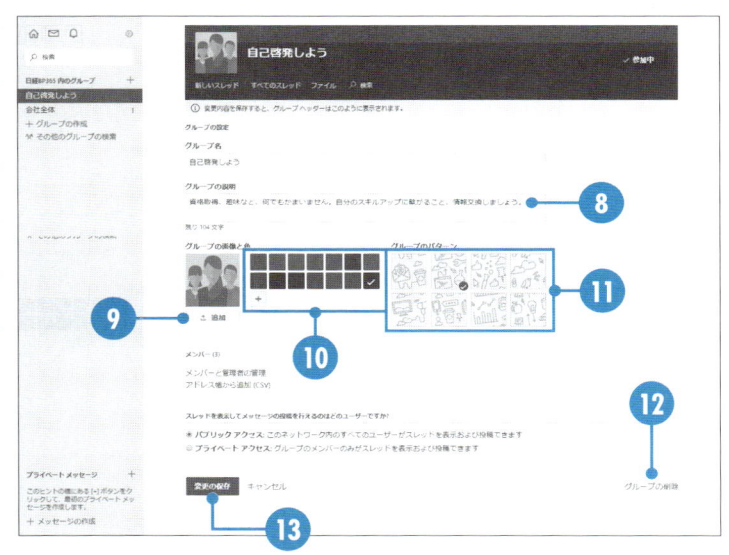

⑭

グループの作成が完了した。

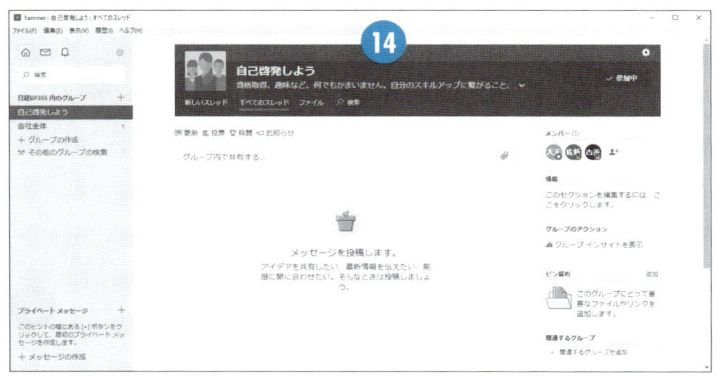

9-3-2　グループメンバーを変更する

グループメンバーの設定を変更するには、グループの管理画面を開きます。

❶
グループの[設定]（歯車）をクリック。

❷
[メンバーと管理者の管理]をクリック。

❸
グループメンバーのリストが表示される。

❹
グループに追加するメンバーのユーザー名を入力する。

❺
ユーザー名右側の[設定]（歯車）をクリックして、グループの管理者にするか、あるいはメンバーをグループから削除するか、選択する。

❻
ユーザー管理ウインドウを閉じる。

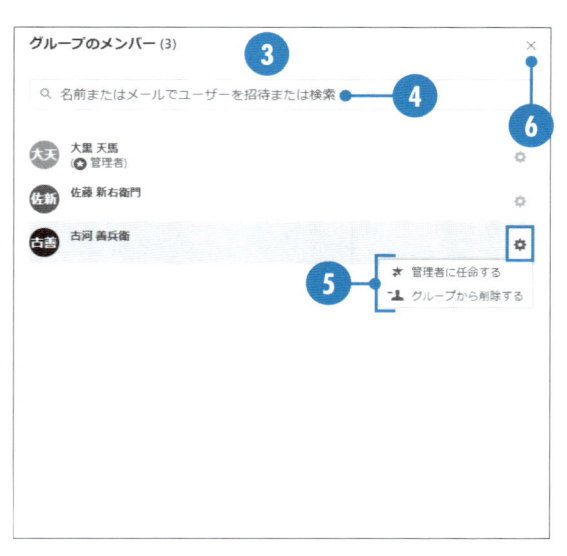

7 [変更の保存]をクリック。

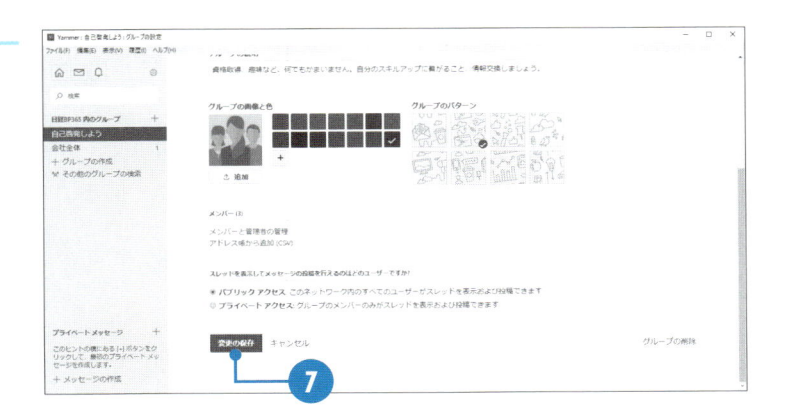

9-3-3 グループを検索する

既存のグループを検索して、参加できます。

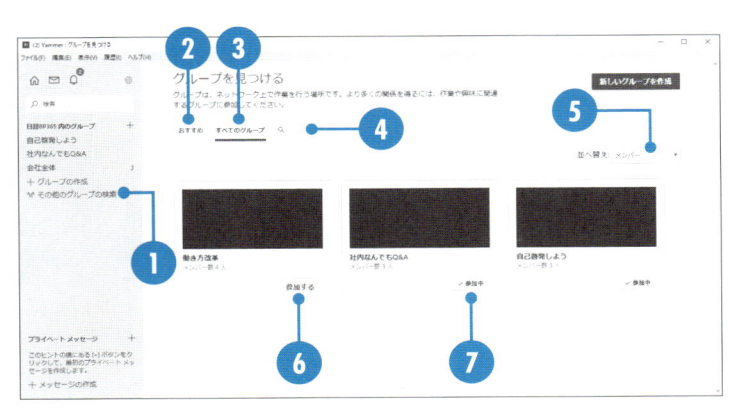

1 Yammerを開き、[その他のグループの検索]をクリック。

2 おすすめグループを表示する。

3 すべてのグループを表示する。

4 キーワードでグループを検索する。

5 [並べ替え]で、グループの表示順を変更する。

6 参加したいグループの[参加する]をクリックして、グループに参加する。

7 参加済みグループの[参加中]をクリックすると、グループから退会できる。

Chapter 10

SharePointを使う

SharePointは、Office 365の最も基本的なグループウェア機能を提供します。

電子掲示板的な機能を基本としたオーソドックスなWebアプリですが、非常に自由度が高く、スキルしだいでいくらでもカスタマイズできます。実際、OneDrive for BusinessやMicrosoft TeamsをはじめとするOffice 365のいくつかのグループウェア機能は、バックグラウンドでSharePointが動いています。

Microsoft Teamsは、リアルタイム性を重視して比較的少人数でのチーム作業に向いています。Yammerは緩いつながりでの情報交換に向いています。SharePointは全社的な、あるいは大人数の情報共有に向いています。

・サイトの管理
・サイトのページデザイン

10-1 サイトを作成する

SharePointは、Office 365のクラウドサービスを提供するサーバー群のうち、SharePoint Onlineと呼ばれるサーバーで実現されています。

10-1-1 SharePointサイトの概要

SharePointでは、目的に合わせてサイトを作成して利用します。1つのサイトには、掲示板、共有フォルダーなど、多くの機能を実装できますし、またスキルしだいでいくらでもカスタマイズできます。Microsoft Teamsの「チーム」も、SharePointのサイトの一種です。

Office 365にはサイトの種類が2つあります。

サイトの種類	目的
チームサイト	プロジェクトや部署、サークルなど、テナント内の特定のメンバーだけで構成するサイト。ファイル共有などの情報共有や共同作業に最適化された初期デザインになっている。自動的にExchange Online（Outlook）のグループと連携する
コミュニケーションサイト	テナント内全体に広く告知したり、情報共有したりするサイト。ポータルサイトや掲示板の色彩の強い初期デザインになっている

いずれも、強力にカスタマイズすることができますので、サイトで使用できるコンテンツの種類やページの作成などに大きな違いはありません。一番の違いはExchange Onlineのグループと連携するかどうかでしょう。初期設定の見た目のデザインよりも、用途、目的でどちらを作成するかを選択します。

Office 365で作成したサイトは、一般的なCMSなどと比較すると、WordやExcel、PowerPoint、Outlookなどとの親和性が高く、Office文書を動的にWebページに適用できるなど、ビジネスの現場で高い利用効率を発揮します。

SharePointの活用は非常に奥が深く、SharePointの解説だけで厚い本が何冊も出版されるほどです。使ってみないと理解しづらい機能も多いので、まずはテスト用のサイトを作成してみるのもよいでしょう。

10-1-2 チームサイトを作成する

テナント管理者ではない一般ユーザーも作成できます。

1
アプリボタンをクリック。

2
[SharePoint]をクリック。

3
アプリ一覧に[SharePoint]見つからない場合は、[すべてのアプリ]をクリックして選択する。

4
初めてSharePointを開く時は、ガイダンスが表示される。

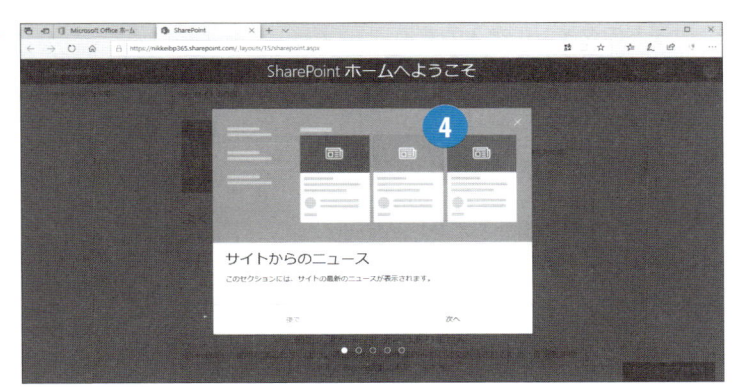

5
SharePointのトップページ。Microsoft Teamsの「チーム」もサイトの一種として表示されている。

6
[サイトの作成]をクリック。

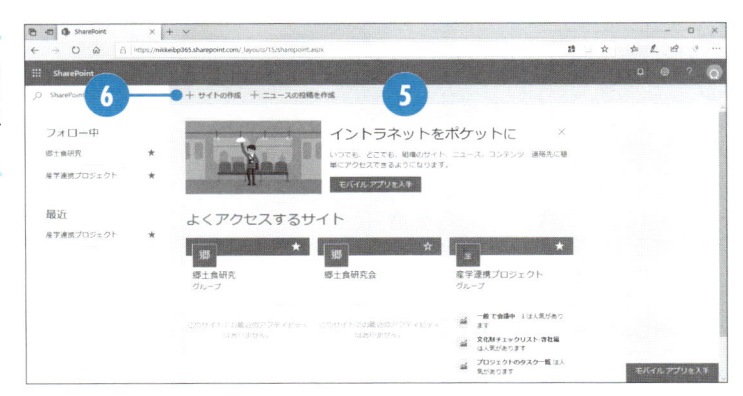

⑦

チームサイトを作成する時にクリック。

⑧

コミュニケーションサイトを作成する時にクリック。

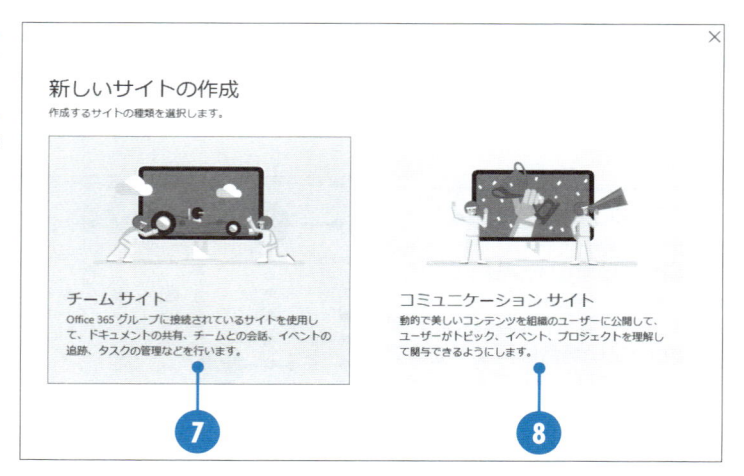

⑨

ここではチームサイトを例に説明する。
サイトのタイトルを入力する。半角英数字で入力した場合、自動的にグループメールアドレスが生成される。

⑩

このサイトに連携する共有メールアドレスの、「@」から前の部分を入力する。メールアドレスとして使用できる文字だけを指定すること。

⑪

このサイトにアクセスするURLとなるので、サイトアドレスを記録しておく。

⑫

サイトの説明を入力する。

⑬

プライバシーの設定を選択する。
プライバシーの設定は、［パブリック］または［プライベート］を選択する。［パブリック］を選択すると、テナントの全ユーザーがアクセスできる。［プライベート］を選択すると、メンバー登録したユーザーしかアクセスできない。

⑭

使用する言語を選択する。

⑮

［次へ］をクリック。

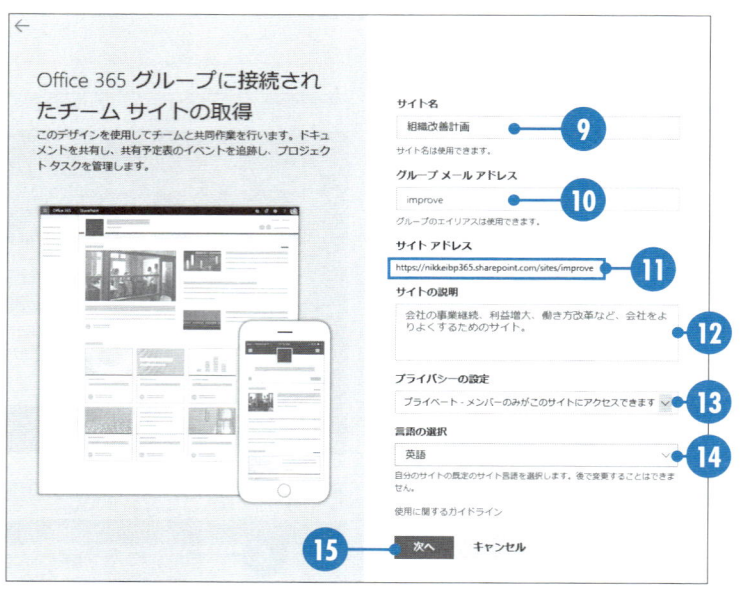

⑯

必要に応じて、所有者となる
ユーザーを入力する。

⑰

このサイトのメンバーになる
ユーザーを入力する。

⑱

[完了]をクリック。
[完了]をクリックすると、
Office 365の内部で関連ファ
イルが自動生成され、各種サー
バー設定が行われる。チームサ
イトが完全に作成されるまで、
数分以上かかることもある。

⑲

チームサイトが作成された。

10-1-3　コミュニケーションサイトを作成する

コミュニケーションサイトの作成も、基本的にはチームサイトの作成と同じです。ま
ずチームサイトの作成手順1〜6と同様の操作を行ってください。

①

[コミュニケーションサイト]を
クリック。

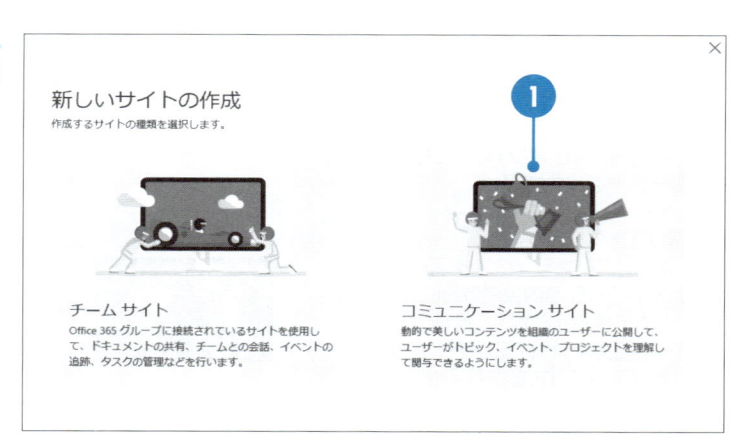

②

デザインを選択する。
デザインには[トピック]、
[ショーケース]、[白紙]がある。
それぞれ選択すると、ドロップ
ダウンリスト下にデザイン例が
表示される。

③

サイト名を入力する。

④

サイトアドレスを入力する。サ
イトアドレスはURLとして使用
できる文字を使用する。

⑤

このサイトにアクセスする
URLを記録しておく。

⑥

サイトの説明を入力する。

⑦

使用する言語を選択する。

⑧

[完了]をクリック。

⑨

コミュニケーションサイトが作
成された。

10-1-4 サイトを削除する

サイトの削除方法も紹介します。ただし、作成直後のサイトは削除しないでください。作成後、少なくとも1時間程度経過してから削除してください。作成直後は、まだサイト作成のバックグラウンド処理が稼働している可能性があります。サイト作成の処理が稼働している最中に削除処理を始めると、トラブルの原因になる可能性があります。

① 所有者が削除したいサイトを開く。

② [設定](歯車)をクリック。

③ [サイト情報]をクリック。

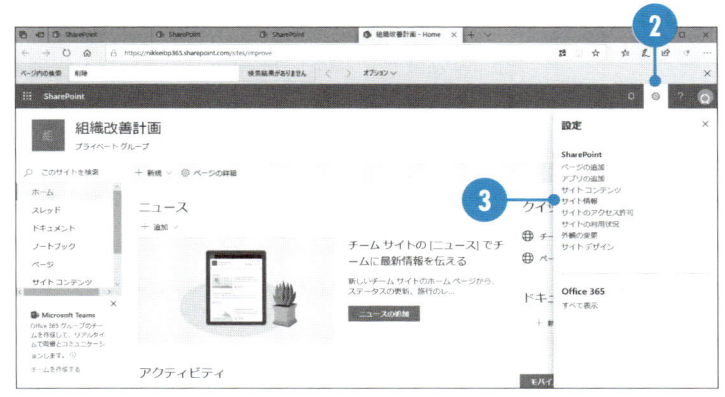

④ [サイト情報の編集]ウインドウを下までスクロールし、[サイトの削除]をクリック。

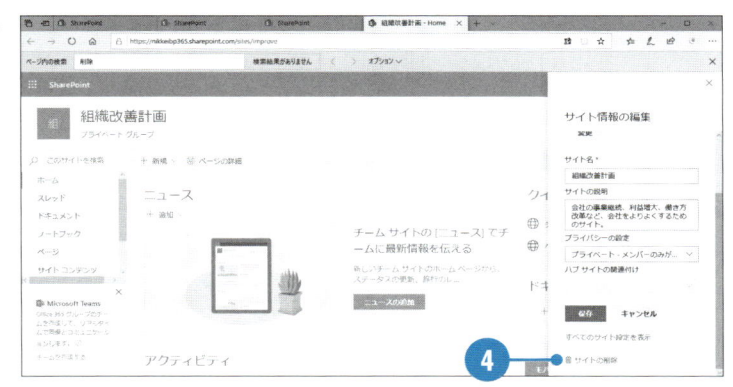

⑤ 警告文を読み、チェックボックスをオンにする。

⑥ [削除]をクリック。
完全に削除されるまで、10分以上かかることもある。

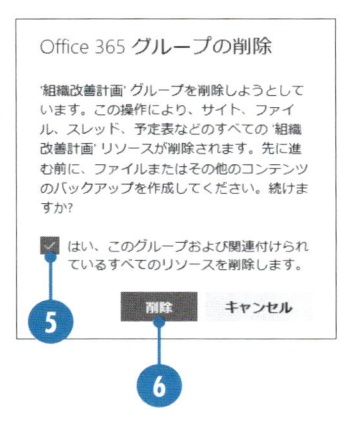

サイトのアクセス権を管理する

サイトのメンバーに適切なアクセス権を設定することで、安全にサイトを運用できます。

10-2-1 アクセス権の概要

SharePointサイトは、Office 365のテナント管理者だけでなく、Office 365のユーザーの誰もが作成できます。新しいサイトを作成すると、作成者がそのサイトの「所有者」となります。「所有者」以外はサイトにアクセスすることができません。サイト所有者は、サイト構築後、適切なアクセス権を設定することで、他のユーザーにサイトへのアクセスを許可します。

既定の設定で、サイトには以下の3つのアクセスグループが用意されています。

アクセスグループ	アクセス権
編集（メンバー）	サイトを閲覧する権限と、サイトのコンテンツを編集する権限を持つ。サイトのデザインや構造を変更することはできない
読み取り（閲覧者）	サイトの閲覧のみできる
フルコントロール（所有者）	サイトに対する全権限を持つ。サイトのデザインを変更したり、アクセス権を管理したり、サイトを削除したりできる

10-2-2 サイトにアクセスできるユーザーを登録する

サイトにアクセスできるユーザーを簡単に登録するには、［サイトの共有］（または［メンバーの追加］）メニューを使います。

❶ メンバーを追加したいサイトを開く。

❷ ［設定］（歯車）をクリック。

❸ ［サイトのアクセス許可］をクリック。

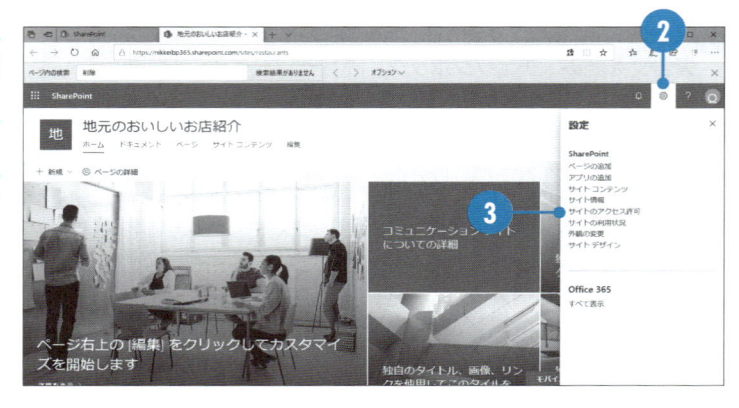

4
[サイトの共有]（コミュニケーションサイトでは[メンバーの追加]）をクリック。

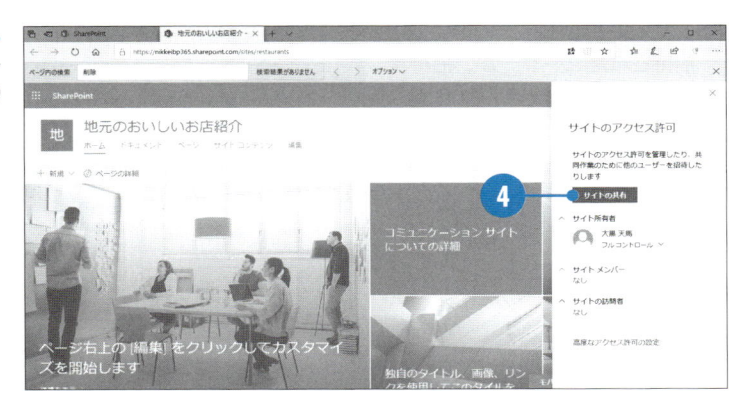

5
追加するメンバーのユーザー名を入力する。

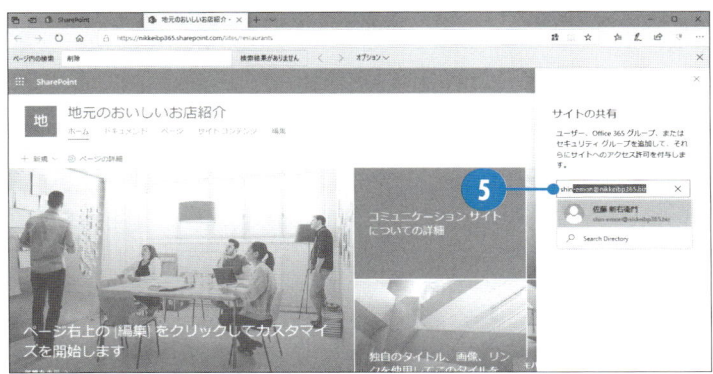

6
名前下の[▽]をクリックすると、アクセス権を変更できる。

7
追加するメンバーに招待状メールを送信する時にオンにする。

8
招待状のメッセージを入力する。

9
[追加]をクリック。

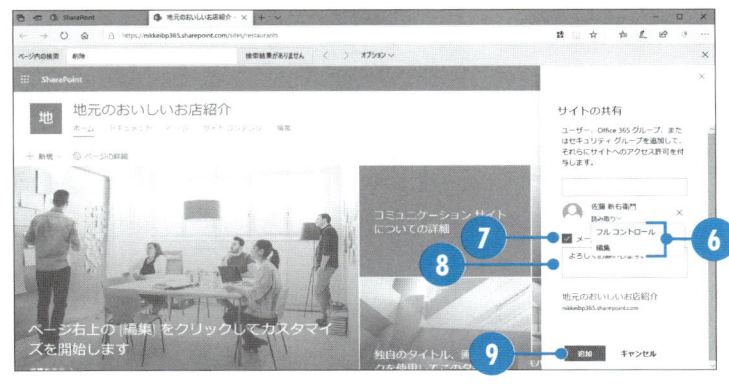

⑩ 招待されたユーザーが、招待状メールを受信する。サイト名をクリックすると、サイトにアクセスできる。

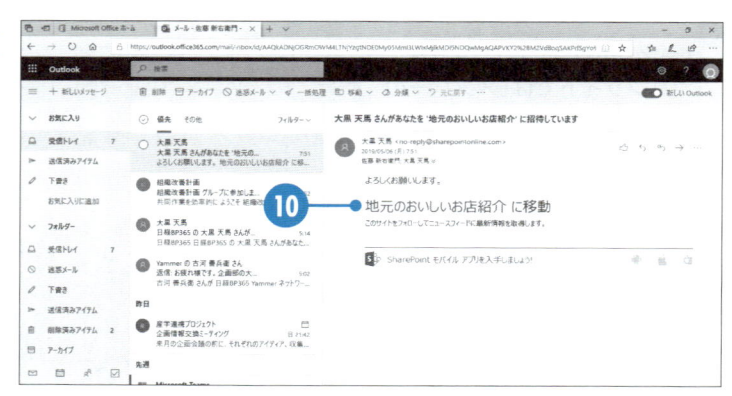

サイトのページデザインを設定する

SharePointのサイトは、ページデザインを自在に変更できます。

10-3-1 ページの構造

　サイトのページは、セクションとWebパーツ（コンテンツ）で構成されます。セクションはページの割り付け…マンガで言えばコマ割りに相当します。セクションの枠の中に、必要なWebパーツを貼り込みます。Webパーツは、テキスト、画像、共有フォルダー、電子掲示板など、多彩なコンテンツが揃っています。

　コミュニケーションサイトの作成時に、テンプレートとして［トピック］または［ショーケース］を選択すると、あらかじめサンプルのセクションが作成されてWebパーツが貼り込まれた状態になります。［白紙］を選択すると、白紙ページが作成されるので、白紙ページに一から自分でセクションを作成してWebパーツを貼り込むことになります。

　ここでは、コミュニケーションサイトを［トピック］で作成した初期状態の例を紹介します。

❶
ヒーローセクション。目玉となるコンテンツを貼り込む。

❷
ニュースセクション。最新ニュースが表示される。

❸
イベントセクション。予定表に登録したイベントが表示される。

❹
ハイライトセクション。最近使ったコンテンツなどが表示される。

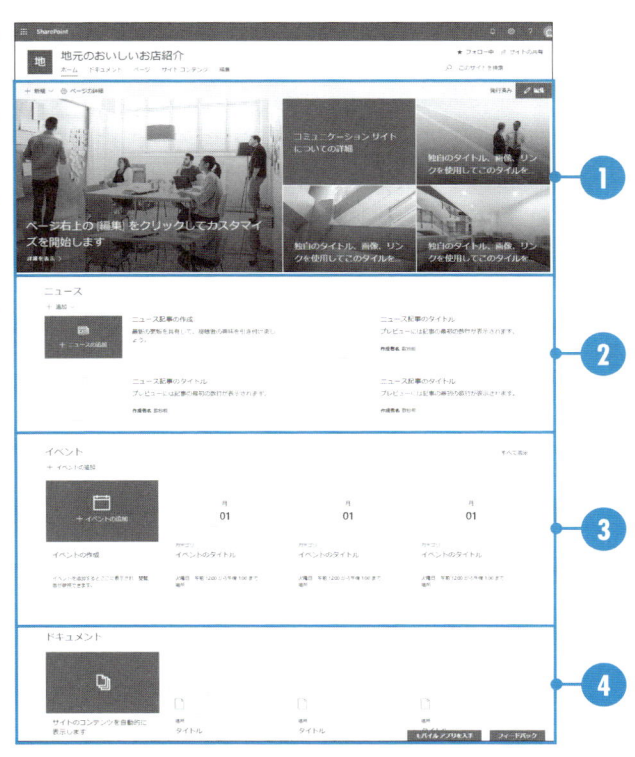

10-3-2　ページの編集・保存・発行を行う

　SharePointページを変更する時は、まず「編集」モードに移行します。編集が完了したら、「保存」または「発行」を行います。編集途中で「保存」した場合、編集内容は「発行」を行うまで、サイト利用者には反映されません。

❶ [編集]をクリックして、編集モードに切り替える。

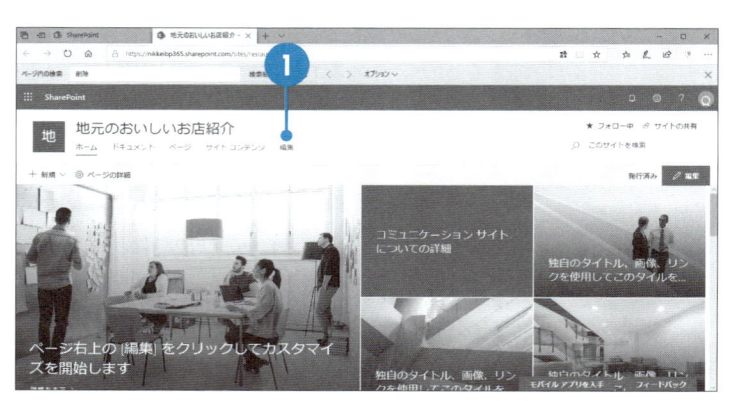

❷ 編集状態をいったん保存するが、発行しない。

❸ 変更を破棄して元に戻す。

❹ 編集したページを発行する。

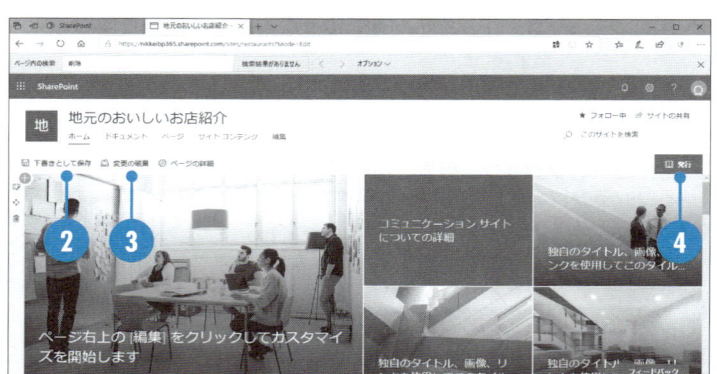

10-3-3　セクションを編集する

　セクションの編集方法を紹介します。この作業は「編集」モードで行います。

　セクションを編集するには、各セクションの左側のセクションの編集ツールを使います。セクションの編集ツールは、編集モードで編集したいセクションをクリックして選択した時に、セクションの左側に薄い灰色で表示されます。

❶ 新しいセクションを挿入する。セクションを挿入する時は、セクションのレイアウトを選択する。コミュニケーションサイトの初期設定のセクションは、すべて[1段組み]で構成されている。

❷ このセクションを移動する。セクションを移動する時は、移動ボタンをマウスで上下にドラッグして、他のセクションとの上下の位置関係(順番)を変更する。

❸ このセクションを削除する。セクションの種類によっては、この他にセクション内の文章を編集する[セクションの編集]などのツールが表示されることもある。

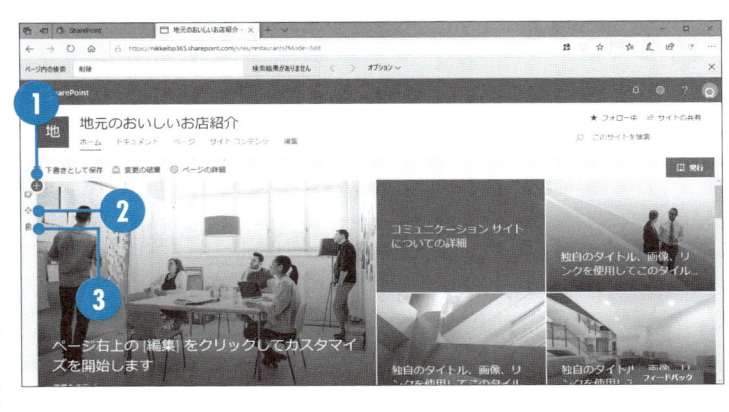

❹ [セクションの挿入]をクリック。

❺ セクションの段組みレイアウトを選択する。

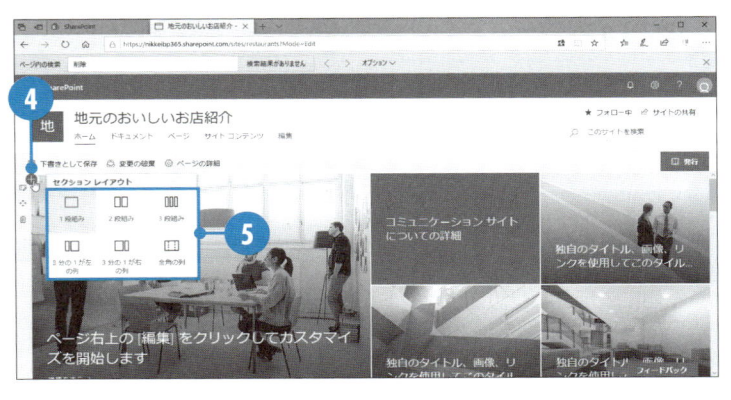

❻ 左右2段組みのセクションを挿入すると、図のようになる。左右それぞれの枠にWebパーツを貼り付ける。[+]をクリック。

❼ 貼り付けるWebパーツを選択する。

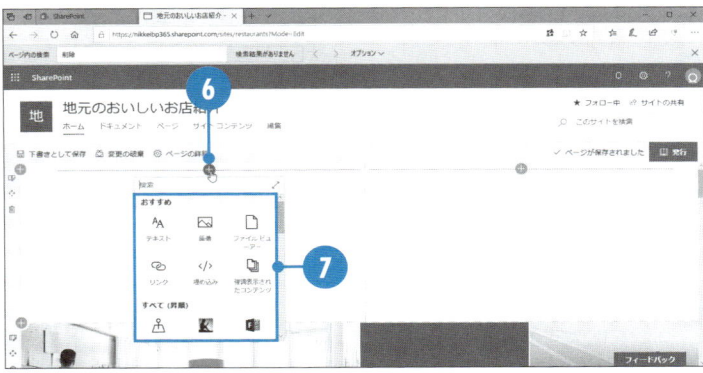

10-3-4　Webパーツを編集する

　Webパーツを編集する時は、Webパーツをクリックすると、Webパーツの種類に応じた編集ツールバーが表示されます。

　以下、トピックスタイルのサイトの、ヒーローセクションを例に紹介します。ヒーローは、画像をタイル上に並べ、それぞれの画像に他ページあるいは他サイトへのリンクを設定したものです。

❶ ページの編集モードで、Web パーツをクリックして選択し、[編集] (ペン)をクリック。

❷ 右側に表示された設定ウィンドウから、[タイル]または[レイヤー]を選択し、好みのレイアウトを選択する。

❸ 選択が済んだら、[×] (閉じる)をクリック。

❹ このWebパーツを移動する。

❺ このWebパーツを削除する。

❻ 編集するタイルの[編集] (ペン)をクリック。

❼ 右側に表示された設定ウィンドウから、[変更]をクリックして、リンク先URLを変更する。

❽ タイルに表示するタイトル文字を の入力する。

❾ タイトルの表示/非表示を切り替える。

❿ 画像を差し替える。

⓫ 貼り込む画像がタイルのサイズより大きい時に、フォーカスポイント(表示位置)を調整する。

⓬ 画像を拡大する。

⓭ 画像を縮小する。

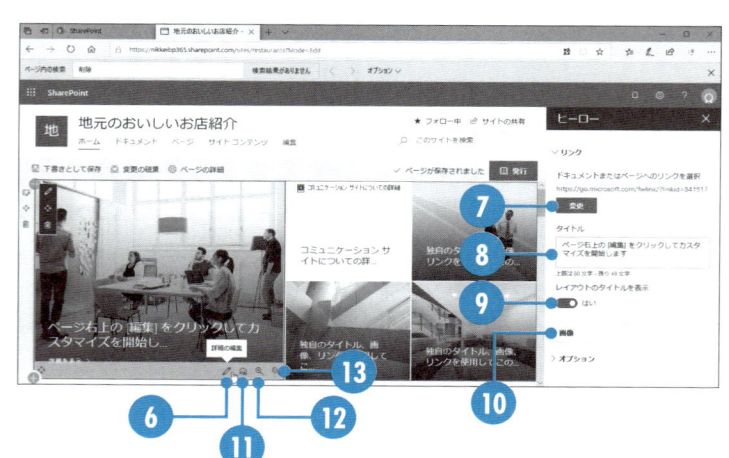

右側の設定ウィンドウで変更した内容はすぐに画面表示に反映されますが、これはあくまで編集画面であり、プレビュー表示しているに過ぎません。この編集を確定して、一般ユーザーが新しくなったページを閲覧できるようにするには、最後に［発行］をクリックする必要があります。

　以上、ヒーローを例にWebパーツの編集方法を説明しましたが、Webパーツによって機能が異なるため、Webパーツによって設定内容も大きく異なります。ただ、［編集］、［削除］、［移動］などは、どのWebパーツであっても共通です。

10-3-5　主なWebパーツ

　SharePointには多彩なWebパーツがあり、本書ですべてを紹介することはできませんが、使用頻度が高い便利なWebパーツをいくつか簡単に紹介します。

Webパーツ	機能
テキスト	文章を表示する。テキストボックスの一種
画像	1枚の画像を枠一杯に表示する
イベント	予定表に登録した今後のイベントを表示する
ハイライト	「強調表示されたコンテンツ」とも呼ぶ。サイトに新しく投稿された文書や更新された文書など、新着情報を自動表示する
ドキュメント	共有フォルダーの「ドキュメント」を表示する。ファイルのアップロードやダウンロード、編集が可能
画像ギャラリー	多数の画像をアルバムのように表示する。また、スライドショーのように1枚ずつ拡大表示することもできる
リスト	テーブル形のデータベース
グループ予定表	サイトの予定表を表示する
ファイルビューア	Excel、Word、PowerPointのOffice文書を、SharePointサイトのページにWebパーツとして表示することができる。SharePointでページデザインをするのが苦手な方でも、手慣れたOfficeアプリで作成した文書をそのまま掲載できる。元データのOffice文書を更新すれば、簡単にWebパーツの内容を更新できる
リンク	外部サイトへのリンクを作成する
埋め込み	外部Webサービスの埋め込み用コードをSharePointサイトのページに埋め込む
Bing地図	指定した場所の地図を表示する。マイクロソフトのオンライン地図サービスであるBing地図を使用する
クイックリンク	SharePoint内の各種文書やサブサイト、あるいは外部サイトへのリンクアイコンを作成する。複数のリンクアイコンを列挙する

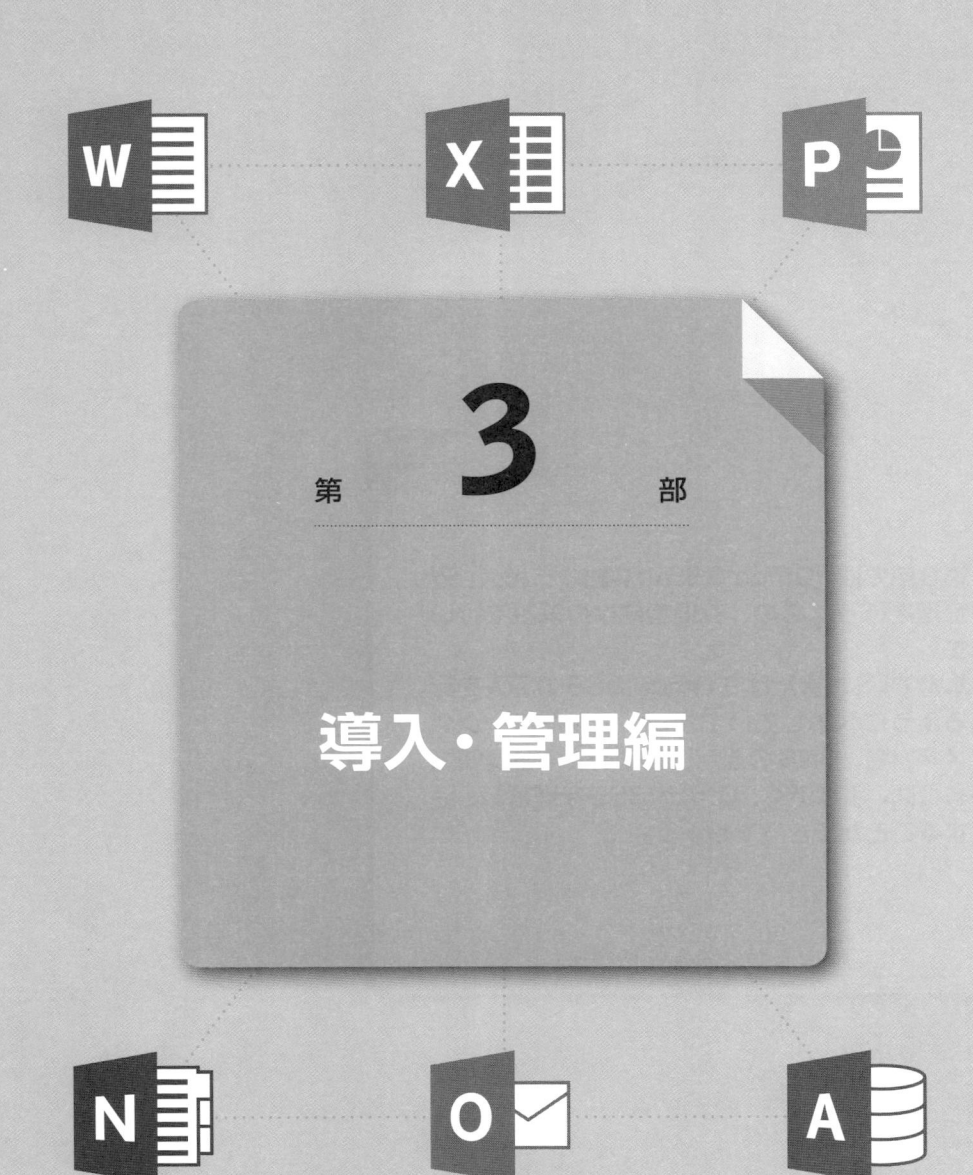

第 **3** 部

導入・管理編

第3部では、Office 365の契約から導入、運用管理を行うための、管理者向けの解説を行います。

　本書では、本書だけでOffice 365の導入を行えるように執筆していますが、ネットワークやドメイン名、DNSの運用管理に関する基礎知識があれば、より深く、Office 365を理解し、活用することができるでしょう。

Chapter

11

Office 365の導入と初期設定

Office 365を契約し、運用前の最初の設定をするまでを紹介します。

契約プランを確認し、利用するドメイン名を決定してください。ここで行う作業は、基本的に、Office 365を導入する最初の1回だけです。日常的に行う運用管理ではありません。

- ・契約前の確認事項
- ・ドメイン名の検討
- ・契約手続き

11-1　導入前の準備

Office 365を導入する前に、あらかじめ決めておくべき事項があります。これが決まっていないと、Office 365の導入作業を進められません。

契約するOffice 365のプランを決定してください。プランについては、Chapter 1で概要を説明しています。また、詳細はOffice 365のWebサイトを参照してください。

https://products.office.com/

クラウドサービスであるOffice 365は、しばしば機能強化やデザイン変更、プランやライセンス体系の変更を行います。契約時には、必ず、Office 365ポータルサイトで最新のプランや料金、契約条件を確認してください。

Office 365では、1つのテナント内で複数のプランのライセンスを組み合わせて使用したり、現在のプランから別のプランに変更したりできます。ただし、こうしたプランの組み合わせやプランのアップグレードには、制限があります。たとえば、Office 365 BusinessからOffice 365 Business Premiumプランへのアップグレードはできますが、Office 365 E1プランに変更することはできません。

こうした組み合わせについても踏まえて、プランをよく検討してください。単体プランか、Businessプランか、Enterpriseプランかを選択し、そこから、さらに詳細なプランを決めるとよいでしょう。不明な点はOffice 365の相談窓口に相談してください。

運用開始後にプランを変更する必要が生じた場合、同じテナントで共存できるプランの場合は比較的変更が容易です。たとえば、E1プランを利用していたユーザーのプランをE3プランに変更したいとき、E3プランのライセンスを購入し、当該ユーザーのライセンス割り当てをE1からE3に変更します。その後、不要になったE1を解約します。上位互換性があるプランへの変更であれば、今までのユーザー設定やユーザーのデータは、すべて新しいプランになっても引き継がれます。

※本書では、中小企業に人気のOffice 365 Business Premiumプランを例に、新規契約手順を紹介しています。

11-1-1　テナントとドメイン名

Office 365では、管理者がOffice 365にサインインして管理を行える範囲をテナントと呼びます。初めて契約するときにテナント名を命名します。テナントはOffice 365の契約単位となります。

テナント名は、Office 365の既定のドメイン名「onmicrosoft.com」のサブドメイン名

となります。たとえば、tenant1というテナント名のOffice 365テナントには、tenant1. onmicrosoft.comというマイクロソフトのドメイン名が割り当てられます。

　1つのテナントでは複数のプランを構成することが可能です。また1つのテナントで複数のドメイン名を使うことも可能です。たとえば1つのテナント内に、Business Premiumプランと Business Essentials プランが共存していても、管理者はアカウントやテナントを統一的に管理できます。あるユーザーには Business Premium を、別のユーザーには Business Essentials を割り当てることができます。

　Office 365では、メール送受信を始めとして各種のインターネットサービスを利用できます。そのときに、ドメイン名を割り当てて使用するのが一般的です。たとえば、tenant1というテナントにdomain1.comというドメイン名を割り当てると、tenant1. onmicrosoft.comだけでなく、domain1.comというドメイン名を使用できるようになります。このテナントにuser1というアカウントを作成すると、user1@domain1.comというメールアドレスを使用できるようになります。また、テナントに複数のドメイン名を割り当てて、複数のドメイン名を使い分けることも可能です。

　Office 365を契約する前に、テナント名をどうするか、ドメイン名をどうするか、あらかじめ決めてください。テナント名は、onmicrosoft.comのサブドメイン名となりますので、サブドメイン名として使用できる名前でなければなりません。

11-1-2　レジストラとDNSサーバー

　ドメイン名を取得するにはレジストラを利用します。レジストラは、ドメイン名の登録業者で、レジストラのWebサイトから好みのドメイン名を入力してドメイン名を取得します。ドメイン名は世界で唯一のものなので、既に誰かが使用しているドメイン名を取得することはできません。ドメイン名の取得は早い者勝ちです。また、レジストラによって料金体系はまちまちです。同じドメイン名でも、どのレジストラを利用するかで料金が異なります。

　Office 365ではレジストラとしてのサービスも提供していますので、Office 365でドメイン名を取得することが可能です。この場合、Office 365がDNSサーバーを自動設定してくれるので、ドメイン名の取得以外に手間がかかりません。反面、Office 365以外の用途にドメイン名を利用することはできません。

　Office 365以外のレジストラを使用する場合は、ドメイン名を取得し、DNSサーバーを用意して、Office 365でドメイン名を利用するためのDNSレコードを自分で登録しなければなりません。DNSのしくみやサーバー管理のスキルが必要になりますが、ドメイン名をOffice 365だけでなく、Webサイトなどの他の用途にも活用できます。

　Office 365での運用実績がある代表的なレジストラを以下に紹介します。

レジストラ名	URL	補足
GoDaddy	https://jp.godaddy.com	日本語対応
DomainKing	https://www.domainking.jp	日本のレジストラ（日本語サポート）
DNS Made Easy	https://dnsmadeeasy.com	英語サイト（米国）
HostGator	https://www.hostgator.com	英語サイト（米国）
Regiser.com	https://www.register.com	英語サイト（米国）
123Reg	https://www.123-reg.co.uk	英語サイト（英国）

※Office 365では、レジストラで取得した独自のドメイン名を割り当てて使うのが一般的ですが、ドメイン名の割り当ては必須でありません。ドメイン名を割り当てない場合、「テナント名.onmicrosoft.com」で使い続けることになります。

Office 365の管理者用ヘルプセンター

https://docs.microsoft.com/ja-jp/office365/admin/

11-1-3 　DNSサーバーの選択

　レジストラで取得したドメイン名を実際に運用するには、インターネット上に公開されたDNSサーバーが必要です。DNSサーバーは、自社で運用するか、レンタルDNSサーバーを利用します。自社でDNSサーバーを運用するには、それなりの設備と情報技術が必要になるため、情報システム部門がない小規模組織では、レンタルDNSサーバーを利用した方が便利ですし経費も節約できます。

　レンタルDNSサーバーを利用する場合、注意が必要なのはSkype for Businessに必要なSRVレコードを使用できるかどうかです。DNSサーバーにはドメイン名やIPアドレス情報を「レコード」として登録しますが、レコードは用途によっていくつかの種類があります。Office 365では、TXTレコード、MXレコード、CNAMEレコード、SRVレコードを使用します。

　レンタルDNSサーバーの場合、レンタルDNSサーバーの管理コンソールメニューでレコードを登録しますが、SRVレコードに対応していないレンタルDNSサーバーが少なくないのです。Office 365のドメイン名をレンタルDNSサーバーで運用する場合は、そのレンタルDNSサーバーがSRVレコードに対応しているかどうか、事前に確認してください。

　上の表で紹介したレジストラは、すべてSRVレコードに対応しています。

　ただし、SRVレコードを必要とするのは、Office 365の各種サービスのうちSkype for Businessだけです。Skype for Businessを使用しなければ、SRVレコードは必要ありません。

※Office 365のチャットサービスにはSkype for BusinessとMicrosoft Teamsがありますが、Microsoft TeamsはSRVレコードを必要としません。

旧メールシステムからOffice 365への移行

管理者は、現在使用しているメール環境をOffice 365にどう移行するか、ということも考えなければなりません。

旧メールシステムは旧メールシステムとして、Office 365には引き継がない...というのも1つの解決策です。一般に、長く使用したシステムでは、実際には使用されない無駄なデータが少なからず蓄積しているものです。システムの入れ替えを機会に、過去のデータを一掃するのもよいでしょう。各ユーザーにはあらかじめ通達し、必要なデータのみバックアップさせます。

しかし、旧メールシステムのデータをすべてOffice 365に移行したいとなると、綿密な計画と難しい対応が必要になります。

たとえば、旧メールシステムがMicrosoft Exchange Serverであり、クライアントソフトにOutlookを使用している場合、マイクロソフトが提供する移行ツールを使って、オンプレミスのExchange ServerからOffice 365のExchange Onlineにメールボックスなどを引き継ぐことができます。ただし、Active DirectoryやExchange Serverに関する高いスキルが必要とされ、環境によっては移行ツールを使用できない場合もあります。

一方、現在使用しているメール環境がExchange Serverではない場合、メール環境のシームレスな移行は絶望的です。これはOffice 365に限ったことではなく、多くのメールサーバーの移行で同様ですが、この場合は工夫を凝らして可能な範囲で対応するしかありません。

一般的な解決方法は2つあります。

メールサーバー併用型

旧システムと新システムで、ドメイン名が変わってしまってもよい場合、旧システムを残したまま、Office 365の新システムを構築するのが現実的で、安全です。

ユーザーには、今後Office 365を使うようにしてもらい、当面の間、2つの環境を併用します。旧メールサーバーに着信するメールは、自動的にOffice 365の新しいメールアドレスに転送するのがよいでしょう。

ユーザーがメールソフトとしてOutlookを使用しているのであれば、旧メールサーバーのアカウントとOffice 365のアカウントの両方をOutlookに登録して併用できます。

旧メールサーバーがもはや不要という時期になったら、旧システムを閉じます。

比較的簡単でトラブルが少ない方法ですが、Office 365 の導入と共に、ドメイン名、メールアドレスが変わってしまうというのが難点です。

Outlook デスクトップアプリでデータ移動

　ドメイン名は変更したくない…、メールアドレスを変更したくない…という場合は、非常に面倒です。

　Outlookをメールソフトとして使用し、旧メールサーバーからすべての情報をOutlookの個人用フォルダー（PSTファイル）内にダウンロード、保存します。その後で、いったん旧システムを閉じ、DNSサーバーの設定を変更して、旧システムからOffice 365にドメイン名を移します。

　今まで使っていたドメイン名でOffice 365に接続できるようになったら、OutlookでOffice 365に接続し、Outlook上で個人用フォルダーからOffice 365のフォルダーにデータをコピーします。その後、Outlookから個人用フォルダーのアカウントを削除します。

　従来のメールアドレスを引き継げることは大きなメリットですが、ユーザーごとにクライアント環境で移行作業をしなければならず、非常に大きな作業工数がかかります。また、ユーザー1人1人がアカウントの登録やデータの移動、アカウントの削除を行うのは、ある程度コンピューターに詳しくなければ、敷居が高いと言えます。管理者が全ユーザーの移行作業を行うのは、少人数であればともかく、数十人、数百人となれば、不可能に近いでしょう。

　Office 365の導入を機会に、ドメイン名を変更するのが現実的です。

11-1-5　Office 365の2つの契約方法

　Office 365を契約するに当たって、2つの方法があります。

　1つは、マイクロソフトのOffice 365ポータルサイトで、オンラインで直接申し込み手続きをすることです。本書でも、この方法を紹介しています。

　オンラインで直接申し込みをする場合、申し込んだそのときからわずか15分程度で、利用を開始することができます。申し込み手続き時には、利用料金決済のためのクレジットカードが必要です。マイクロソフトが提供するOffice 365の標準料金となり、ユーザーサポートもOffice 365ポータルサイトに掲載されているとおりの内容になります。30日の無償期間がありますので、無償期間内であれば、解約しても料金はかかりません。

　一方、マイクロソフト製品を取り扱うベンダー（販売店）でもOffice 365を取り扱っています。通常、ベンダーから申し込む場合は、契約書を取り交わしたりする必要があるので、申し込みから利用できるまで1週間〜1か月ほどかかります。

　ベンダーを利用する場合、それぞれのベンダーが独自の付加サービスを提供していますので、ベンダー独自の付加サービスに大きなメリットがあります。

　たとえば、決済方法として銀行振込や口座振替を利用できる、無償ユーザーサポート

やシステム設定のコンサルティングサービスがある、お得感のある料金体系を設定しているなどです。特に、Office 365の導入時やトラブル発生時に、マイクロソフトの標準サービスでは対象外とされるような内容でも、Office 365のプロフェッショナルの相談や導入指導を受けられることも少なくありません。

　SOHO環境や、試験的に小規模環境でOffice 365を導入する場合には、オンラインの直接契約が手軽で便利でしょう。しかし、ユーザー数が数十人を超える中規模、大規模な導入においては、ベンダーと契約した方がスムーズに導入できることが多いでしょう。

　インターネットでOffice 365をキーワードに検索すると、数多くのOffice 365ベンダーを見つけることができます。少しずつサービス内容が異なりますので、よく比較するとよいでしょう。

11-2 Office 365 をオンライン契約する

ここでは、Office 365 の公式サイトからオンライン契約する手順を紹介します。

11-2-1 Office 365 を契約する

公式サイトからの契約にはクレジットカードと電話が必要です。クレジットカードと電話を用意してから手続きを開始してください。電話はSMSを利用できる携帯電話が便利です。

❶ マイクロソフトのOffice 365 公式サイトhttps://products. office.comにアクセスする。

❷ [Office 365を購入する]をクリック。

❸ [一般法人向け]をクリックして選択し、契約したいプランの[今すぐ購入]をクリック。
※プランE3などのエンタープライズプランを選択するときは、[大企業向けのオプションを見る]をクリックしてメニューを切り替えてる。

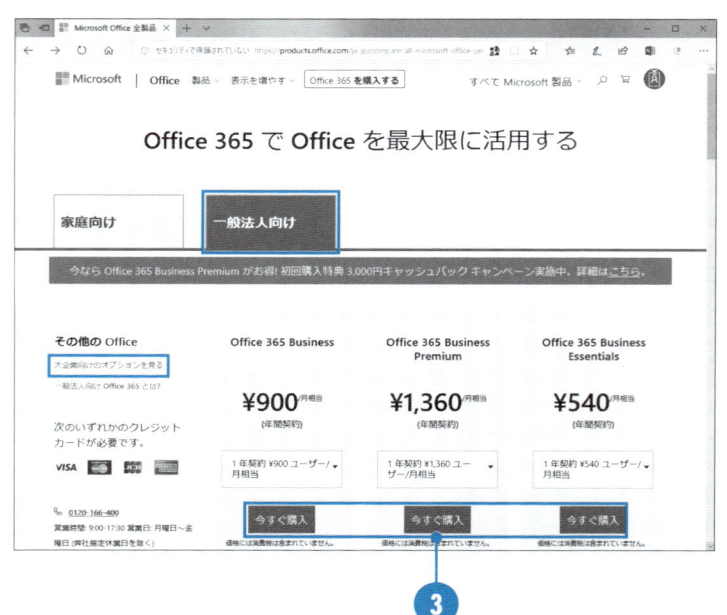

4
姓名や住所など契約の基本事項を入力する。

5
[次へ]をクリック。

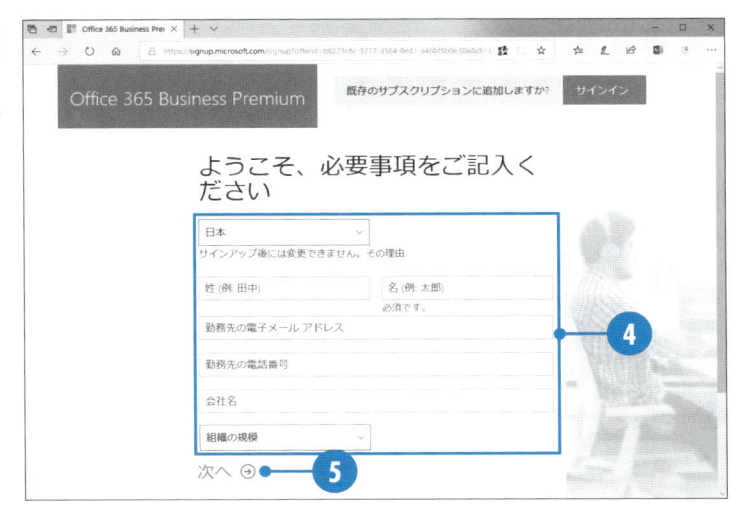

6
作成するユーザーIDを入力する。これがOffice 365契約の1人目のユーザーであり、管理者となる。また、ユーザーIDはOffice 365のユーザーIDとして使用するだけでなく、メールアドレスでもある。メールアドレスとして使用できるユーザーIDにすること。

7
テナント名となるサブドメイン名を入力する。このOffice 365契約のテナント名であると同時にサブドメイン名でもあるため、インターネットドメインの命名規則に沿った名称にする必要がある。

8
パスワードを入力する。

9
[アカウントの作成]をクリック。

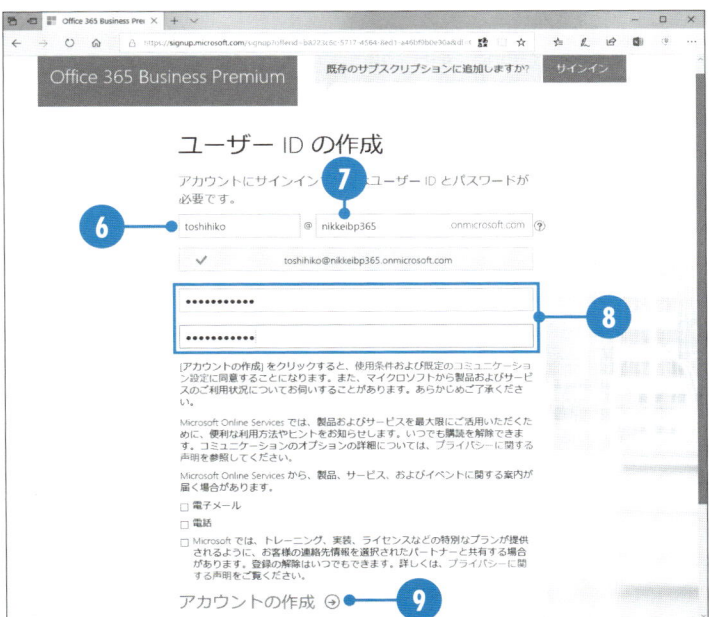

⑩

携帯電話を使用する場合は、[自分にテキストメッセージを…]を選択し、固定電話を使用する場合は、[自分に電話…]を選択する。

⑪

自分の電話番号を入力する。先頭の「+81」はそのままに、市外局番の先頭の0を除いて入力する。81は日本の地域コードを意味しており、これは国際電話番号を入力することを意味している。

⑫

[自分にテキストメッセージを送信(SMS認証)]または[自分に電話(音声通話認証}]をクリック。

ボットによる不正アクセスを防止するため、Office 365では電話を使用した確認を行っている。SMS（ショートメッセージサービス）または音声で、入力した電話番号にコード番号を通知する。

入力した電話番号にコード番号の通知があったら、そのコード番号を入力して次に進む。

⑬

契約者の各種情報を入力する。

⑭

[保存]をクリック。

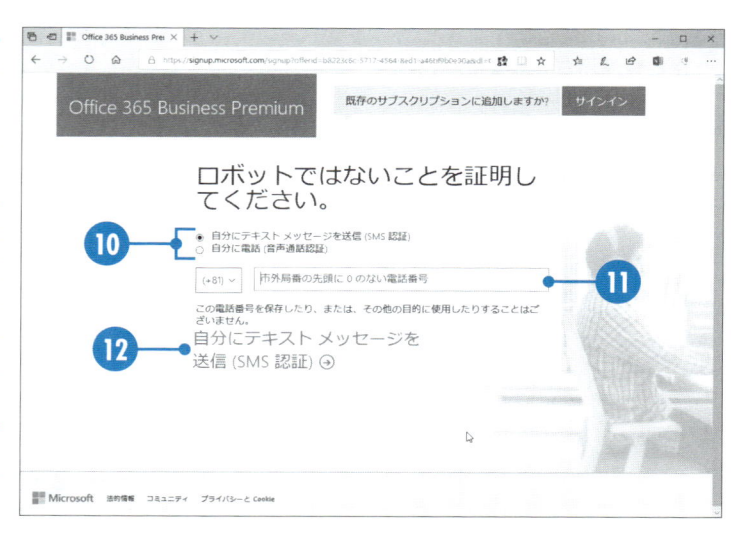

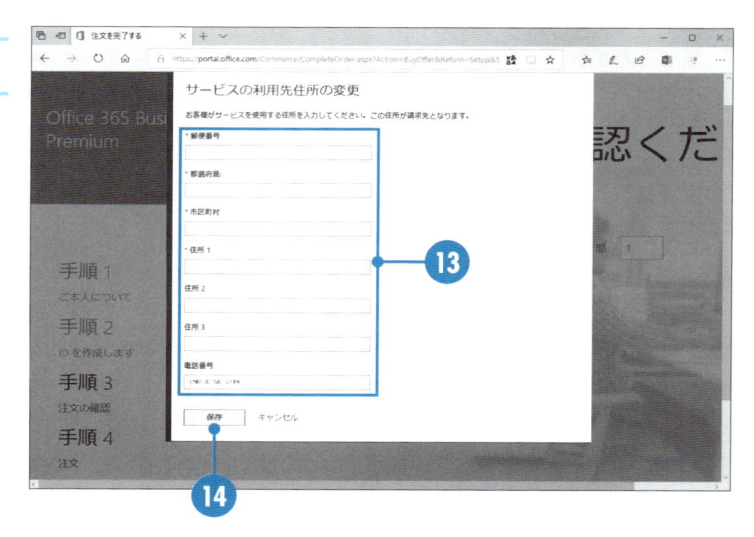

⓯
必要なユーザー数を入力する。
※まずは管理者1人だけを登録
するのであれば、1人のまま
にする。他のユーザーについ
ては、後で追加や削除が可能。

⓰
[次へ]をクリック。

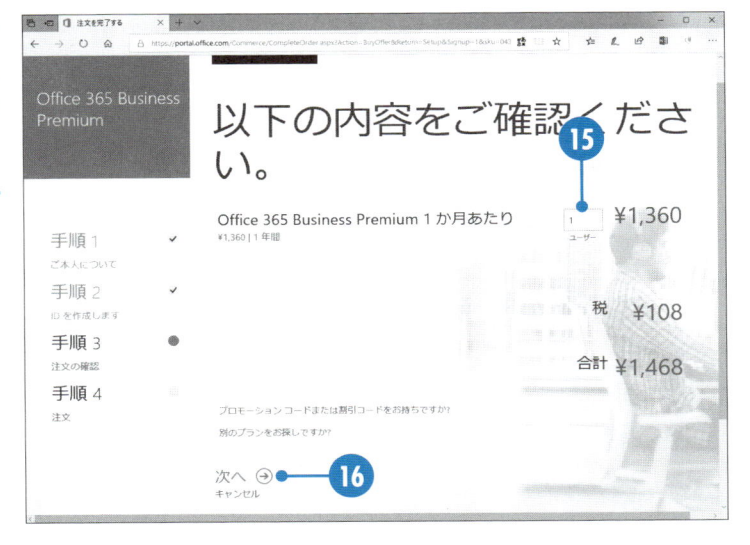

⓱
支払い方法と決済用のクレジッ
トカード情報を入力する。
※現在の料金体系では、支払い
は1か月単位よりも1年単位
にした方が、料金が割安にな
る。

⓲
[注文]をクリック。

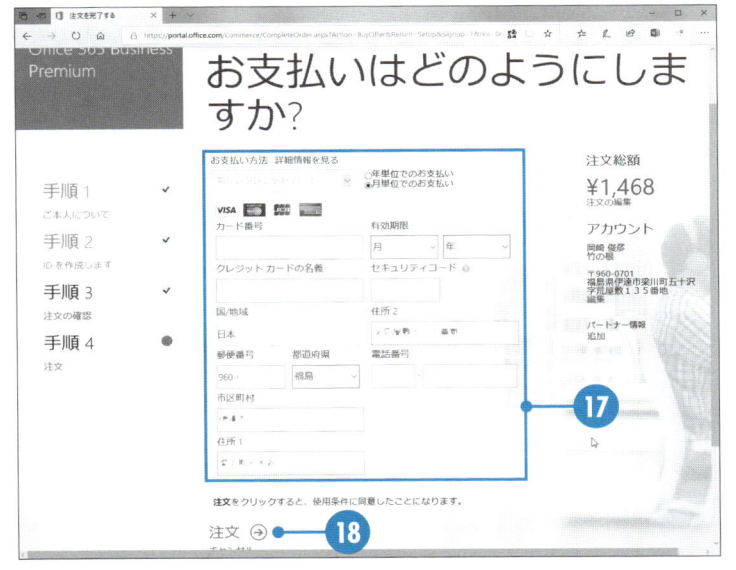

19

決済の承認、テナントの新規作成が完了するまで、若干の時間がかかる。[セットアップの開始]をクリックすると、契約後の最初の基本設定の作業に進む。なお、ユーザーアンケートのページが表示されることがある。その場合は、アンケートに回答するか、またはアンケート回答をキャンセルする。

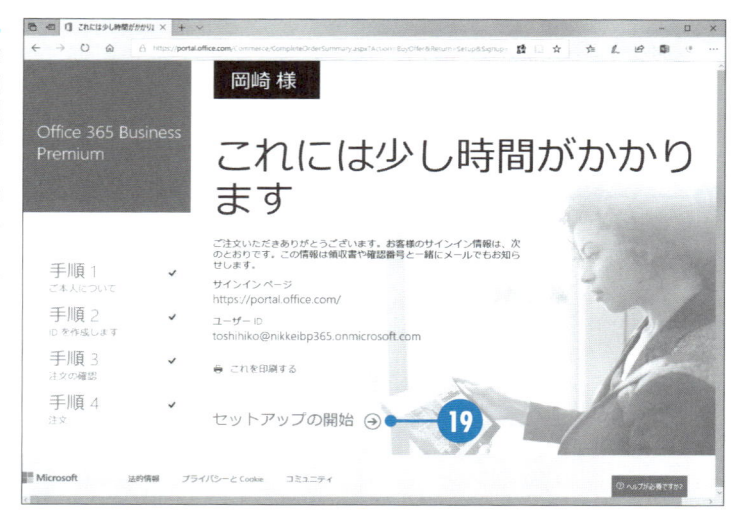

20

Office 365の契約が完了した。

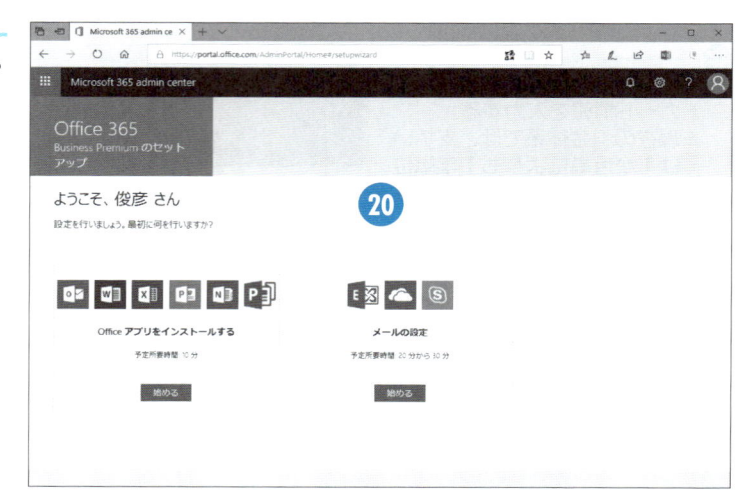

　この後は、ドメイン名の設定や他のユーザーアカウントの作成などの初期設定作業が必要です。

　最初に作成したユーザーIDを管理者として、Office 365にサインインし、テナントの管理を行います。次章を参照してください。

Chapter 12

基本設定

この章では、Office 365テナント全体にかかわる基本的な設定を紹介します。

ユーザー管理やライセンスの割り当て、メールアドレスの決定など、この章で取り上げる設定の多くは、ほとんどのテナントで日常的な運用管理業務として行うことになります。

- 管理センターの開き方
- ドメイン名の管理
- ライセンスの管理
- ユーザーの管理
- テナントの管理
- 共有情報の管理

1
2
3
4
5
6
7
8
9
10
11
12
13
14
15

12-1 Office 365へのサインインと管理センター

Office 365を管理するためには、管理者ユーザーアカウントでサインインし、管理センターを開きます。

12-1-1 Office 365へのサインイン

Office 365のユーザーIDとパスワードを使用して、Office 365にサインインします。

①
Office 365のサインインページ、https://login.microsoftonline.comにアクセスする。

②
管理者のユーザーIDを入力する。

③
[次へ]をクリック。
すでにOffice 365にサインインしたことがある場合は、Webブラウザーに記録された履歴で、ユーザーIDが自動表示される。

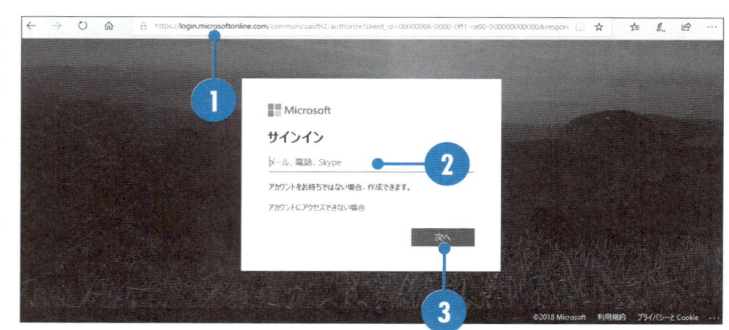

④
パスワードを入力する。

⑤
[サインイン]をクリック。

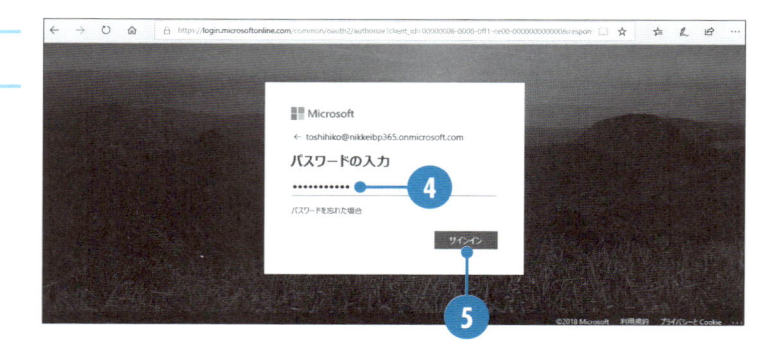

12-1-2　管理センターを開く

　テナント全体を設定する管理センターと、サインインしている自分というユーザーの設定を行う管理メニュー（設定メニュー）がありますが、ここではテナントの管理センターを取り上げます。ユーザー設定については12-5を参照してください。

❶
トップページに[管理]が表示されているときは、[管理]をクリック。
Ａ文字が表示されている[管理]が、テナント全体に対する管理メニューのアイコン。
Webページ右上の[設定]（歯車)ボタンは、サインインしているユーザー個人の設定メニュー。

❷
トップページに[管理]が表示されていないときは、アプリ起動ツールボタンをクリックして[管理者]をクリック。
Office 365のテナント全体を管理する管理センター（管理コンソール）。
左サイドには主要メニューが表示される。右側には、お知らせや、現在の稼働状況などが表示される。

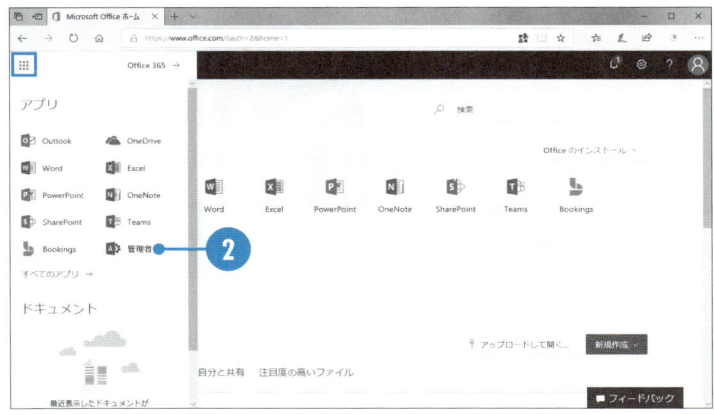

3

[詳細表示]をクリックして、さらにメニューを表示する。

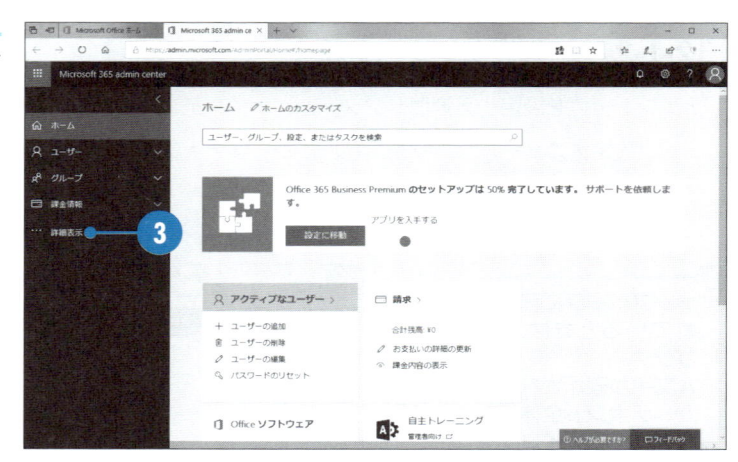

4

左サイドメニューの「v」をクリックすると、各メニューの詳細メニューが表示される。

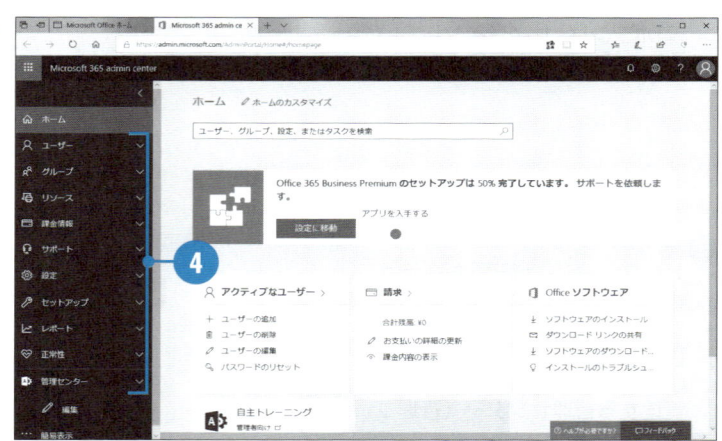

各メニューの詳細については、第3部の各章を参照してください。

ドメイン名を設定する

Office 365を効果的に利用するには、ドメイン名を取得して設定します。ドメインを設定することで、独自ドメインのメールアドレスを利用できるようになります。

ここでは、Office 365でドメイン名を取得する方法と、他のレジストラで取得したドメイン名をOffice 365に設定する方法の2つの方法を紹介します。

12-2-1 Office 365でドメインを取得する

Office 365専用にドメインを取得するのであれば、Office 365で取得するのが便利です。詳細な設定をしなくても、自動的にOffice 365が最適なDNS環境を構築します。DNSサーバーを用意する必要もありません。

❶ 管理センターの[セットアップ]メニューから、[ドメイン]をクリック。

❷ [ドメインの購入]をクリック。

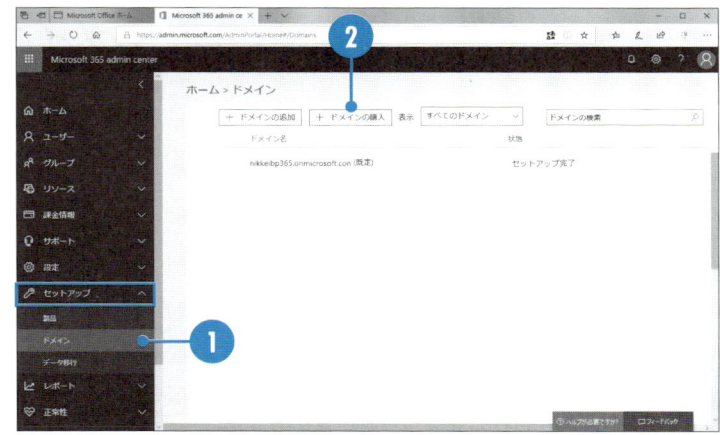

❸ 希望するドメイン名を入力する。

❹ [利用可能かどうかを確認]をクリック。
入力したドメイン名がすでに使われている場合には、使用できない旨の表示があるので、ドメイン名を変更して再確認する。

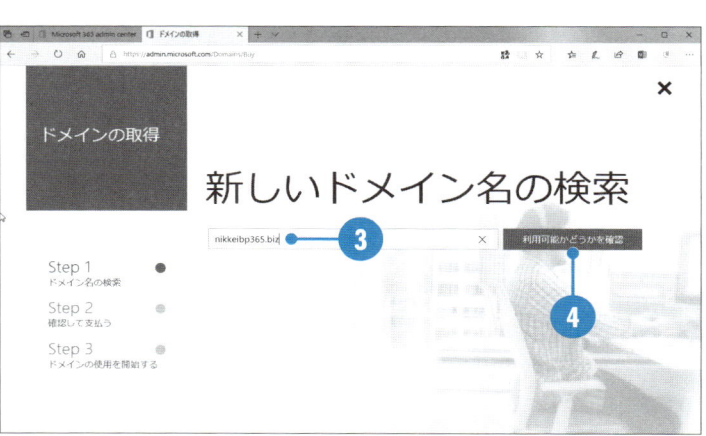

⑤ ドメイン名を取得できることを確認する。

⑥ [次へ]をクリック。

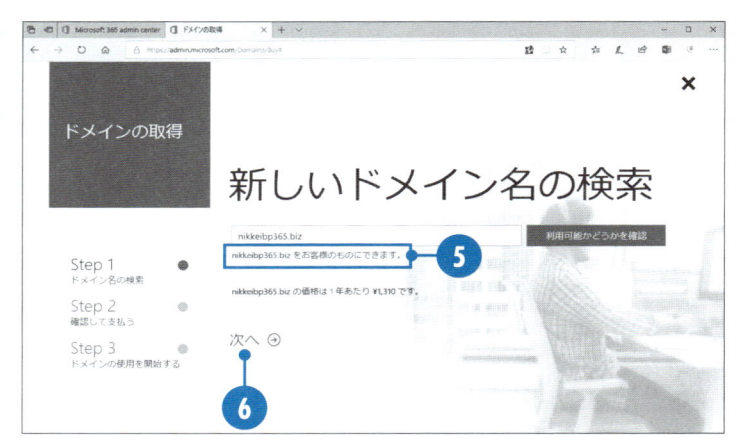

⑦ 連絡先情報を入力する。

⑧ [次へ]をクリック。

⑨ 金額を確認し、[次へ]をクリック。

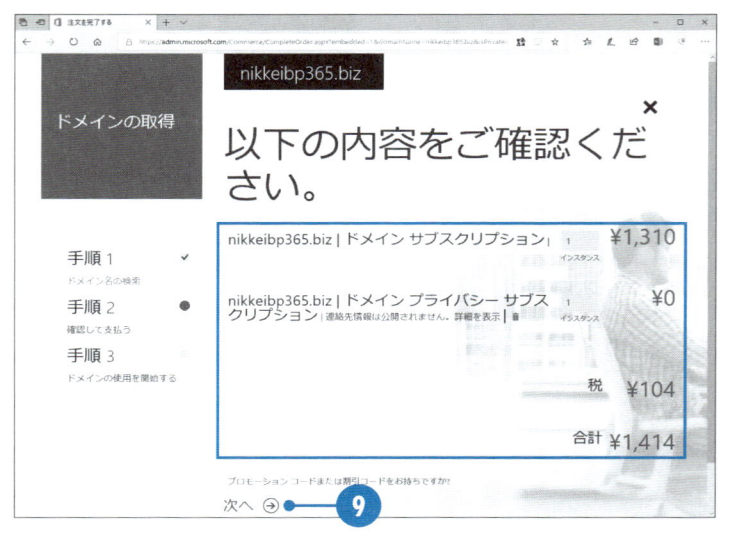

⑩

支払方法を選択する。

⑪

[注文]をクリック。
Office 365をクレジットカードで決済している場合、同じクレジットカードを選択できる。

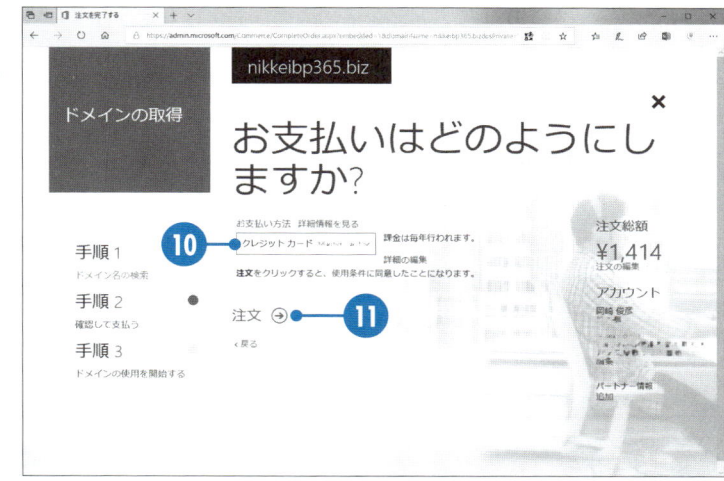

⑫

新しいドメイン名をユーザー名のドメイン名にしたいときは、引き続き次の手続きを行う。
たとえば、name@nikkeibp365.onmicrosoft.comというユーザー名をname@nikkeibp365.bizに変更できる。
なお、この変更は、管理メニューからいつでも行える(12-5を参照)。
新しいドメイン名に変更するユーザーのチェックボックスをオンにする。

⑬

[選択したユーザーの更新]をクリック。

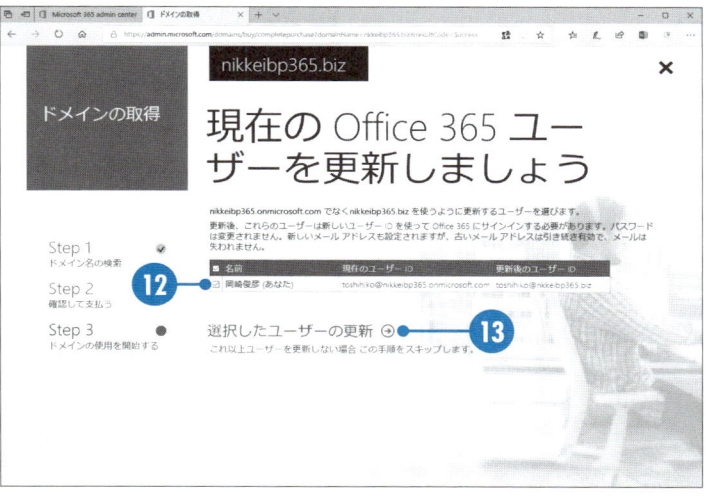
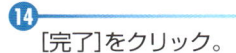

⑭

[完了]をクリック。

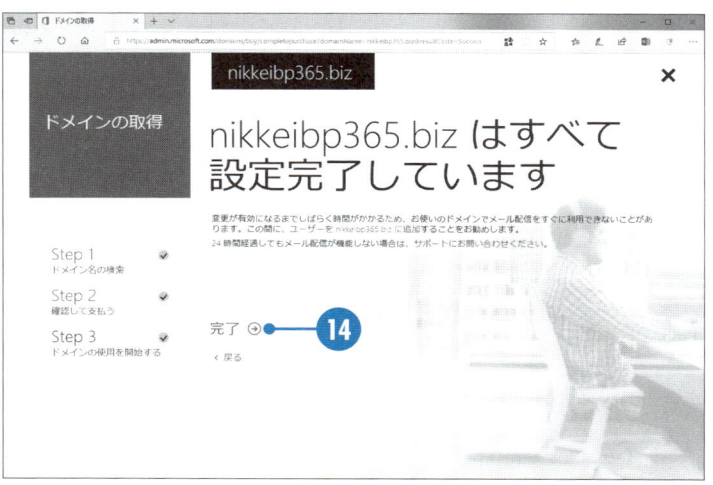

以上でドメイン名の取得、および設定が完了しました。

なお、Office 365で取得したドメイン名をOffice 365以外の用途で使用する場合には、ドメイン名を他のレジストラに移管登録する必要があります（12-2-5を参照）。

12-2-2 　レジストラのドメイン名を設定する

Office 365以外のレジストラで取得したドメイン名をOffice 365で利用するためには、そのドメイン名をOffice 365に登録したうえで、運用しているDNSサーバーに、Office 365用のレコードを追加登録する必要があります。

❶
管理センターの[セットアップ]メニューから、[ドメイン]をクリック。

❷
[ドメインの追加]をクリック。

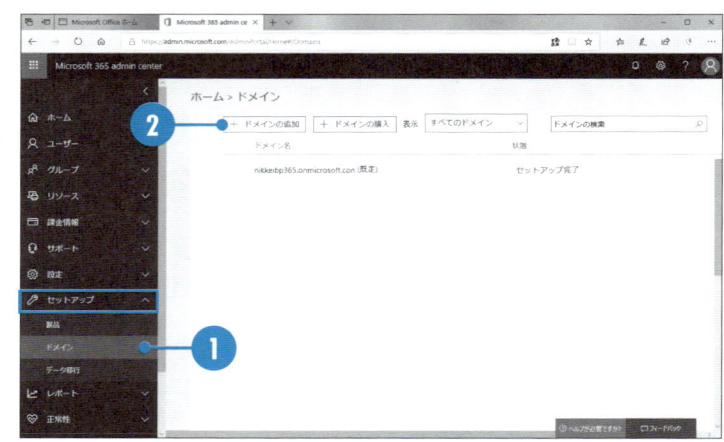

❸
Office 365に追加するドメイン名を入力する。

❹
[次へ]をクリックします。

5

[TXTレコード]をクリックし、
設定するTXTレコードの内容
を確認する。

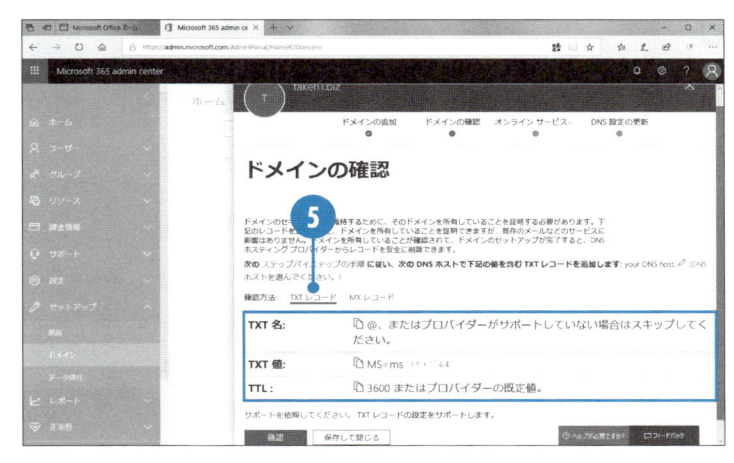

6

[MXレコード]をクリックし、設
定するMXレコードの内容を確
認する。

7

Office 365に表示されたTXT
レコード、およびMXレコード
を、追加するドメイン名を運用
しているDNSサーバーに登録
する。

DNSサーバーの設定方法につ
いては、使用しているDNSサー
バーの種類やレジストラの管理
メニューによって千差万別なの
で、本書では割愛する。

Office 365では、Office 365
が指定した値がDNSサーバー
に登録されているかどうかを確
認することで、そのDNSサー
バーの管理者であることを確認
する。

8

[確認]をクリック。

DNSサーバーへの新規レコー
ド登録が反映されるまで、しば
らく時間がかかることがある。
[確認]をクリックしてもOffice
365による確認がとれない場
合は、しばらく時間をおいてか
ら再度[確認]をクリック。また、
登録したレコードに入力ミスな
どがないか、慎重に確認する。

⑨

[自分で独自のDNSレコードを管理する]をクリック。

Office 365に対応しているレジストラのDNSサーバーでは、[自分の代わりに...]を選択することで、DNSサーバーの設定を自動化できる。しかし、日本で一般的なDNSサーバーでは対応していないため、本書では自分で管理する方法を紹介する。

⑩

[次へ]をクリック。

⑪

Office 365で使用するサービスのチェックボックスをオンにする。

このドメイン名で別のメールサーバーを運用しているときは、注意が必要。このドメイン名のメール受信をOffice 365のメールシステムに変更することになるので、これまで使用していたメールサーバーでのメール受信ができなくなる。

⑫

[次へ]をクリック。

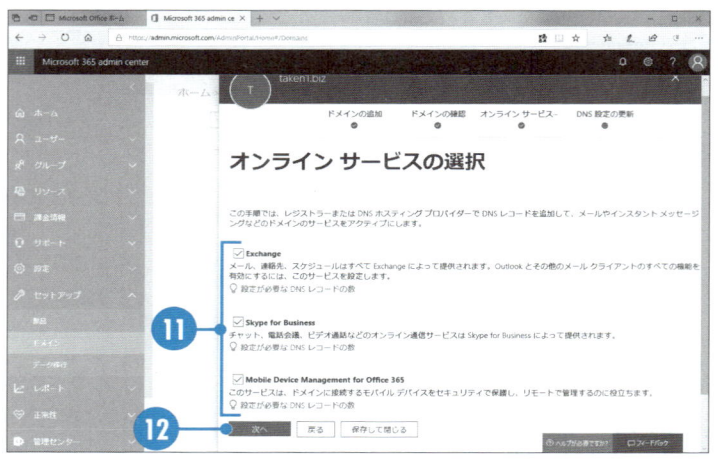

⑬

目的のサービスを利用するために必要なDNSレコードが表示されるので、ページをスクロールして最後まで確認し、DNSサーバーにこれらのレコードを追加する。

Office 365のサービスをすべて使用する場合は、TXTレコード、MXレコード、SRVレコードの登録が必要になる。

MXレコードを登録すると、このドメイン名のメールの送受信がOffice 365のメールサーバー（Exchange Online）に切り替わるので、これまで使用していたメールサーバーによるメールの送受信ができなくなる。

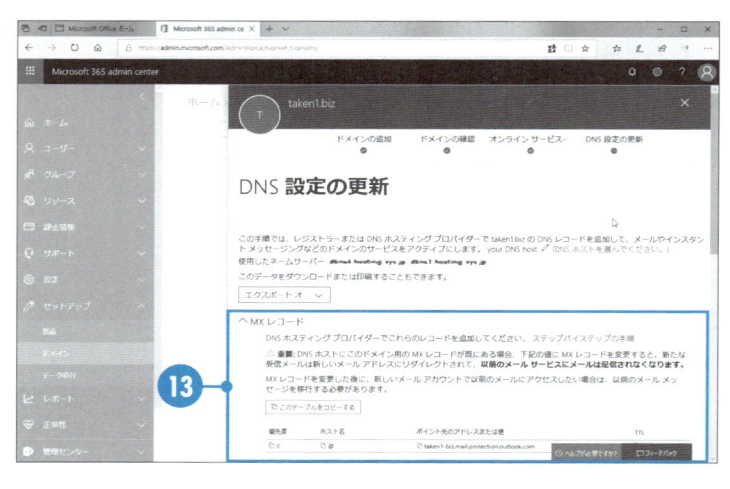

⑭

DNSサーバーにDNSレコードを登録したら、[確認]をクリック。

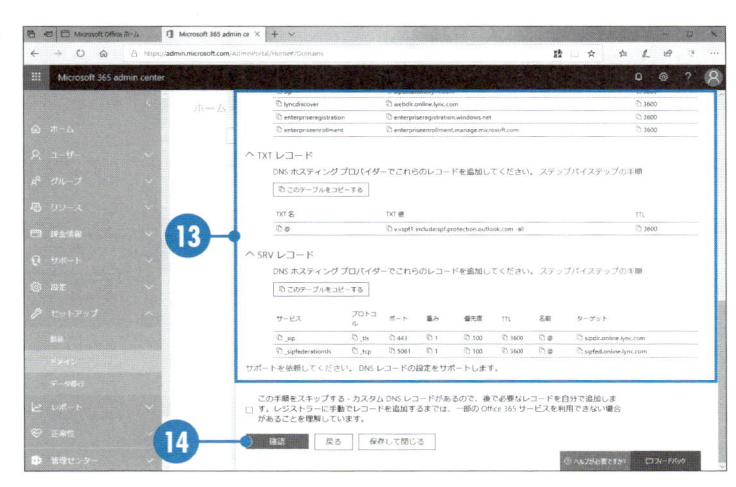

⑮

レジストラDomainkingのレンタルDNSサーバーのDNSレコード登録例。DNSサーバーによって、レコードの登録方法は異なる。

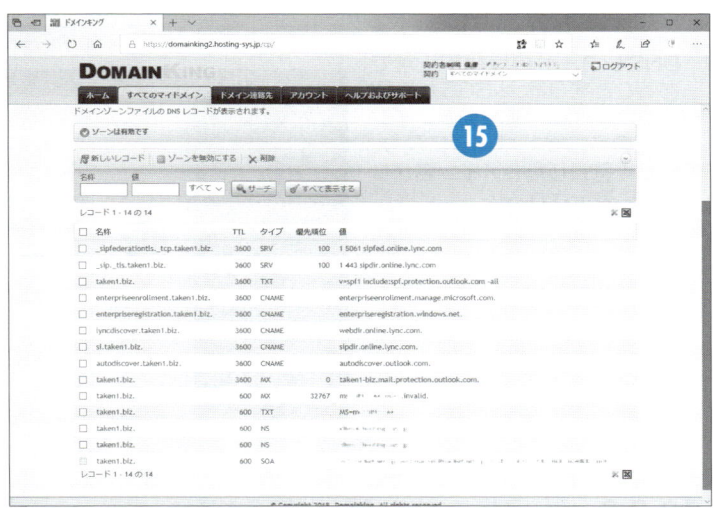

⑯

Office 365が指定したDNSレコードが見つからない場合、警告が表示される。
DNSレコードの登録、変更が反映されるまで時間がかかることがあるので、登録内容に間違いがない場合は、しばらく時間をおいてから再度[確認]をクリック。

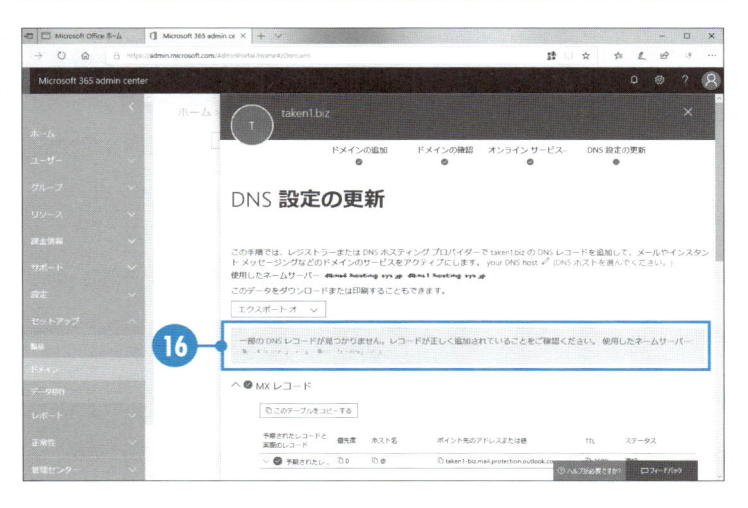

⑰

見つからないDNSレコードに警告が表示される。入力ミスなどをしている場合は、どのDNSレコードに問題があるのか、発見が早くなる。

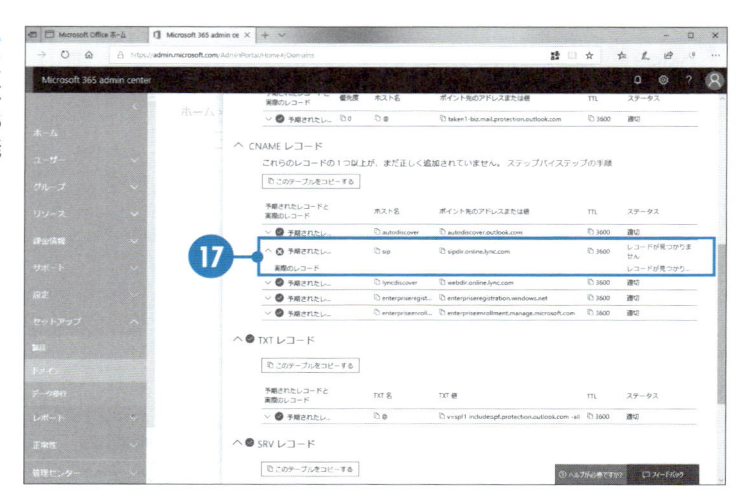

⑱

DNSレコードの登録が正常であることをOffice 365が確認すると、Office 365のドメイン管理のメニューページに戻り、新しく登録したドメイン名がリストに表示される。

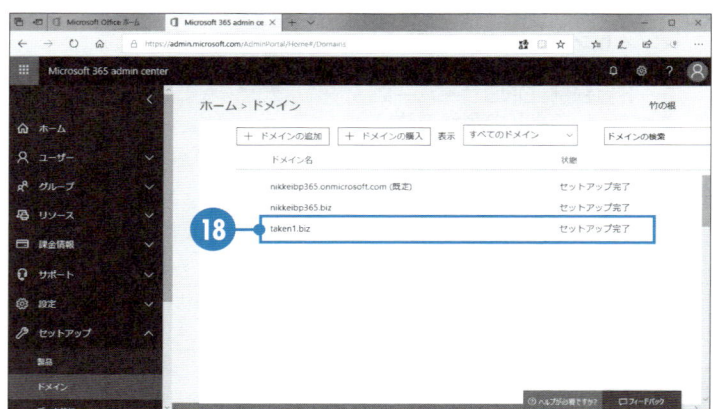

12-2-3　既定のドメインを変更する

　Office 365に登録している複数のドメインのうち、どのドメイン名を既定のドメイン名として使用するか、設定を変更できます。

　なお、この設定は全ユーザー名に自動的に強制適用されるわけではありません。たとえば、1つのOffice 365テナントでAとBの2つのドメイン名を使用している場合、ユーザーごとにAとBのどちらを既定のメールアドレスに使うか、どちらをサインイン用のユーザー名にするか、選択できます。一方で、新しく作成するユーザー名には、まず既定のドメイン名が適用されます。

①

管理センターの[セットアップ]
メニューから、[ドメイン]をク
リック。

②

新しく既定のドメイン名にした
いドメイン名をクリック。

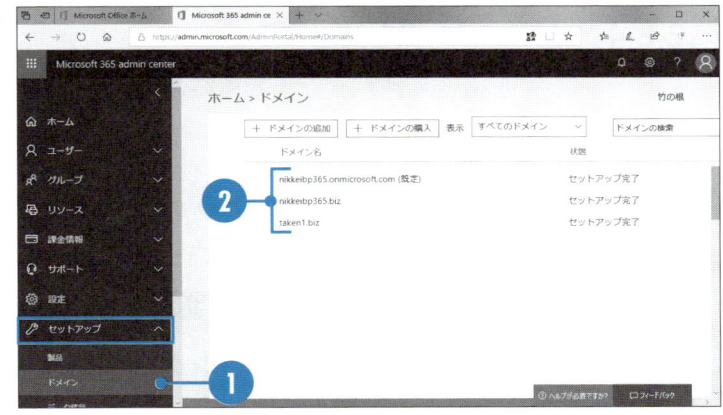

③

[既定に設定]をクリック。

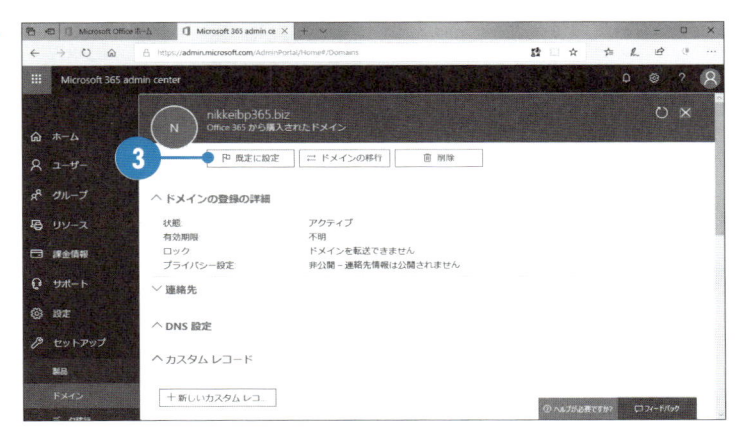

④

確認ページが表示される。

12-2-4　ドメイン名を削除する

　Office 365で使用しているドメインを削除したいときは、すべてのOffice 365サービス、すべてのユーザーがそのドメイン名を使用していないことを確認してから、削除手続きを行います。

①
管理センターの[セットアップ]メニューから、[ドメイン]をクリック。

②
削除したいドメイン名をクリック。

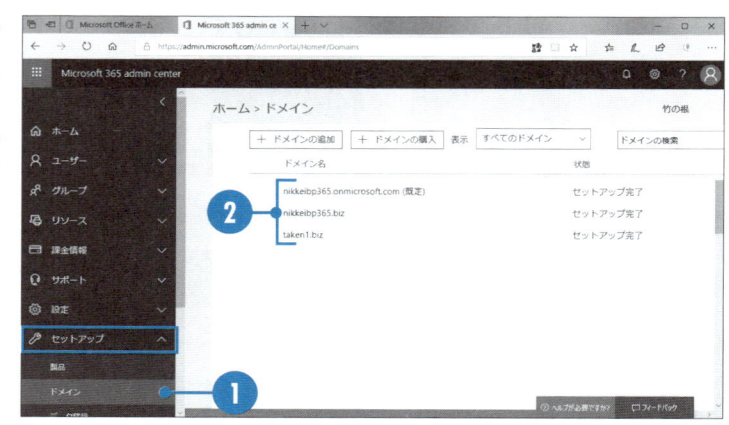

③
[削除]をクリック。

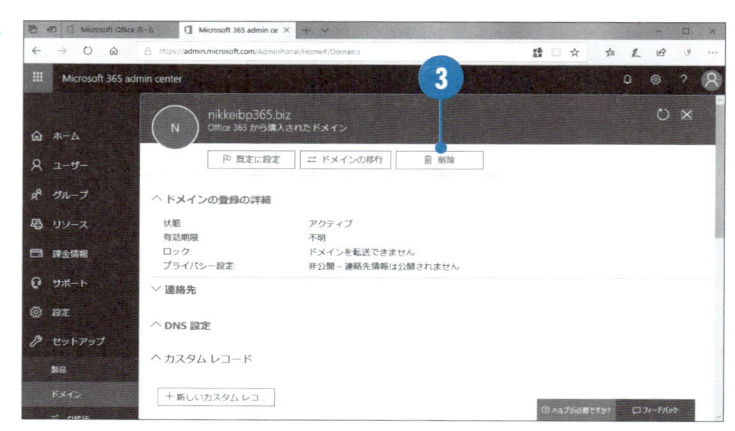

　Office 365で取得したドメイン名で、移転ロックがかかっているドメイン名を削除することはできません。その場合は、あらかじめ移転ロックを解除しておく必要があります。

12-2-5　ドメイン名を移管する

　Office 365で取得したドメイン名は、Office 365で利用する限りにおいてすべてOffice 365が自動的に管理してくれるので便利です。しかし、Office 365以外の用途で利用したい場合には、他のレジストラに移管しなければなりません。

❶
管理センターの[セットアップ]メニューから、[ドメイン]をクリック。

❷
移管したいドメイン名をクリック。

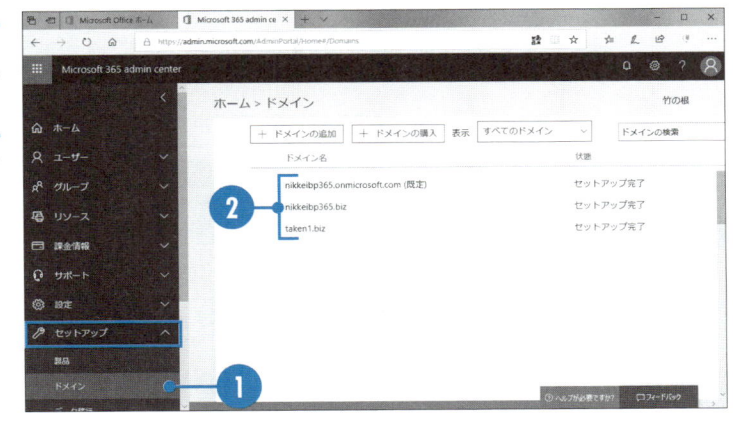

❸
[ドメインの移行]をクリック。

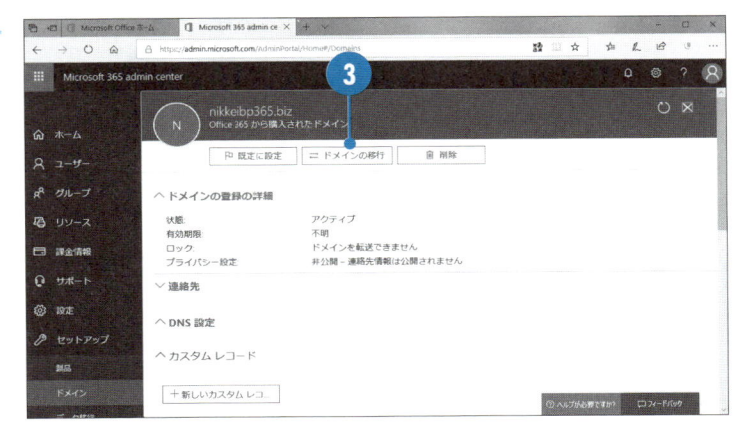

　Office 365の運用に必要なDNSレコードを登録すれば、他のレジストラや他のDNSサーバーで管理するドメイン名をOffice 365で使用可能です。12-2-2を参照してください。

組織のプロファイルを編集する

組織のプロファイルでは、Office 365の組織としての基本設定を行います。組織の名称、住所、連絡先などを設定し、必要に応じてロゴマークやデザインを設定します。基本的に、Office 365の機能にかかわる設定はありませんので、プロファイルを設定しなくてもOffice 365の使用に問題はありません。

❶
管理センターの[設定]メニューを展開し、[組織のプロファイル]をクリック。

❷
右サイドに各カテゴリの現在の設定内容と、設定を変更するための[編集]ボタンが表示される。必要に応じて、[編集]ボタンをクリックして設定を変更する。

以下、設定カテゴリを紹介します。

12-3-1　組織の情報を設定する

最初の編集項目は、組織の情報です。組織名、連絡先などの基本情報を入力または編集します。

❶
組織情報を入力する。

❷
入力が完了したら、[保存]をクリック。

　Office 365は常に進化を続けており、大きなバージョンアップから小さなバージョンアップまで、不定期にバージョンアップを行っています。特に、小さなバージョンアップは比較的頻繁に行われます。

　しかし、バージョンアップによって頻繁にOffice 365のデザインや機能が変化すると、混乱するエンドユーザーも少なくないでしょう。そこで、小さなバージョンアップであってもいち早くバージョンアップを適用して新機能を使用するか、比較的大きなバージョンアップの時にだけOffice 365のバージョンアップを適用するか、選択できます。これをリリーストラックと呼びます。

❶
リリーストラックを選択する。

❷
[次へ]をクリックし、設定の変更を確認して設定を保存する。

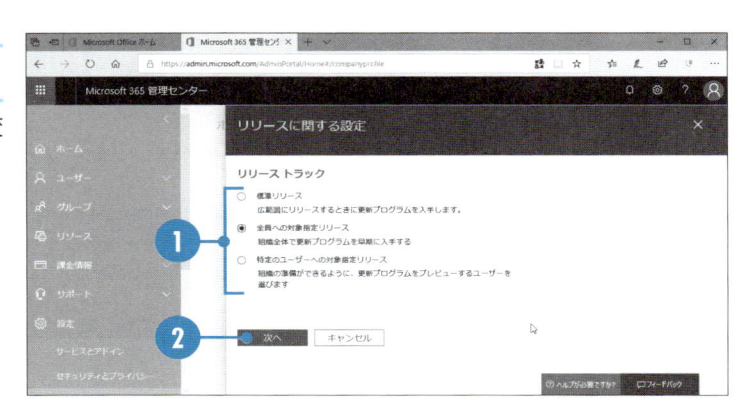

リリーストラック	リリース内容
標準リリース	多くのテナントに適用される大きなバージョンアップの時に、バージョンアップを適用する
全員への対象指定リリース	いち早くバージョンアップを適用する
特定のユーザーへの対象指定リリース	特定のユーザー（たとえば新機能をいち早く評価したいシステム管理担当者）にのみ、いち早くバージョンアップを適用する

Column

Office 365のバージョンアップ

Office 365のバージョンアップは全世界同時に行われるわけではありません。世界中にマイクロソフトのデータセンターがあり、各データセンターの中には多数のサーバーシステムがあって、マイクロソフトと契約しているユーザーのOffice 365テナントが収容されています。これらの無数のサーバーシステムを同時にバージョンアップするのは困難なので、バージョンアップは順次行われていきます。つまり、

契約しているOffice 365テナントがどのサーバーに収容されているかによって、バージョンアップが実施されるタイミングが異なることがあります。

たとえば、A社のテナントとB社のテナントのバージョンアップタイミングが異なることがありますし、同じ会社であっても複数のテナントを契約していれば、テナントによってバージョンアップのタイミングが異なることがあります。

12-3-3　組織用のカスタムテーマを管理する

組織のオリジナリティを表現するため、ロゴマークを設定したり、デザインのテーマを変更したりします。主に見た目のカスタマイズですので、Office 365の機能には影響しません。

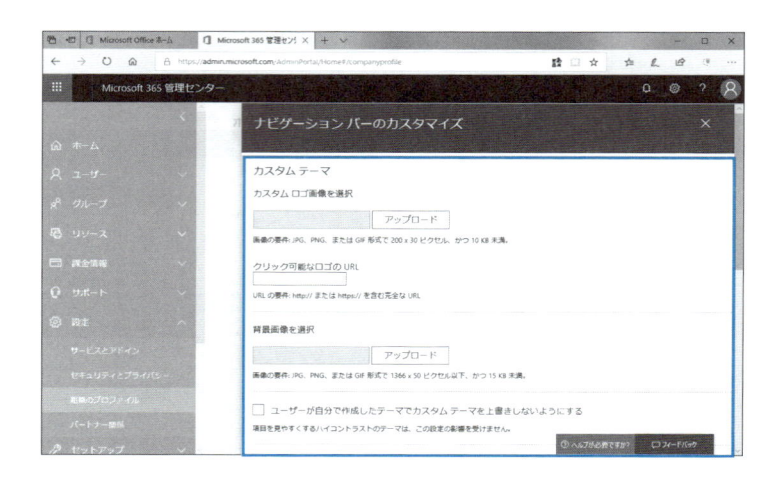

① 各種設定を行い、［保存］をクリック。

② すべての設定を削除してOffice 365の初期状態に戻したいときは、［カスタムテーマの削除］をクリック。

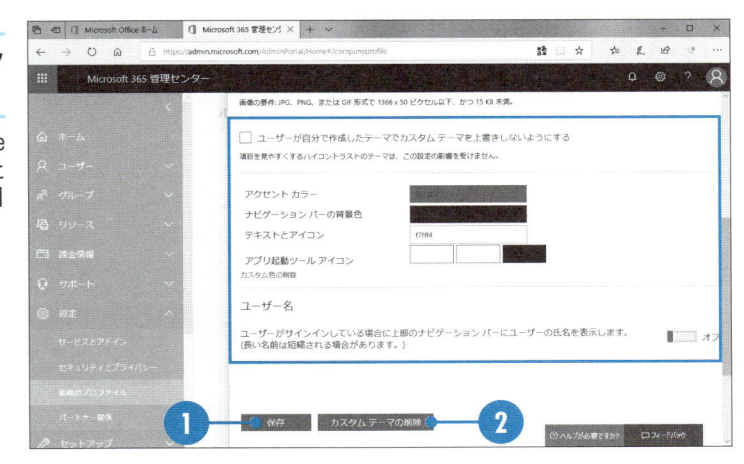

設定項目	内容
カスタムロゴ	オリジナルのロゴマークを設定する。アップロードできる画像ファイルは、200×30ピクセル、10KB未満で、JPEG、PNG、GIFのいずれかの画像形式
クリック可能なロゴのURL	ロゴマークをクリックしたときに開くWebページのURLを登録する
背景画像	Office 365ナビゲーションバーの背景画像を設定する。アップロードできる画像ファイルは、1366×50ピクセルで15KB未満、JPEG、PNG、GIFのいずれかの画像形式
ユーザーが自分で作成したテーマでカスタムテーマを上書きしないようにする	Office 365では、各ユーザーが自分でテーマをカスタマイズできるが、ユーザーによるカスタマイズを禁止したいときにオンにする
カスタム色	背景やテキストの色を設定する
ユーザー名	ナビゲーションバーに、サインインしているユーザーの名前を表示するとき、スライドスイッチをオンにする

12-3-4 組織用のカスタムタイルの追加

カスタムタイルは、Office 365のメニューをカスタマイズする機能です。

あらかじめ利用したい機能のURLを確認しておき、Office 365にカスタムタイル（Webアプリメニュー）として登録します。

❶
新規にカスタムタイルを作成するには、[カスタムタイルの…]をクリック。

❷
タイル名、カスタムタイルをクリックしたときに開きたいURL、説明、画像ファイルのURLを入力する。

❸
[保存]をクリック。

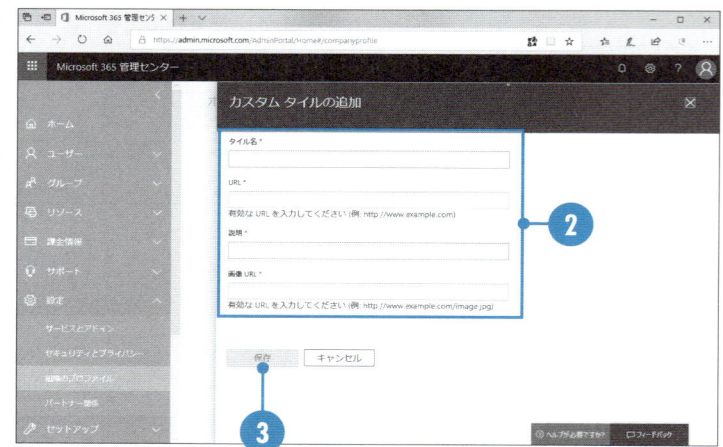

4

作成済みのカスタムタイルを削除または編集するには、目的のカスタムファイルをクリック。

5

[タイルを編集]または[タイルを削除]をクリック。

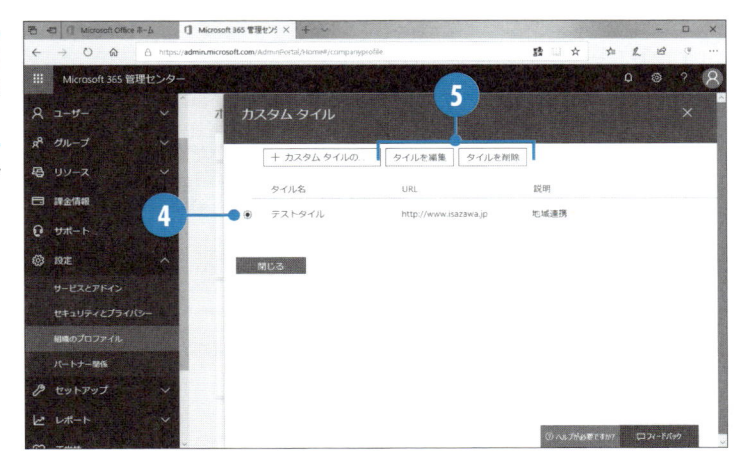

12-3-5 　カスタムヘルプデスクの連絡先情報の指定

　組織内のOffice 365担当者の連絡先をOffice 365のヘルプデスクとして登録し、エンドユーザーのOffice 365に関する問い合わせをスムーズに処理することができます。Office 365のテナント管理者、あるいは組織内にシステム部門やヘルプデスク受付窓口がある場合は、その連絡先を登録します。

1

Office 365のヘルプデスクメニューに表示したい項目のチェックマークをオンにする。

2

各項目に入力する。

3

[保存]をクリック。

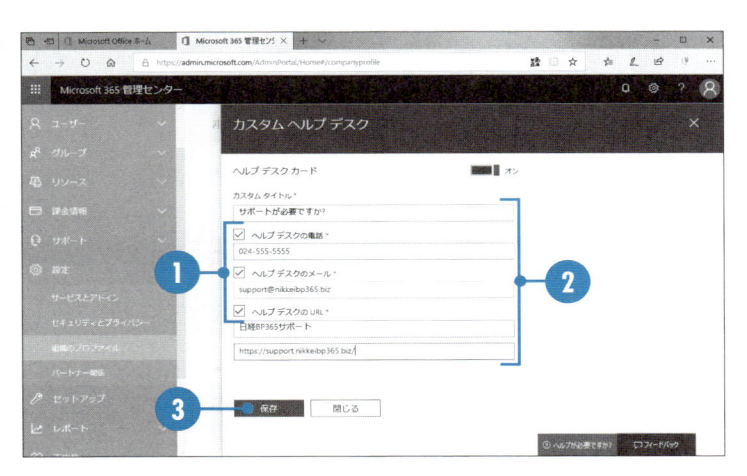

④ エンドユーザーがOffice 365の使用中に[?]をクリックすると、ヘルプデスクの連絡先が表示される。

Column

データの場所

　[組織のプロファイル]の一番下部には、[データの場所]が表示されます。Office 365を構成する主要なサーバー機能を、Office 365では「コア」とも呼びます。ここでは、契約しているテナントのコアが、どこのデータセンターに収容されているかを確認できます。ユーザー数が5000ユーザー以上であることなど、いくつかの条件を満たすと、コアごとに収容データセンターの

地域を変更するなど、Office 365のMulti-Geoサービスを利用できます。たとえば、Exchange Onlineは米国、OneDrive for Businessはイギリスのデータセンターに収容することができます。

　Multi-Geoの利用には申し込みが必要になります。マクロソフトまたはOffice 365を契約したベンダーに申し込んでください。

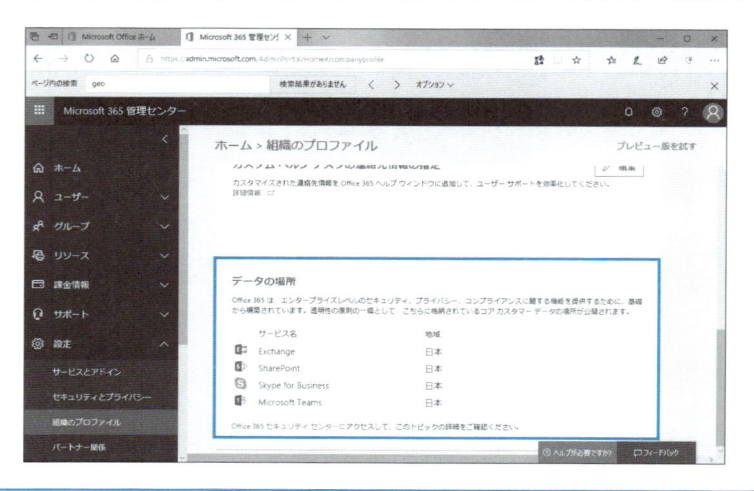

12-4 課金情報：サービスの購入と支払い

Office 365を利用するためには、必要なサービスのライセンスを必要な数だけ購入し、各ユーザーに割り当てる必要があります。ここでは、サービスの購入、現状の確認、支払方法の確認や変更を紹介します。

Office 365の管理センターを開き、［課金情報］メニューを展開してください。

12-4-1 サービスを購入する

新しいサービスを購入するとき、サービスのライセンス数を変更するとき、サービスをキャンセル（解約）するときは、管理センターから［サービスを購入する］メニューを使用します。

Office 365では、サービスの購入とは無関係にユーザーを何人でも作成できます。しかし、ユーザーが実際にOffice 365を使用するには、ユーザーが使用するサービスのライセンスを購入し、ユーザーにライセンスを割り当てる必要があります。

ユーザーの作成とライセンスの割り当てについては、12-5-1を参照してください。

❶ 管理センターの［課金情報］メニューから、［サービスを購入する］をクリック。

❷ 購入できるサービスの一覧が表示される。多数のサービスがあるので、Webページをスクロールして目的のサービスを探す。

❸ 購入済みのサービスには「購入済み」と表示される。
サービスのライセンス数を変更するとき、サービスをキャンセルするときは、手順4に進む。
新規にサービスを購入するときは手順7に進む。

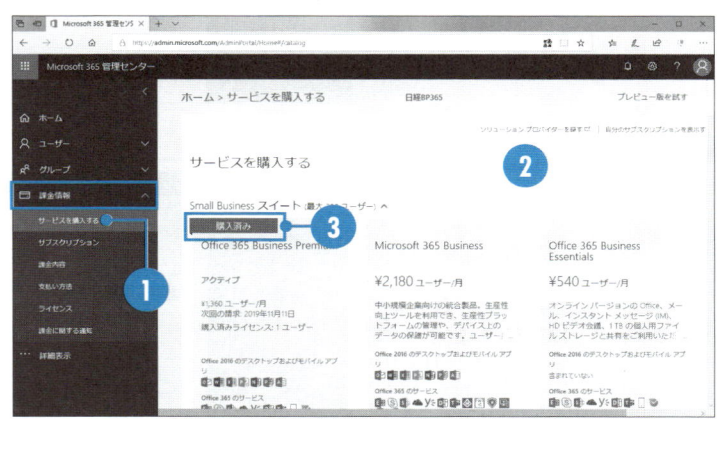

④

ライセンス数を変更したいとき、キャンセルしたいとき、プランを変更したいときは、購入済みのサービスにマウスを合わせ、ポップアップメニューの[ライセンス数の変更]をクリック。

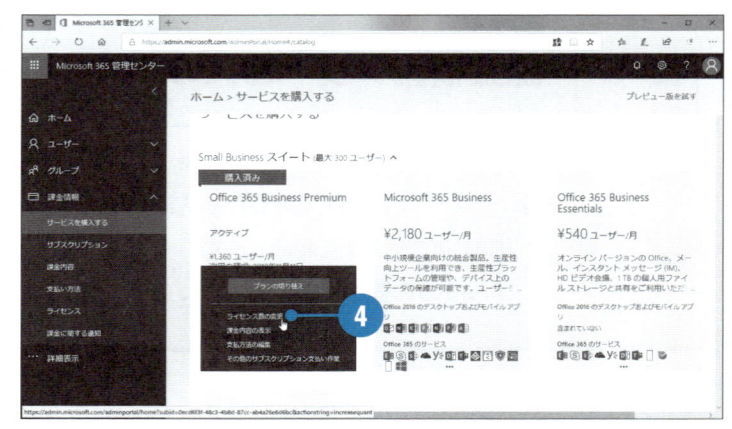

⑤

[合計ユーザー]に変更後のライセンス数を入力する。
サービスをキャンセル(解約)したいときは、[合計ユーザー数]に「0」を設定して、キャンセル手続きを行う。

⑥

[送信]をクリック。

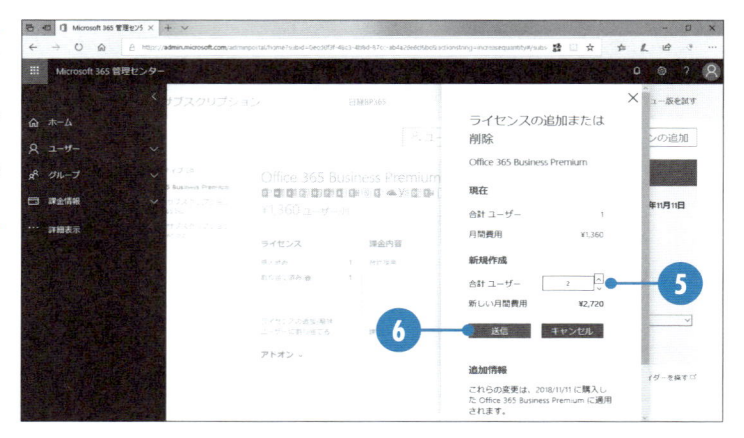

⑦

新規にサービスを購入するときは、購入するサービスにマウスを合わせて、ポップアップメニューの[今すぐ購入]をクリック。
※サービスによっては、[無料試用の開始]ボタンが表示されて、一定期間(通常30日)の無料試用を申し込める。無料試用を申し込む際には、本人確認のための電話番号認証などの手続きが必要になる。無料試用期間終了前にサービスを購入すれば、無料試用ライセンスで作成したデータもそのまま正式ライセンスに継承できる。

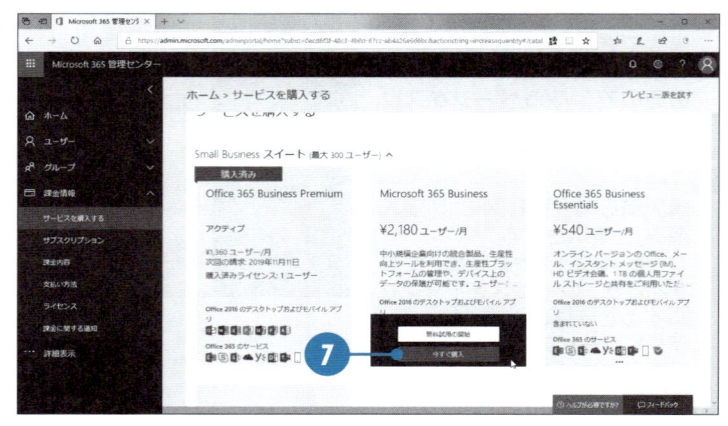

⑧ 支払方法をクリックして選択する。

⑨ 購入するライセンス数を入力する。

⑩ [今すぐ支払う]をクリックすると、金額や支払方法の確認を経て、サービスの購入が完了する。

⑪ [カートに追加]をクリックすると、いったん、この購入をカートに入れる。ページ右上に[カート]アイコンが表示されるので、購入時にはカートアイコンをクリックして、手続きを行う。

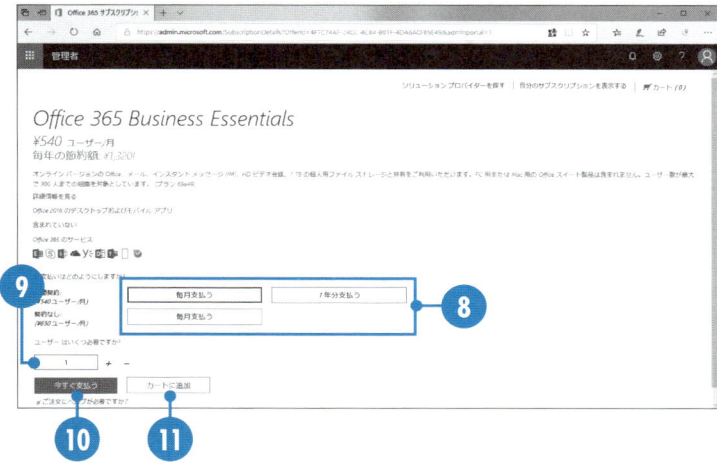

支払い方法の違いは以下のとおりです。

支払い方法	内容
年間契約：毎月支払う	1年単位の契約だが、月払いとなる。1か月単位の契約よりも安価
年間契約：1年分支払う	1年単位の契約で、1年分を一括払いする。1か月単位の契約よりも安価
契約なし：毎月支払う	1か月単位の契約で、月払いとなる。月ごとに契約数の変更やキャンセルが可能。ユーザー数の増減が比較的頻繁にある場合に便利である

※サービスによっては、1年単位の契約のみで、1か月単位の契約ができないサービスもあります。

12-4-2　サブスクリプションを確認・変更する

　Office 365 では、サービスを契約中であることをサブスクリプション（subscription：購読）と呼びます。サブスクリプションの状況を確認したり、契約内容、支払方法を変更したり、あるいはプランを変更したりできます。

　プランの変更は、新サービスの購入とは異なりますので注意してください。

　たとえば、今まで Business Essentials プランを利用していて、新規に Business Premium プランを購入した場合、新規購入のプランは何もデータが保存、設定されていないまっさらな状態です。またすでに契約していた Business Essentials のライセンスがなくなるわけではありません。あくまで追加購入です。一方、使用していた Business Essentials プランを Business Premium にプラン変更した場合は、今まで利用していた Business Essentials のデータや設定はそのまま Business Premium に移行し、Business Essentials のライセンスはなくなります。Business Essentials が Business Premium に置き換わると考えてください。

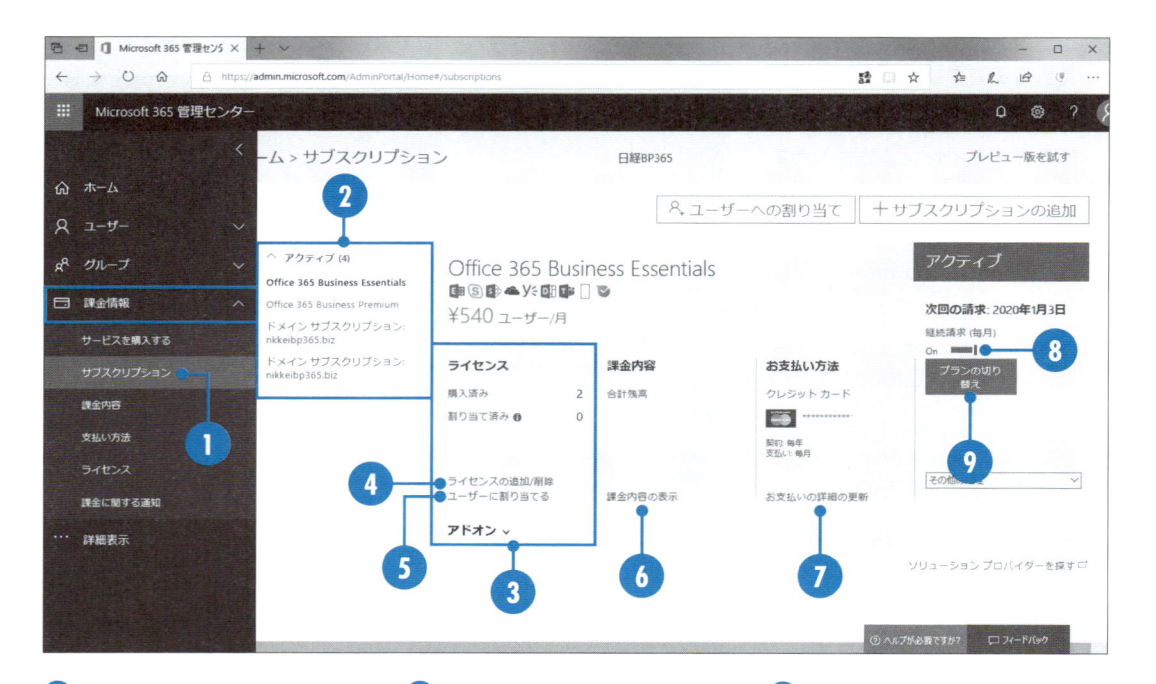

1 管理センターの[課金情報]メニューから、[サブスクリプション]をクリック。

2 [アクティブ]欄に、現在契約しているサブスクリプション・サービスの一覧が表示される。契約内容を確認したいサブスクリプションをクリック。Office 365の通常のサービスだけでなく、Office 365でドメイン名を取得した場合は、ドメイン名の維持管理もサブスクリプションとして表示される。

3 [ライセンス]欄には、購入したライセンス数と、ユーザーに割り当て済みのライセンス数が表示される。

4 [ライセンスの追加/削除]をクリックすると、ライセンスの追加購入やキャンセルを行える。12-4-1を参照。

5 [ユーザーに割り当てる]をクリックすると、ライセンスのユーザーへの割り当てを変更できる。12-5を参照。

6 [課金内容の表示]をクリックすると、課金情報を閲覧できる。請求書・領収書のPDFファイルをダウンロードできる。

7 [お支払いの詳細の更新]をクリックすると、支払方法を変更できる。

8 [継続請求]をオフにすると、契約の自動更新請求が停止する。

9 [プランの切り替え]をクリックすると、このプランを他のプランに変更できる。手順10に進む。

⑩ 変更可能なプランの一覧が表示されるので、新しく利用するプランをクリックして選択する。

⑪ 変更後の料金や注意事項を確認し、[重要な...]チェックボックスをオンにする。

⑫ [次へ]をクリックして、プランの変更手続きを行う。
プランの変更に際しては注意が必要である。機能的に現在より上位のプランへの変更...たとえば、Business Essentialsから Business Premiumへの変更の場合には問題はない。今まで使用していたデータや設定環境は、そのまま新プランに移行できる。しかし、機能的に現在より下位のプランに移行した場合、新プランでサポートされていない機能に関するデータや設定は失われる。

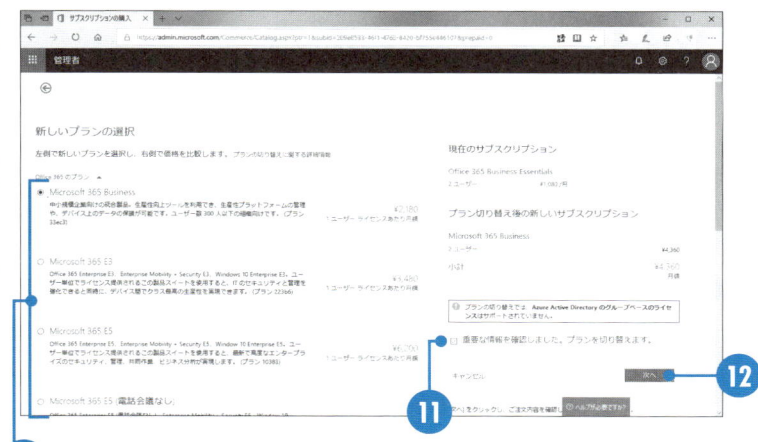

12-4-3　課金内容を確認する

現在の課金状況を確認したり、請求書PDFファイルをダウンロードしたりできます。

❶ 管理センターの[課金情報]メニューから、[課金内容]をクリック。

❷ 確認したい期間を選択する。

❸ [表示]をクリック。

❹ [請求書(.pdf)を表示する]をクリックすると、PDFファイルの請求書を表示、ダウンロードできる。組織の経理手続きなどに使用できる。

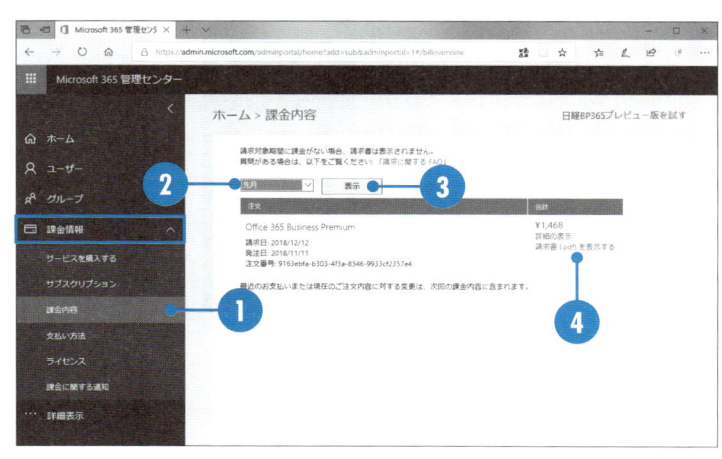

12-4-4 ライセンスを確認する

現在契約中のライセンスを確認できます。

① 管理センターの[課金情報]メニューから、[ライセンス]をクリック。

② 現在契約中のサービス(ライセンスの種類)、ライセンスの数量、ユーザーへの割り当て済みライセンス数などが表示される。

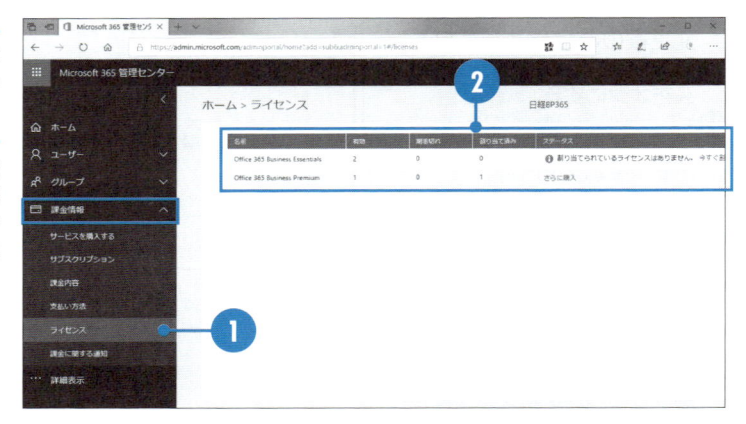

12-4-5 課金に関する通知を設定する

請求書をテナント管理者にメールで通知するかどうか設定します。

① 管理センターの[課金情報]メニューから、[課金に関する通知]をクリック。

② 請求書を管理者にメールで通知するとき、スライドスイッチをオンにする。メール通知が不要なときはオフにする。

12-5 ユーザーを管理する

Office 365のテナント管理者は、Office 365を使用するユーザーのアカウントを管理します。ユーザー名やパスワードの設定、メールアドレスの設定、権限の設定、利用できるOffice 365サービスのライセンスの割り当てなどを行います。

12-5-1 ユーザーを追加する

ここでは、ユーザーを1人ずつ追加作成する手順を紹介します。

あらかじめ以下の情報を確認しておいてください。

項目	内容
ユーザー名	ユーザーアカウントの名称。Office 365にサインインするときのユーザー名であり、メールアドレスでもある。したがって、インターネットメールアドレスとして使用できる名前でなければならない。
名前（表示名）	ユーザーの表示名称。通常は本名を使用する
ドメイン名	Office 365で複数のドメイン名を使用している場合は、ユーザー名にどのドメイン名を使用するか決めておく
初期パスワード	管理者が設定することも、Office 365に自動生成させることもできる
アクセス権（管理権限）	一般ユーザーか、全体管理者（テナント管理者）か、一部のサービスにだけ限定的な管理権限を持つカスタム管理者か、設定する
製品ライセンス	Office 365のどのサービスを使用できるようにするのか、設定する。ユーザーアカウントだけを作成し、製品ライセンスを割り当てない設定も可能。その場合、ユーザーはどのサービスも利用することができない
メールアドレス	Office 365で割り当てるメールアドレス以外に、連絡先として使用できるメールアドレスがあれば確認しておく

設定を行うには、Office 365の管理センターを開いてください。

❶ 管理センターの［ユーザー］メニューから、［アクティブなユーザー］をクリック。

❷ ［ユーザー］をクリック。

❸

姓名を入力する。
※赤い＊印が表示されている設定項目は、必須項目。

❹

姓名以外の表示名を使用したいときは、表示名を入力する。

❺

ユーザー名を入力する。メールアドレスの＠より前の部分となる。

❻

ユーザー名に使用するドメイン名を選択する。

❼

[場所]を選択する。

❽

[連絡先情報]をクリックして、連絡先の入力項目を展開する。

❾

各連絡先情報を入力する。
※連絡先情報は必須入力項目ではないが、連絡先情報を入力しておくことで、実際にOffice 365を運用しているときにユーザー検索などに役立つ。

❿

[連絡先情報]をクリックして、連絡先の入力項目を畳む。

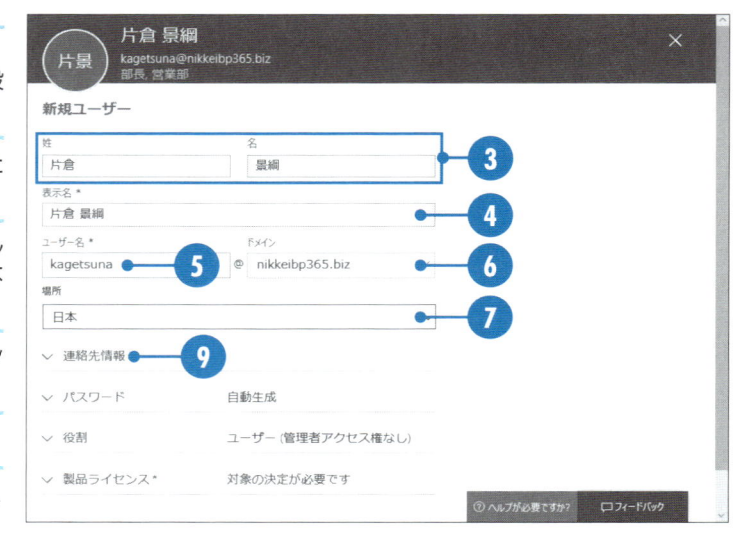

⓫

[パスワード]をクリックして展開する。

⓬

パスワードを設定する。

項目	内容
自動生成のパスワード（推奨）	Office 365のシステムがパスワードを自動生成する
自分でパスワードを作成する	管理者がパスワードを入力する
ユーザーが初回サインイン時にパスワードを変更する（推奨）	オンにすると、ユーザーが初めてサインインするときに、新しいパスワードの入力を求める

⓭

[役割]をクリックして展開する。

⓮

[ユーザー]、[全体管理者]、[カスタム管理者]から、役割を選択する。カスタム管理者を選択した場合は、どの機能を管理するのか、詳細な選択肢が表示される。

⓯

Office 365以外の連絡先として使用できるメールアドレスがあるとき、設定する。Office 365ユーザーアカウントのパスワードリセット時の連絡先として使用する。

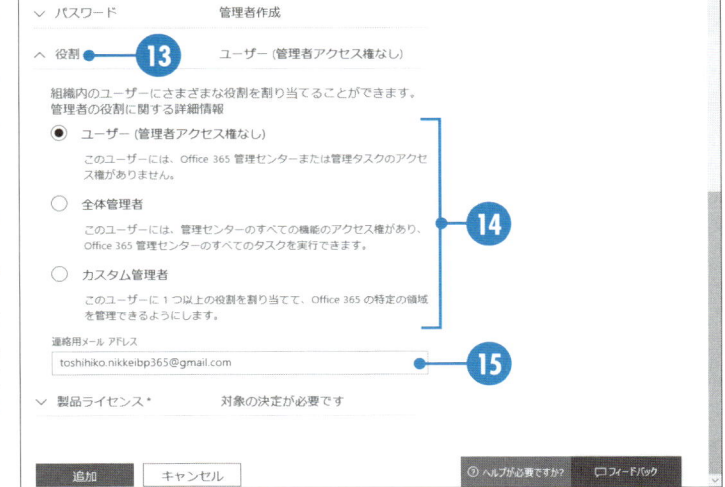

⑯

[製品ライセンス]をクリックして展開する。

⑰

このユーザーに割り当てる製品ライセンスのスライドスイッチをオンにする。
未使用のライセンスがない場合は、ライセンスの追加購入手続きが行われる。このリストに表示されていないサービスのライセンスを割り当てたいときは、管理センターの[課金情報]からサービスを追加購入する。マイクロソフトとの直接契約ではなく、ベンダーを介して契約している場合、ライセンスの追加購入やサービスの追加購入、あるいは解約に関しては、ベンダー担当者に連絡して書類手続きが必要になる場合がある。

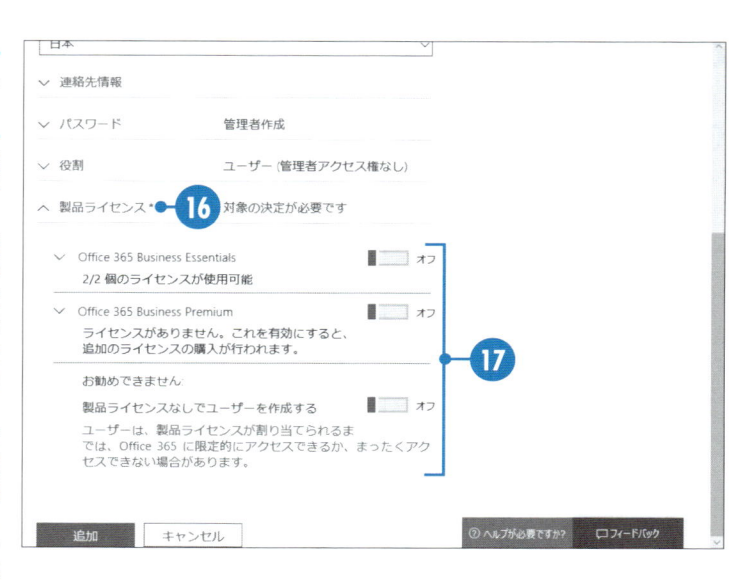

⑱

ライセンスをオンにすると、そのサービスに含まれる機能のリストが表示される。ユーザーに使用を許可する機能のオン、オフを詳細に設定できる。
たとえば、Skype for Businessの利用を禁止している組織では、Skype for Businessをオフにする。

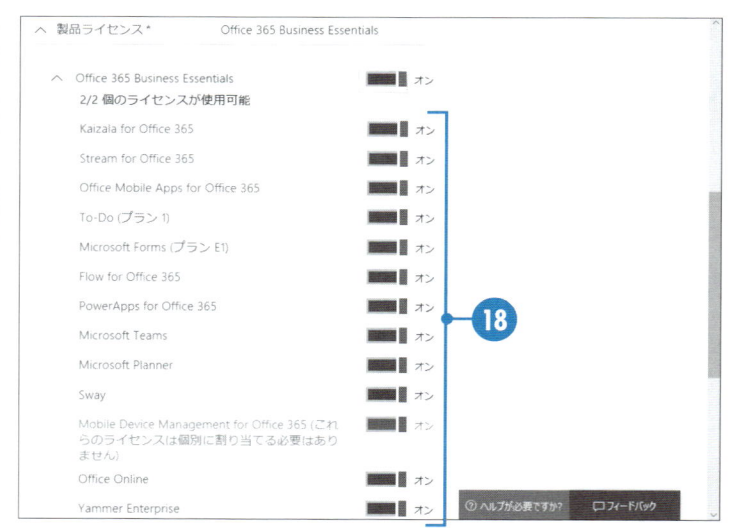

⑲
すべての設定が完了したら、[追加]をクリック。

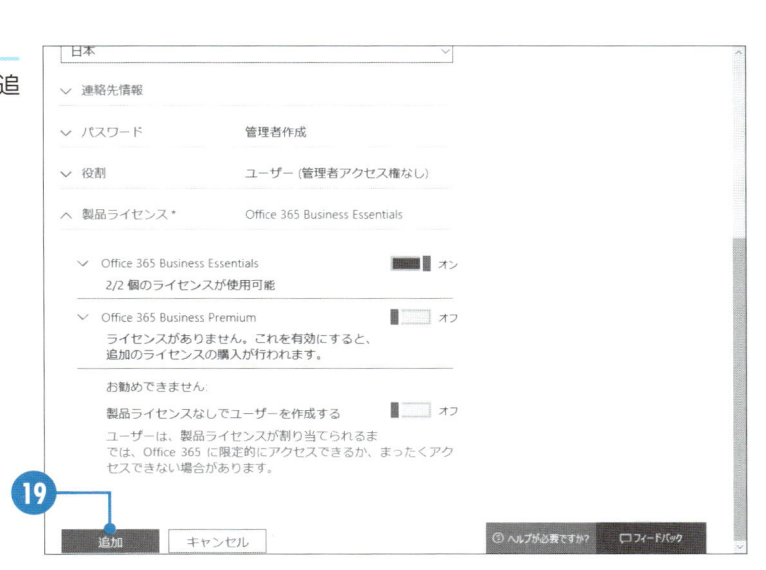

⑳
Office 365がパスワードを自動生成した場合は、必要に応じてパスワードをメモする。

㉑
パスワードをメール通知するときは、チェックボックスをオンにする。
ユーザーがOffice 365以外の連絡先メールアドレスを持っているとき、パスワードをそのメールアドレスに通知する。また、管理者が自分のメールアドレス宛てにパスワードを通知して、パスワードの控えとして利用することもできる。

㉒
パスワードをメール通知するメールアドレスを入力する。

㉓
ユーザーの追加作成を終了するときは、[メールを送信して閉じる]をクリック。

㉔
引き続きユーザーを追加作成するときは、[別のユーザーを追加します]をクリック。

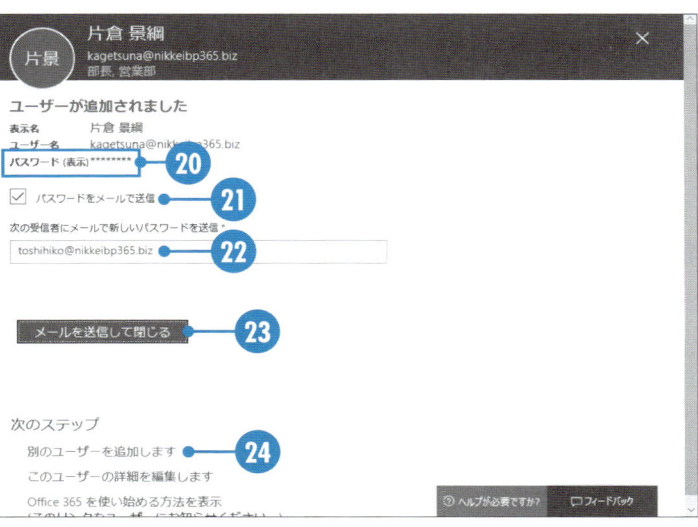

12-5-2 ユーザー設定を編集する基本操作

ユーザー設定を変更するための基本操作のパターンを紹介します。

対象ユーザーを選択してから、どの機能の設定を変更するか、「誰に、何を設定する」という操作パターンと、設定を変更する機能を選択してから、対象ユーザーを選択する、「何を、誰に設定する」という操作パターンがあります。状況に応じて便利な方を使用してください。

❶ 管理センターの［ユーザー］メニューから、［アクティブなユーザー］をクリック。
初期状態では、すべてのユーザーが一覧表示される。

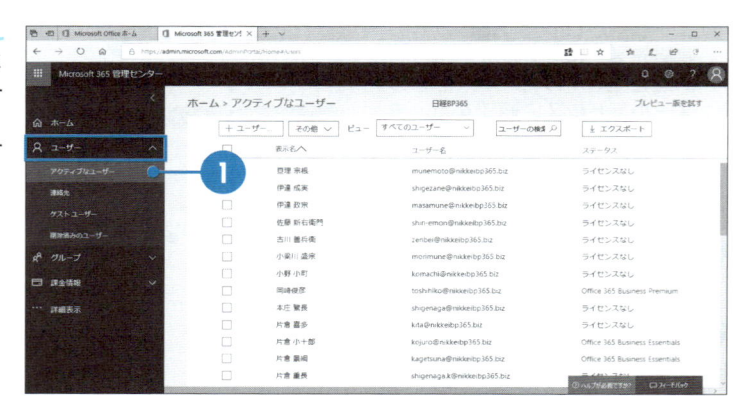

②
ユーザーを種類で絞り込みたいときは、[ビュー]からユーザーの種類を選択する。

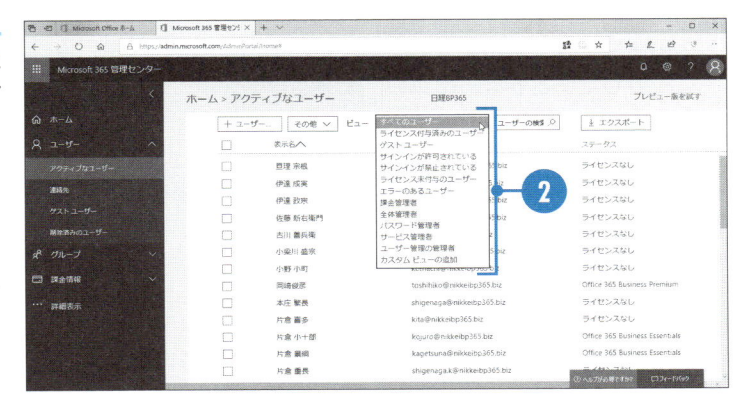

③
ユーザーをキーワードで絞り込みたいときは、[ユーザーの検索]に、検索するキーワードを入力する。ユーザー名の一部、表示名の一部、あるいは電話番号の一部など、さまざまなユーザー情報から検索を行える。

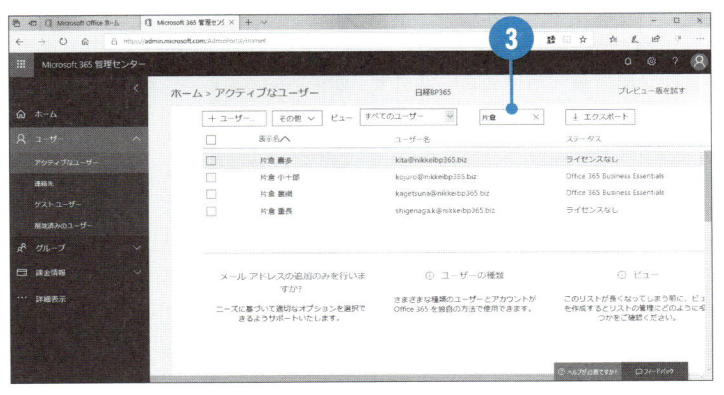

④
単独のユーザーの設定を変更するときは、ユーザー名一覧から、設定を変更するユーザーをクリック。ユーザーを追加作成するときと同様のユーザー設定ページが表示される。

⑤
各設定項目をクリックして、設定を変更する。

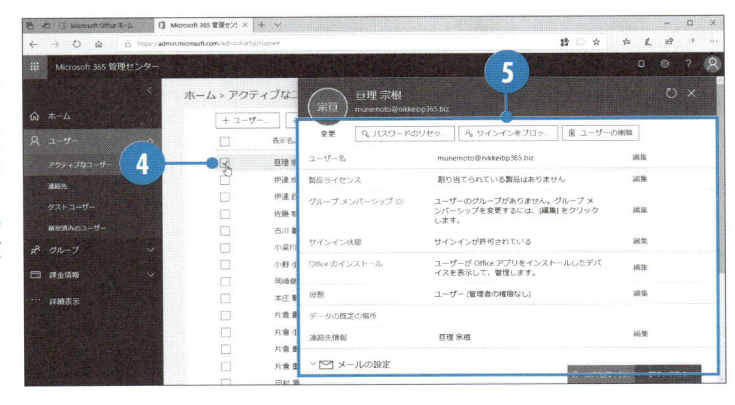

⑥

複数のユーザーの設定を同時に変更したいときは、複数のユーザーのチェックボックスをオンにする。複数のユーザーに同時に設定できる項目だけが表示される。

⑦

[一括操作]ページから、変更したい項目をクリック。

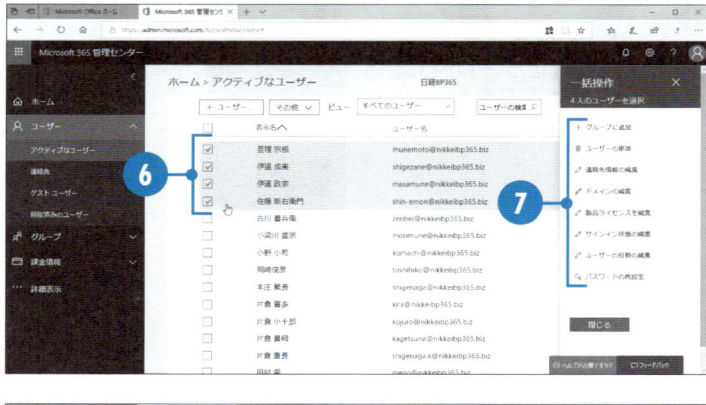

⑧

変更する設定内容を選択してから対象者を選択するには、[その他]から変更したい項目を選択する。

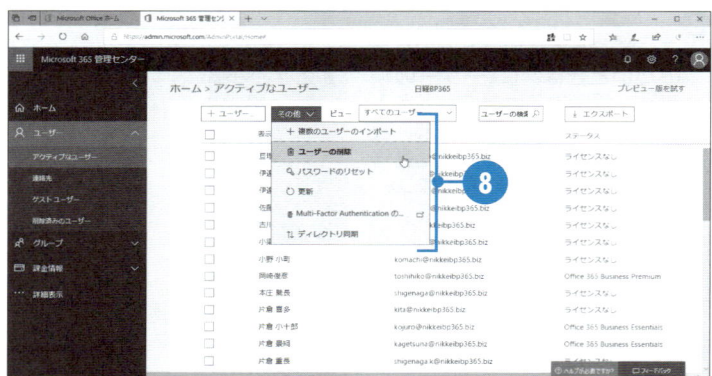

⑨

設定を変更する対象者のチェックボックスをオンにして、設定を変更する。このとき、検索ボックスにキーワードを入力して、一覧表示するユーザーを絞り込むこともできる。

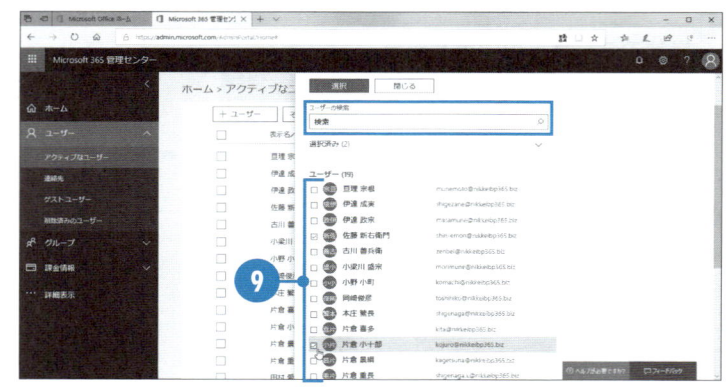

⑩

[選択]をクリックして、設定を変更する。
なお、ユーザー設定を編集後、管理センターに変更が反映されていないときは、[その他]から[更新]をクリック。

12-5-3 ユーザー設定を編集する

　ユーザー設定の編集できる項目は以下のとおりです。編集メニューの呼び出し方は、前項の基本操作を参照してください。また、同じ設定が異なるメニュー名で表示される場合もあります。

ユーザー設定編集メニュー	編集内容
変更（ユーザーアイコン）	ユーザーアイコンの肖像を変更する
パスワードのリセット、パスワードの再設定	パスワードを管理者が再設定する
サインインをブロック、サインイン状態の編集	Office 365 へのサインインの許可またはブロックを設定する
ユーザーの削除	ユーザーを削除する
ユーザー名、メール、エイリアス	サインインするユーザー名やドメイン名を変更する。また、エイリアスを追加または編集する。ユーザー名は Exchange Online（Office 365 Outlook）のメールアドレスでもある
製品ライセンス、製品ライセンスを編集	Office 365 サービスのライセンスの割り当てを変更する
グループメンバーシップ	グループへの参加、脱退を行う
Office のインストール	Office デスクトップアプリ（Outlook、Word、Excel、PowerPoint など）のインストール状況を管理する
役割、ユーザーの役割の編集	エンドユーザーか、管理者か、ユーザーの役割（権限）を変更する
連絡先情報、連絡先情報の編集	所属、役職、表示名、住所、電話番号などのユーザー情報を編集する
メールの設定	メールボックスのアクセス許可や、メールの転送、メールの自動応答等を設定する
OneDrive の設定	OneDrive のアクセス許可やクォータ（割り当て容量制限）などを編集する
Skype for business のプロパティの編集	Skype for Business 管理センターを開き、Skype for Business の設定を編集する
多要素認証の管理	二要素認証などの多要素認証の設定を編集する
グループに追加	複数のユーザーを一括してグループに追加する
ドメインの編集	複数のユーザーのユーザー名のドメイン名を一括して変更する

12-5-4 肖像を登録する

　ユーザーがサインインしているとき、あるいはメール送信や情報共有のために他のユーザーを選択するとき、ユーザーアイコンを表示します。初期設定では、ユーザーアイコンはユーザーの表示名のイニシャルとなります。このユーザーアイコンを、ユーザーのプロフィール写真やイラストなどの画像に変更できます。

　使用する画像は、JPEG、PNG、GIF のいずれかの形式で、正方形（縦横のピクセル数

が同じ）にしてください。正方形でない場合、Office 365 は強制的に正方形に変形します。トリミングではなく変形なので、本来の画像よりも縦長になったり横長になったり、画像がゆがみます。

ただし、肖像を設定できるユーザーは、メールボックスを所有しているユーザー、つまり、Exchange Online を含むライセンスを割り当てられているユーザーです。

① 管理センターの[ユーザー]メニューから、[アクティブなユーザー]をクリック。

② 肖像画像を設定するユーザーをクリック。

③ ユーザーアイコンをクリック。

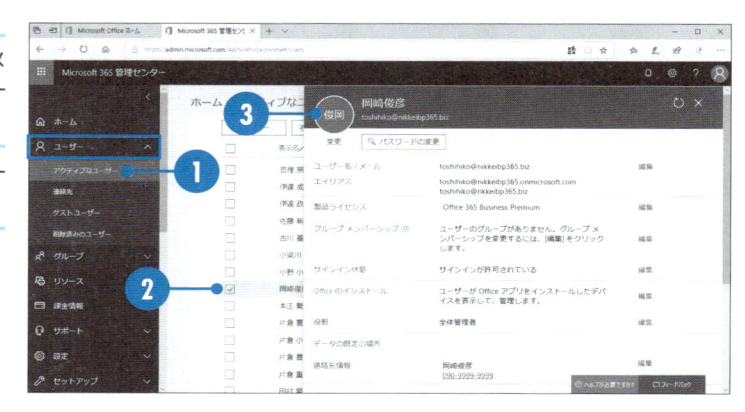

④ [写真の選択]をクリックし、あらかじめ用意した肖像画像ファイルを選択する。

⑤ 表示された写真に間違いがなければ、[アップロード]をクリックして、肖像画像を設定する。

12-5-5　パスワードをリセットする

ユーザーがパスワードを失念しても、現在設定されているパスワードを表示する方法はありません。その場合は、パスワードの再設定…リセットを行います。

① 管理センターの[ユーザー]メニューから、[アクティブなユーザー]をクリック。

② パスワードをリセットするユーザーをクリック。

③ [パスワードのリセット]をクリック。
以降は、ユーザーを追加作成するときのパスワードの設定と同じである。12-5-1を参照。

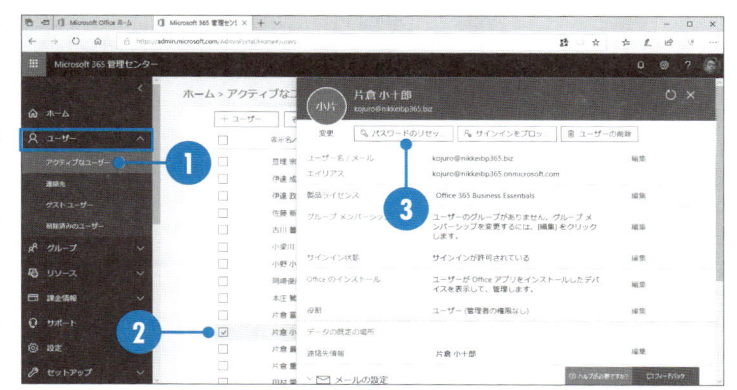

12-5-6　サインインをブロックする・許可する

ユーザーアカウントが第三者に不正使用された可能性がある場合など、一時的にユーザーアカウントを停止し、Office 365 にサインインできないようにしたいことがあります。その場合は、サインインをブロックしてください。

① 管理センターの[ユーザー]メニューから、[アクティブなユーザー]をクリック。

② サインインをブロック/許可するユーザーをクリック。

③ [サインインをブロック]をクリック。

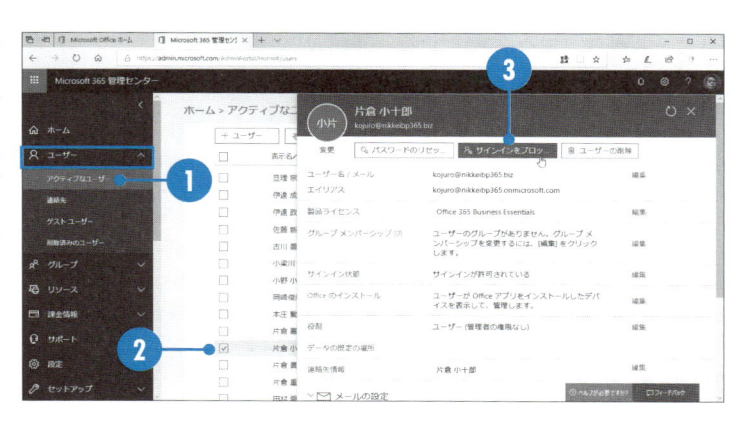

④

ユーザーのサインインを許可するか、ブロックするか、選択する。

⑤

[保存]をクリックして、設定を適用する。

片倉 小十郎
kojuro@nikkeibp365.biz

サインイン状態の編集

○ ユーザーによるサインインを許可する
　この設定が有効になるまでに最大で 15 分かかる場合があります。

● ユーザーによるサインインをブロックする
　この設定では新たなサインインを即座にブロックします。ユーザーが既にサインインしている場合は、60 分以内に Microsoft のすべてのサービスから自動的にサインアウトします。

④

保存　　キャンセル

⑤

ワンポイント アドバイス

- あるユーザーのパスワードやユーザー名が別の人物によるセキュリティ侵害を受けた可能性があると考えられる場合は、ユーザーをブロックすることをお勧めします。ブロックすると、だれもこのユーザーとしてサインインできなくなります。

- ブロックしても、そのアカウントでのメールの受信は停止されませんし、データが削除されることもありません。

- 管理者のみがユーザーのブロックを解除できます。

12-5-7　ユーザーを削除する

　ユーザーを削除する場合は、ユーザーがOffice 365のクラウドサービスに保存していたデータや設定をどうするか（抹消するのか、他のユーザーに引き継ぐのか）、ユーザーが使用していたサービスのライセンスをどうするのか（解約するのか、他のユーザーに割り当てるのか）、あらかじめ方針を決めておいてください。

　Office 365には、ユーザーを削除する際、後任者に引き継ぎしやすい優れた機能があります。

❶

管理センターの[ユーザー]メニューから、[アクティブなユーザー]をクリック。

❷

削除するユーザーをクリック。

❸

[ユーザーの削除]をクリック。

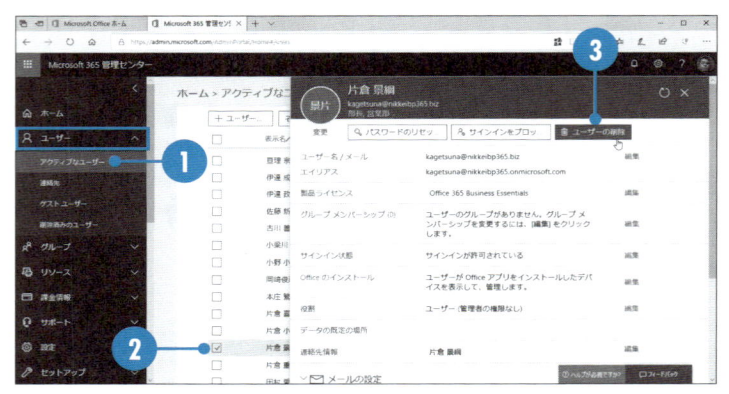

④
ユーザーが使用していたライセンスを削除（解約）するのか、ライセンスを残すのか、選択する。

⑤
チェックボックスをオンにすると、OneDriveに保存したデータを残し、他のユーザーが利用できるようになる。

⑥
OneDriveのデータを利用できるユーザーを設定する。

⑦
チェックボックスをオンにすると、メールボックスを残し、他のユーザーが削除したユーザーのメールボックスにアクセスできるようになる。この場合、メールボックスは共有メールボックスに変換される。

⑧
メールボックスを残す場合、共有メールボックスにアクセスできるユーザーを設定する。メールボックスを残さない場合は、手順⑳に進む。

⑧
共有メールボックスにアクセスできるユーザーをクリック。

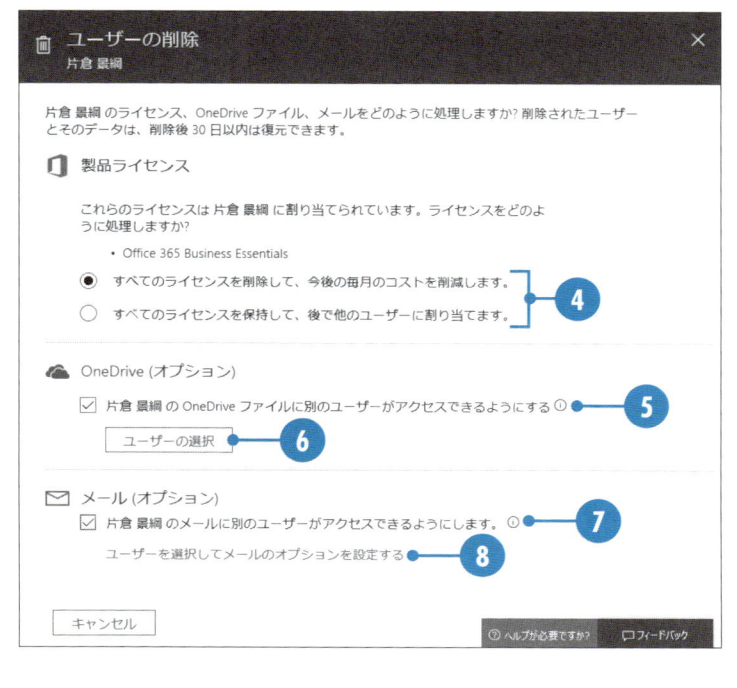

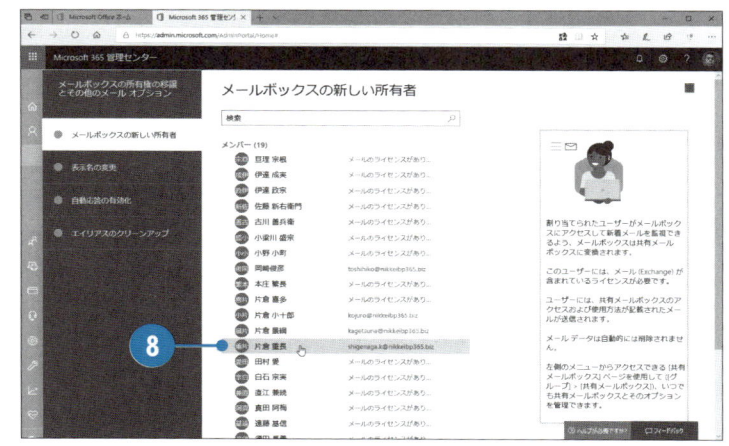

9

ページ下部までスクロールし、[次へ]をクリック。

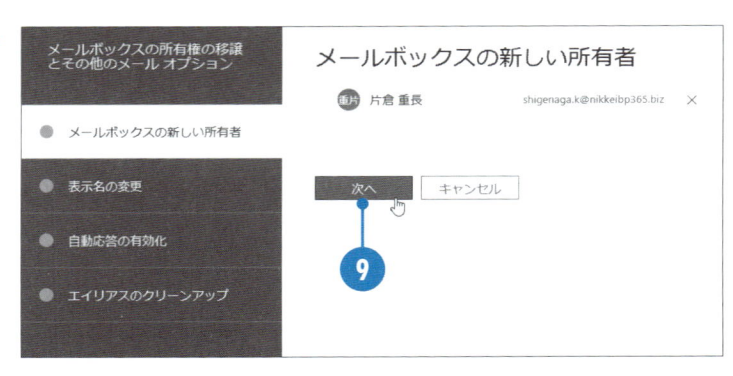

10

共有メールボックスを、削除するユーザーの表示名のまま残すのか、変更するのか、選択する。変更する際は、新しい表示名を入力する。

11

[次へ]をクリック。

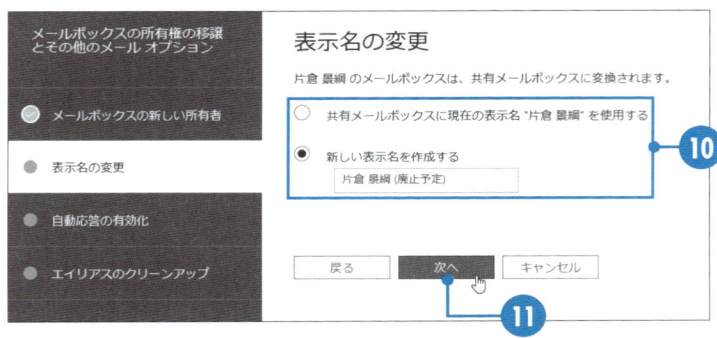

12

スライドスイッチをオンにすると、削除するユーザー名のメールアドレスにメールが着信したときに、自動応答メールを返信する。

13

自動応答メッセージを入力する。

14

組織（テナント）内からのメールに対してだけ自動応答するか、組織（テナント）外からのメールに対しても自動応答するか、選択する。

15

組織内と組織外で自動応答のメッセージを分けるとき、オンにする。

16

組織内と組織外で自動応答のメッセージを分けるとき、組織外に送信する自動応答メッセージを入力する。このとき、手順13で設定したメッセージは組織内へのメッセージとなる。

17

[次へ]をクリック。

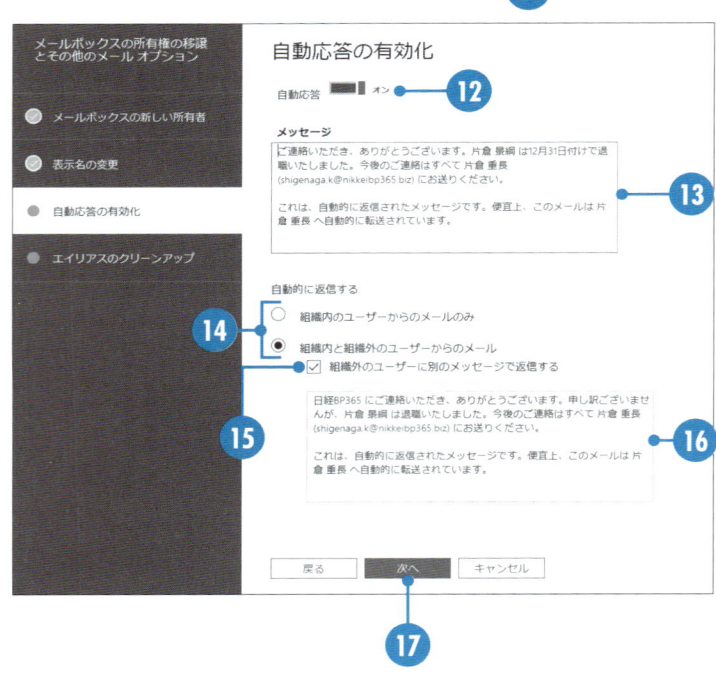

⑱
削除するユーザーのエイリアス
メールアドレスを削除する際
は、[×]をクリック。

⑲
[完了]をクリック。
※一般的には、ユーザーを削除
した後でも、取引先などから
重要なメールが届く可能性が
あるため、当面の間メールア
ドレスを有効にしておく。

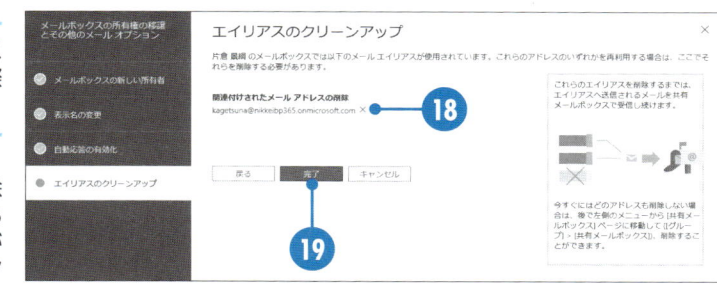

⑳
設定を確認し、[アクセス許可の
割り当てとユーザーの変換
を...]をクリック。

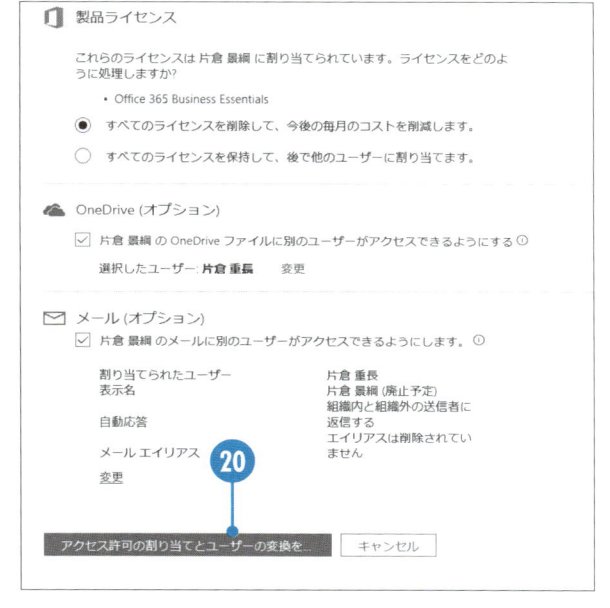

㉑
削除に伴う設定変更を確認し、
[変更を確定する]をクリックし
て削除を実行する。利用状況、
変更内容によって、削除が完了
するまで数分以上かかることが
ある。

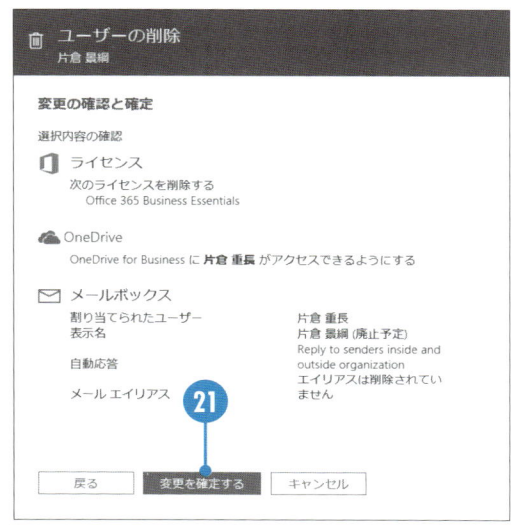

12-5-8　ユーザーをエクスポートまたはインポートする

　Office 365 では、ユーザー設定情報を CSV ファイルとしてエクスポート（ダウンロード）できます。また、同じ形式の CSV ファイルを作成すれば、ユーザー情報をインポート（アップロード）して、多数のユーザーを一括追加できます。

　CSV ファイルをインポートする際は、一度ユーザー情報をエクスポートし、エクスポートファイルを Excel などで編集して作成するとよいでしょう。

　ユーザーをエクスポートするには、以下の手順を行います。

❶ 管理センターの[ユーザー]メニューから、[アクティブなユーザー]をクリック。

❷ [エクスポート]をクリック。

❸ [続行]をクリック。

❹ ダウンロードファイルを保存する。

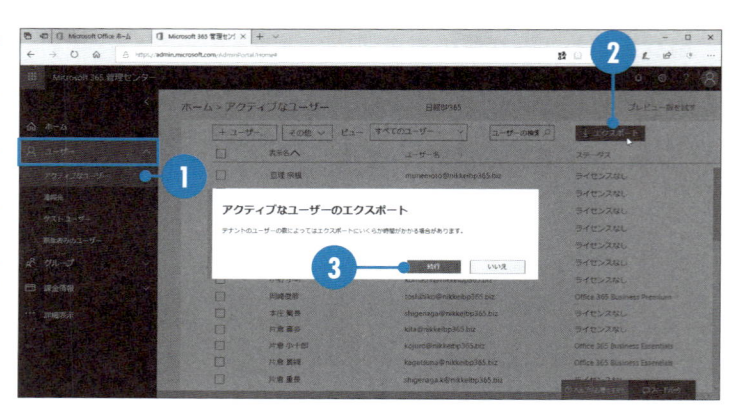

❺ ダウンロードした CSV ファイルを Excel で開いた例。

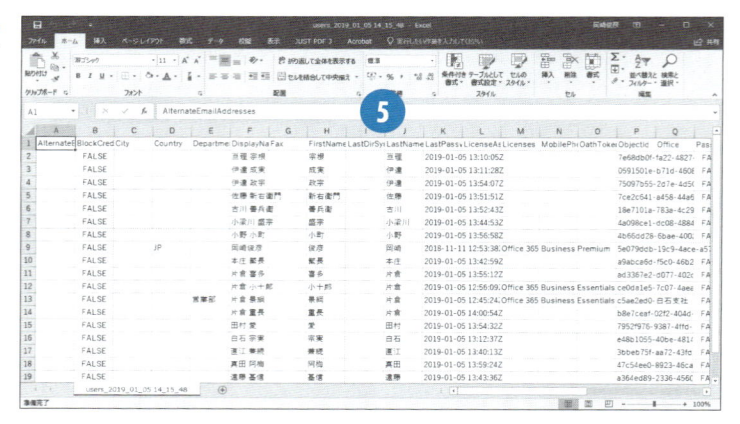

ユーザーをインポートするには、以下の手順を行います。

1 管理センターの[ユーザー]メ
ニューから、[アクティブなユー
ザー]をクリック。

2 [その他]から[複数のユーザー
のインポート]をクリック。

3 CSVファイルを指定してイン
ポートする。

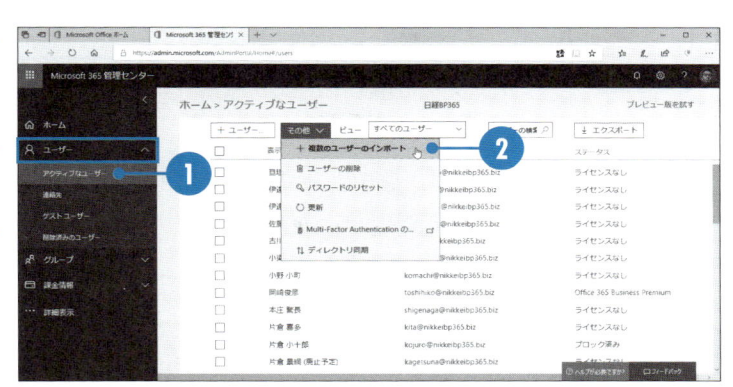

共有情報を登録する

　テナント（組織）ユーザー全体で共有する情報は、管理者が共有情報として登録しておくと便利です。

　たとえば、複数のユーザーが利用する連絡先を共有連絡先として登録しておくと、その連絡先に変更があった時、各ユーザーがそれぞれ連絡先を変更する必要がなく、変更漏れを防止できます。

12-6-1　共有連絡先を登録する

　テナント（組織）ユーザーが利用できるテナント外（組織外）連絡先を登録します。この情報は、テナントの全ユーザーが利用できます。

❶
Office 365 管理センターで、検索ボックスに「連絡先」と入力する。

❷
[連絡先]をクリック。

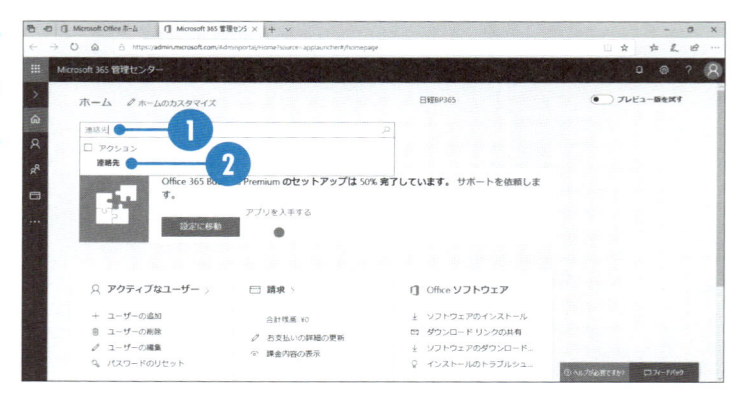

❸
[連絡先の追加]をクリック。

4

連絡先情報を入力する。

5

入力ページを下にスクロールする。

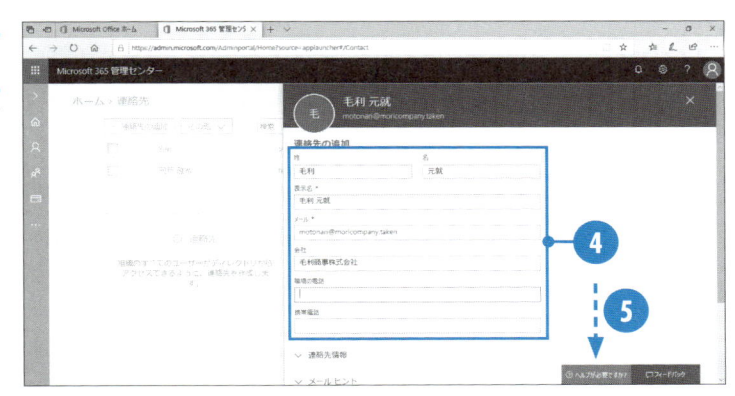

6

[追加]をクリック。

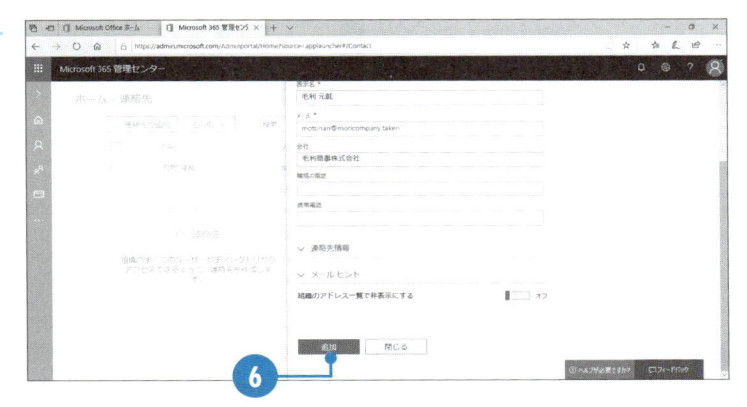

　なお、[組織のアドレス一覧に非表示にする] をオンにすると、ユーザーはこの情報を利用できなくなります。

12-6-2 会議室・備品を登録する

　会議室や備品を登録しておくと、予定を作成する時の予約確認に利用できます。備品には、社用車やカメラ、プレゼンテーション用プロジェクターなど、組織内のユーザーが共用する、予約管理や貸出管理が必要になる機材を登録します。

　また、会議室や備品の情報通知のため、会議室や備品を作成する時も、会議室や備品に割り当てるメールアドレスが必要になります。

❶
Office 365管理センターで、検索ボックスに「会議室」と入力する。

❷
[会議室と備品]をクリック。

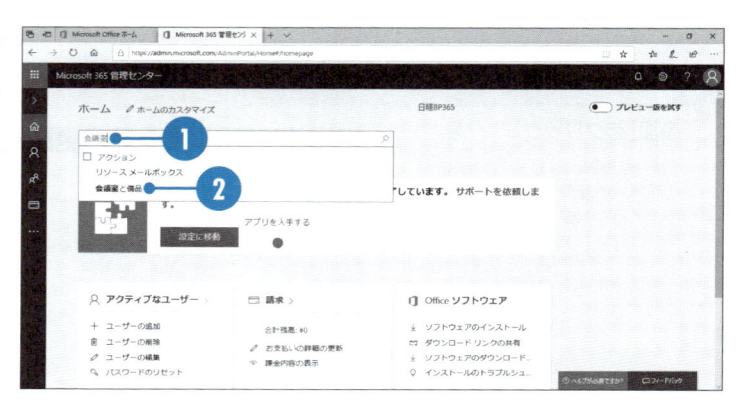

❸
会議室を作成するには[会議室]をクリック。

❹
備品を作成するには[備品]をクリック。

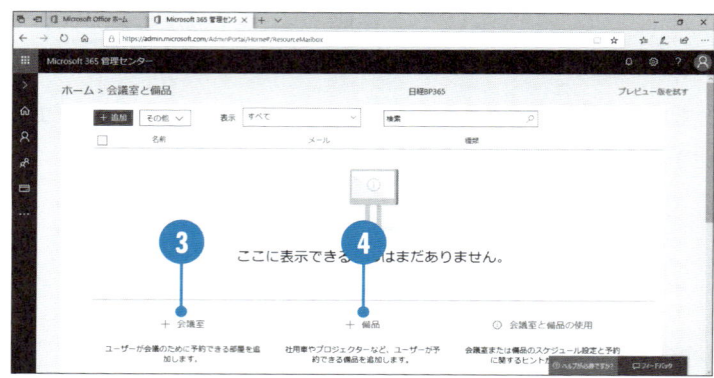

❺
名前を入力する。

❻
新規作成するメールアドレスを入力する。

❼
入力ウインドウを下にスクロールし、[追加]をクリック。

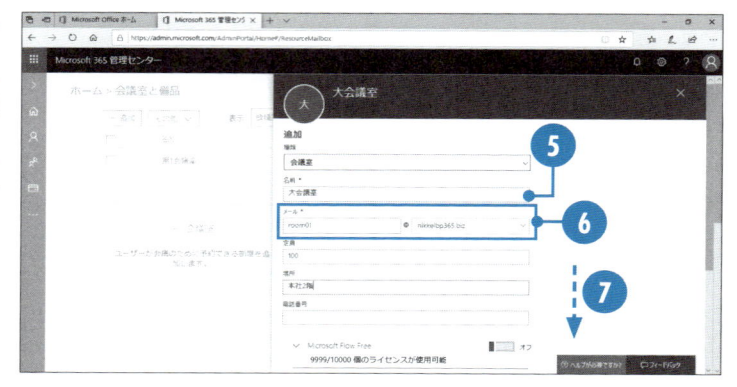

8 会議室が作成された。

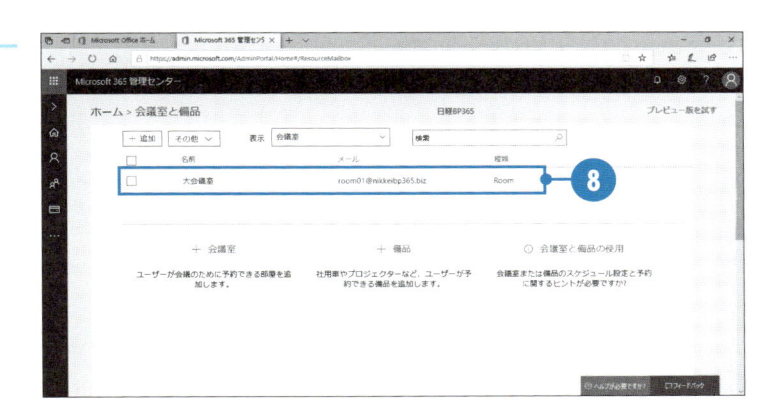

　メールボックスを作成するため、[追加]をクリックしてから会議室や備品の作成が完了するまで、数分程度の時間がかかります。また、ユーザーではなく、会議室や備品に割り当てられるメールボックスを、リソースメールボックスと呼びます。

Chapter 13

応用設定

この章では、知っておくと便利で簡単に使える応用設定、操作を紹介します。

この章で紹介する設定は、ユーザー個人の設定ではなく、組織全体にわたる設定です。設定作業を行うには、テナントの管理者権限が必要です。

- ・メールフロー
- ・メールアドレスの追加
- ・共有メールボックス
- ・稼働状況の確認
- ・サポートの利用

パスワードのポリシーを変更する

パスワードの有効期限や、ユーザーが自分のパスワードを変更できるかどうかなど、パスワードに関するポリシーを変更します。

13-1-1 パスワードの有効期限を変更する

既定の設定では、パスワードは無期限に設定されています。定期的にパスワードを変更するようにするには、パスワードの有効期限を変更します。

❶ 管理センターの[設定]メニューから、[セキュリティとプライバシー]をクリック。

❷ [パスワードポリシー]の[編集]をクリック。

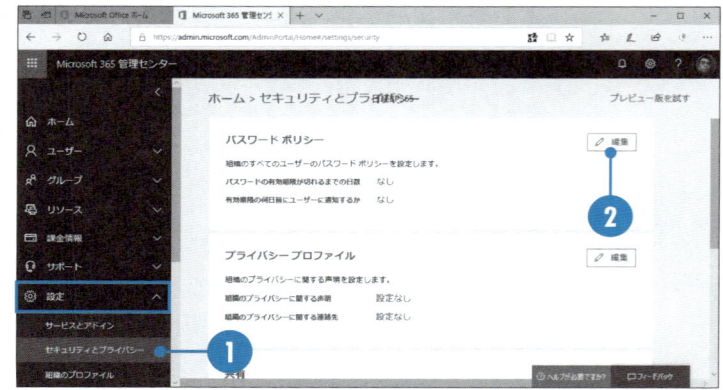

❸ パスワードを無期限にするかどうか、スライドスイッチで設定する。

❹ [オン]のままにした時は、[保存]をクリックして設定を終了する。
[オフ]に設定した時は、手順5に進む。

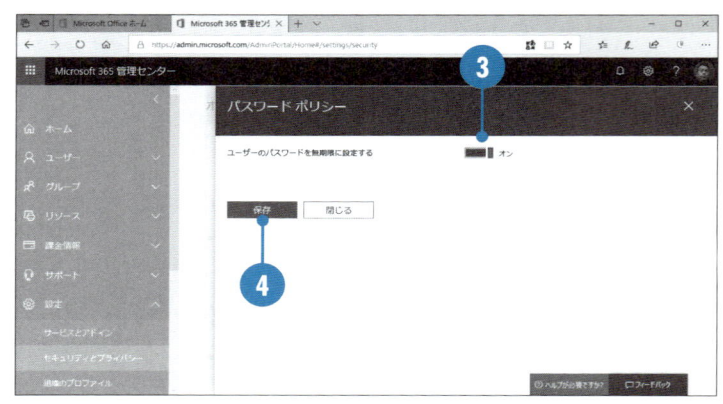

5

パスワードの有効期限の日数を
入力する。

6

有効期限切れの何日前にユー
ザーに通知するか、日数を入力
する。

7

[保存]をクリックして、設定を
終了する。

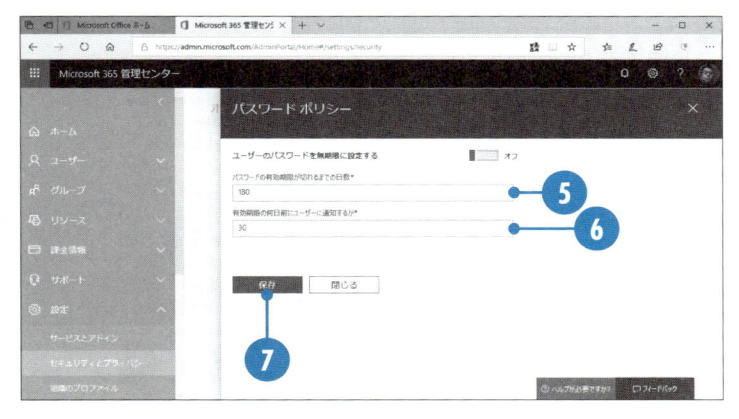

パスワードのリセットを許可する

ユーザーがパスワードを失念した時、自分でパスワードをリセット（再設定）できる
かどうか、設定します。

パスワードのリセットをエンドユーザーに許可していない時、エンドユーザーは自分
でパスワードをリセットすることができません。必ず、管理者がパスワードをリセット
します。

パスワードのリセットを許可すると、エンドユーザーはパスワードを失念した時に自
分でリセットできます。その際、あらかじめ登録しておいたOffice 365テナント以外の
メールアドレスあるいは電話番号によるユーザー認証を行います。

また、パスワードのリセットを許可するユーザーと許可しないユーザーを分けること
もできますが、その場合は、あらかじめパスワードのリセットを許可するユーザーのグ
ループを作成してください。パスワードのリセットを許可するユーザーを選択的に設定
する時は、グループ単位で設定します。

なお、管理者ユーザーに関しては、このパスワードのリセットの許可ポリシーの設定
にかかわらず、自分のパスワードをリセットできます。

❶ 管理センターの[設定]メニューから、[セキュリティとプライバシー]をクリック。

❷ [ユーザーがパスワードを自分でリセットできるようにします]の[Azure AD 管理センター]をクリック。

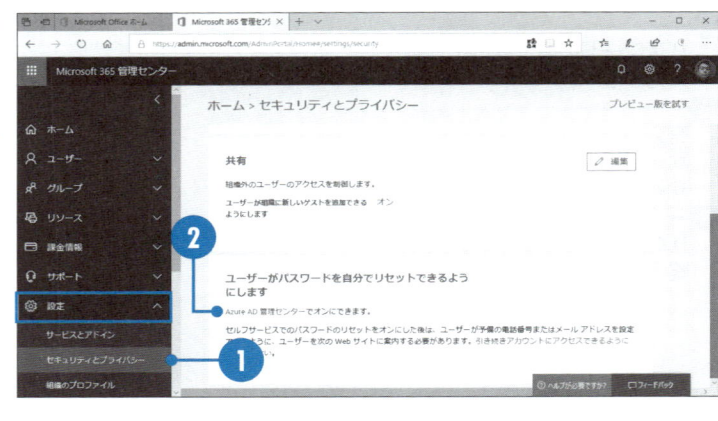

❸ [ユーザーとグループ]をクリック。

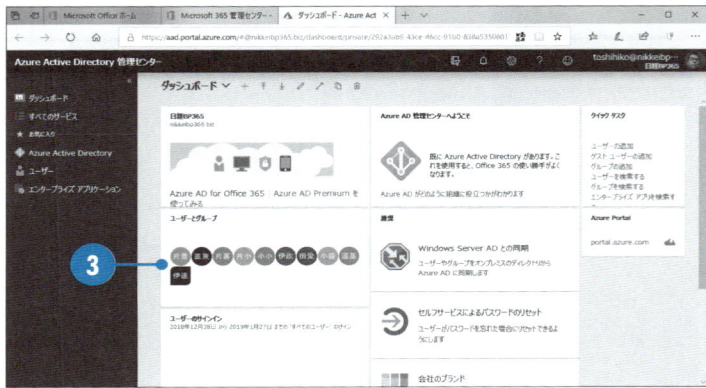

❹ [パスワードリセット]をクリック。

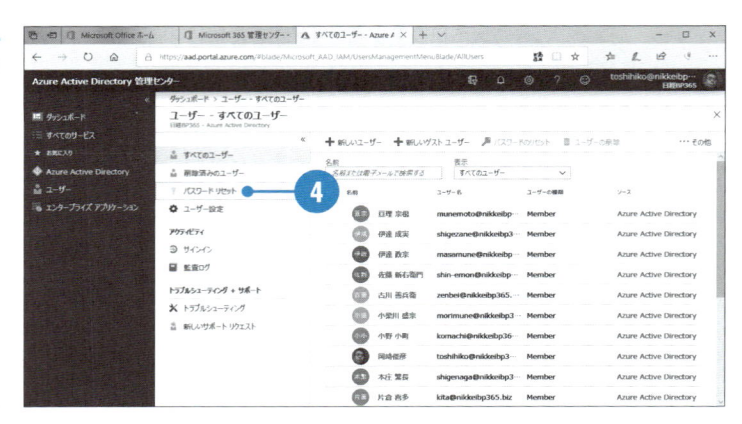

⑤

パスワードのリセットの対象を
設定する。

ボタン	設定
なし	全エンドユーザーに自分でパスワードをリセットすることを許可しない
選択済み	特定のグループのエンドユーザーにだけ、自分でパスワードをリセットすることを許可する
すべて	全ユーザーに、自分でパスワードをリセットすることを許可する

⑥

設定を変更したら、[保存]をク
リック。

⑦

[選択済み]をクリックした時
は、[グループが選択されません
でした]をクリック。

⑧

対象となるグループを選択す
る。

⑨

[選択]をクリック。

⑩

エンドユーザーへのパスワード
のリセットを許可すると、エン
ドユーザーがOffice 365にサ
インインした時に、ユーザー認
証に必要な電話番号やメール
アドレスの入力を促す画面が表
示される。以下は、エンドユー
ザーが行う手続きである。
[今すぐセットアップ]をクリッ
クして、認証用電話番号、電子
メールアドレス（Office 365テ
ナント以外のメールアドレス）
を設定する。認証用の電話番号、
メールアドレスに関して、それ
ぞれOffice 365から認証コー
ドが送信されるので、認証コー
ドを入力して、本人確認を行う。

⑪

[完了]をクリックして設定を保
存すると、このページは表示さ
れなくなる。

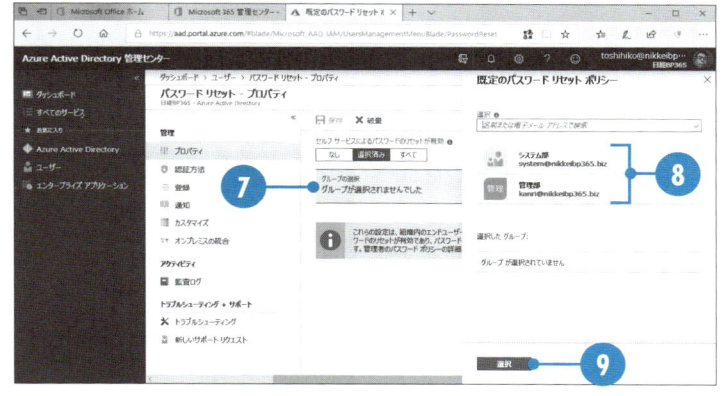

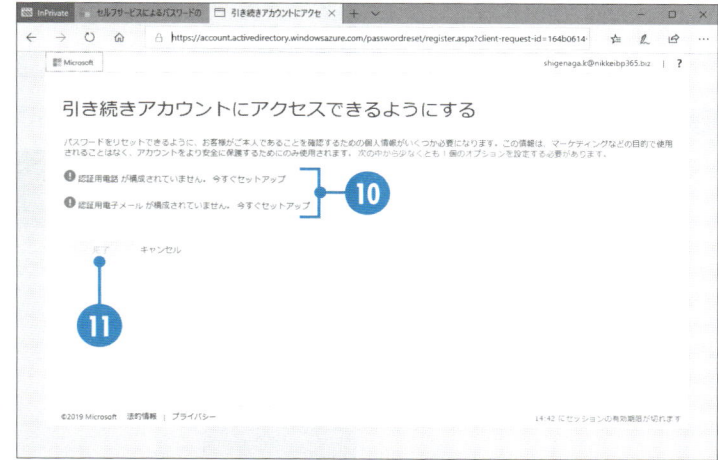

さまざまなメール機能を活用する

メールアドレスの追加や、代理人の設定、複数ユーザーで利用する共有メールボックスの作成など、メールに関する機能を紹介します。

13-2-1 メールアドレスを追加する

Office 365 では1人のユーザーに対して、複数のメールアドレスを割り当てて、1人のユーザーが複数のメールアドレスを使い分けることができます。ただし、あくまで、1ユーザー1メールボックスですので、追加メールアドレスはエイリアス（別名）であり、メールボックスが増えるわけではありません。

また、複数のメールアドレスのうち、どれをプライマリメールアドレスとして使用するか、選択できます。プライマリメールアドレスが、ユーザー名（サインイン用ユーザー名）となります。

①
管理センターの[ユーザー]メニューから、[アクティブなユーザー]をクリック。

②
メールアドレスを追加するユーザー名をクリック。

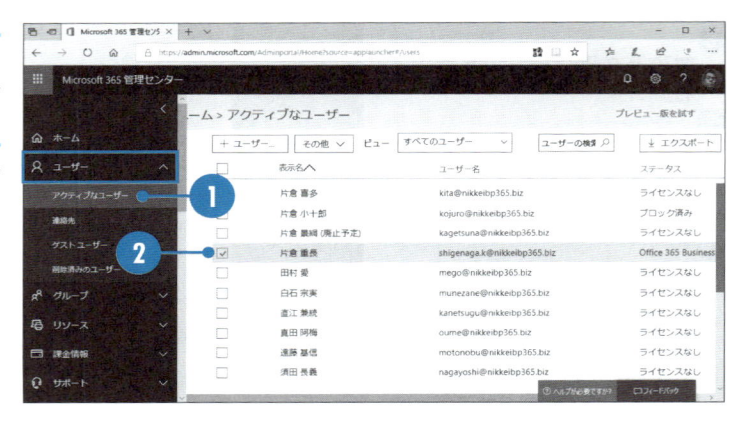

③
[ユーザー名／メールエイリアス]の[編集]をクリック。

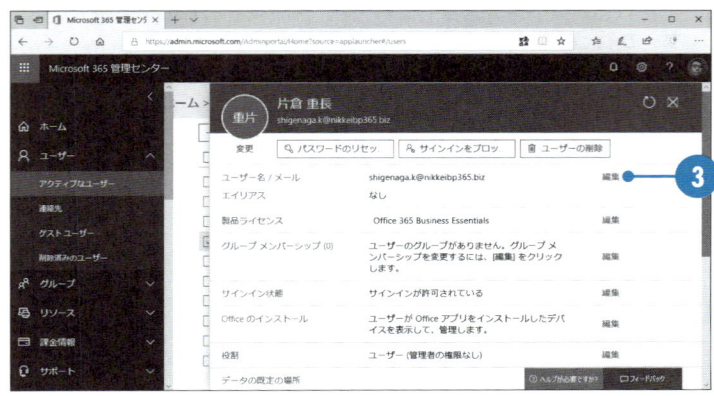

④ ［エイリアス］に、追加するメールアドレスの＠より前の部分を入力する。

⑤ ドロップダウンリストで、使用するドメイン名を選択する。

⑥ ［追加］をクリック。

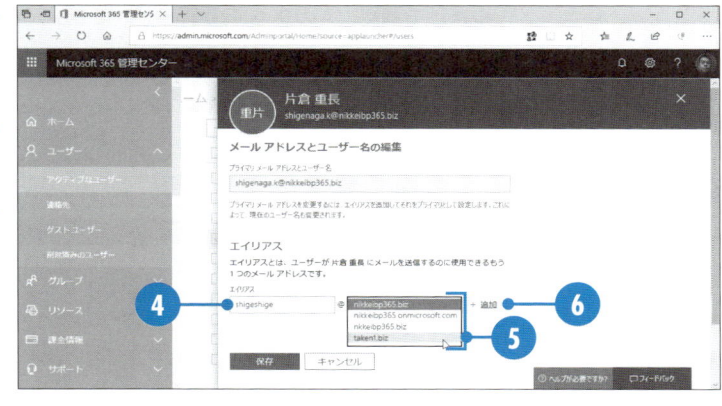

⑦ 新しく追加したメールアドレスをプライマリメールアドレスとして使用する時は、［プライマリに設定］をクリック。

⑧ 追加したメールアドレスを削除するときは、［削除］（ごみ箱）をクリック。

⑨ 設定が完了したら、［保存］をクリック。

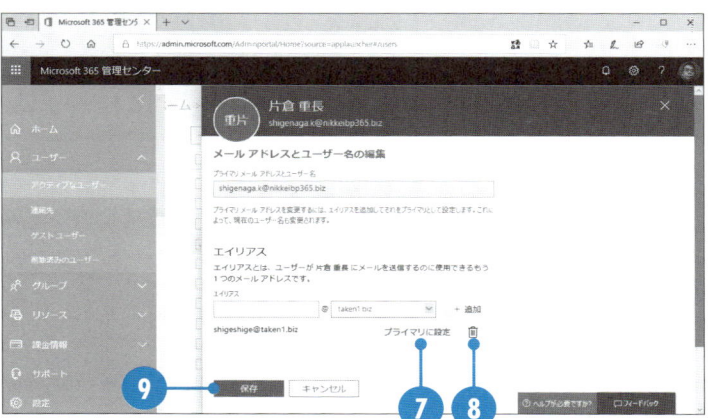

13-2-2 別のユーザーにメールボックスへのアクセス許可を設定する

　Office 365では、あるユーザーのメールボックスに対して、他のユーザーにアクセス許可を設定できます。たとえば、ユーザー Aのメールボックスに対して、ユーザー Bにアクセス許可を設定すると、BはAのメールボックスのメールを読んだり、AとしてAのメールアドレスでメールを送信したりできます。

　たとえば、Aが出張や病気療養で不在にする時、BにAの不在中のメールの送受信を任せることができます。また、Aの秘書のBが、Aのメールの送受信を代行したり、営業Aのサポートを営業事務のBが行ったりという活用法もあるでしょう。

　従来、こうした用途ではAのメールをBに転送するか、代表メーリングリストを使うのが一般的でした。しかし、その場合、メールボックスそのものを代理アクセスするわけではないので、Bが送信したメールの履歴をAのメールボックスの送信済みアイテムに残したりすることはできません。

　一方、一般的なグループウェアで、AがBのユーザー IDとパスワードを利用した場合、

メールだけでなく、AのすべてのサービスにBがアクセスできてしまいます。

Office 365では、Office 365のAが利用するサービスのうち、メールボックスのアクセスだけをBに許可することができます。

① 他のユーザーにアクセスさせたいメールボックスのユーザーをクリック。

② ［メールの設定］をクリックして、メール関係のメニューを展開する。

③ ［メールボックスアクセス許可］の［編集］をクリック。

④ 設定したい項目の［編集］をクリック。
［読み取りおよび管理］、［メールボックス所有者として送信する］、［代理として送信する］の3項目がある。手順4〜8を繰り返して、必要な項目にユーザーを登録する。

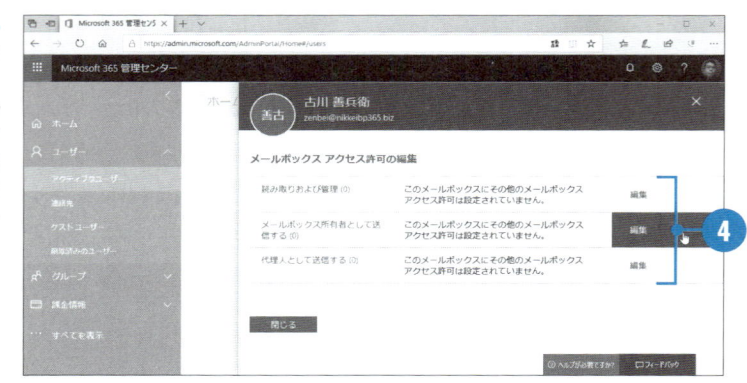

5

このメールボックスへのアクセスを許可するユーザーを登録するために、[アクセス許可の追加]をクリック。

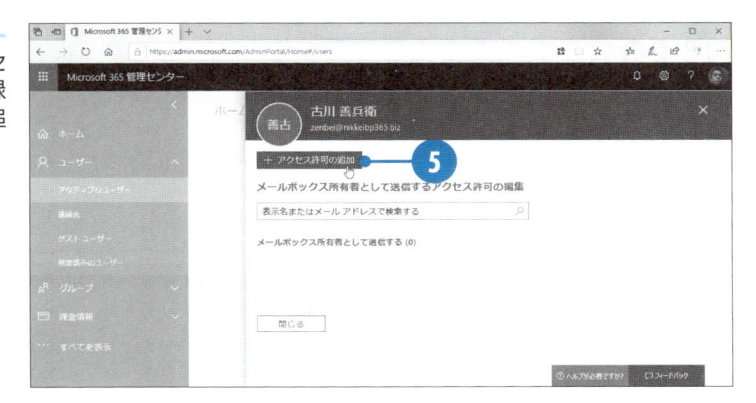

6

アクセス許可を設定するユーザーのチェックボックスをオンにする。
ユーザー数が多くて探すのが大変な時は、[追加するユーザーを検索]ボックスにユーザー名の一部を入力して絞り込む。
ライセンスを割り当てていないユーザーなど、Exchange Online（メール）サービスを利用できないユーザーに関しては、リストに表示されない。

7

[保存]をクリックする。

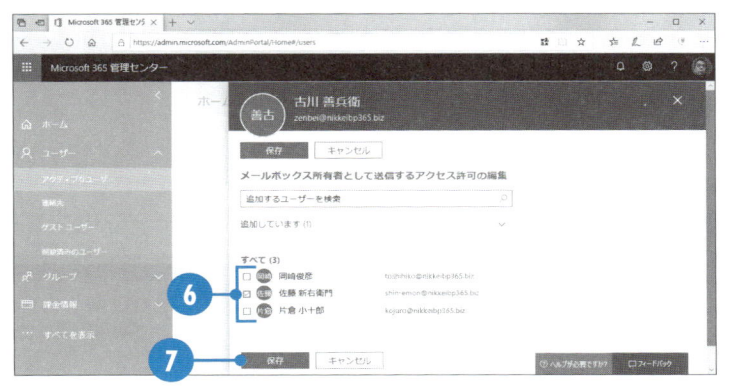

8

[閉じる]をクリック

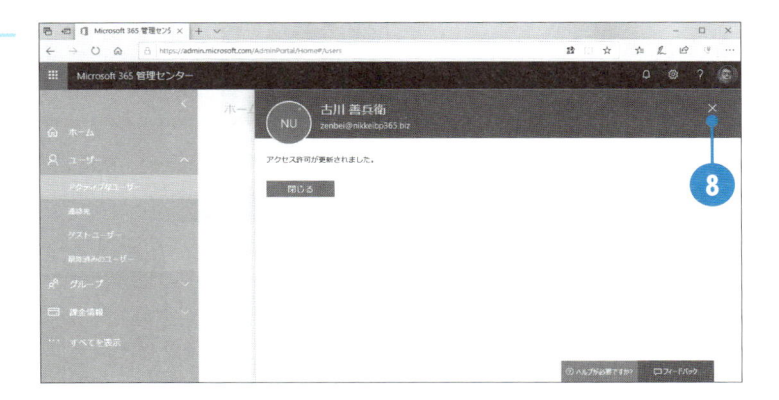

13-2-3 共有連絡先を管理する

共有連絡先は、Office 365テナントのユーザー全員が参照できる連絡先です。管理者のみが設定、変更できます。

① 管理センターの[ユーザー]メニューから、[連絡先]をクリック。

② [連絡先の追加]をクリック。

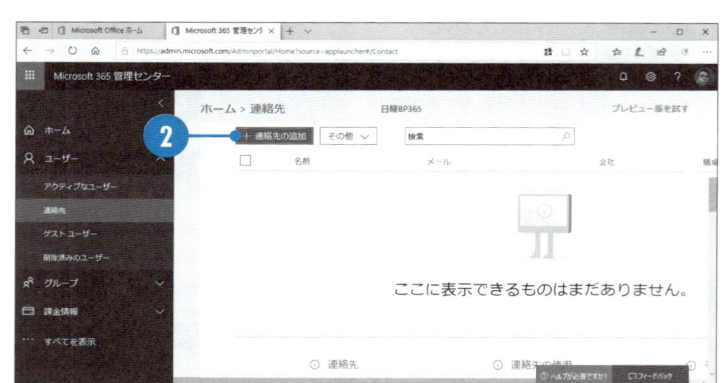

③ 連絡先情報を入力する。

④ [追加]をクリック。

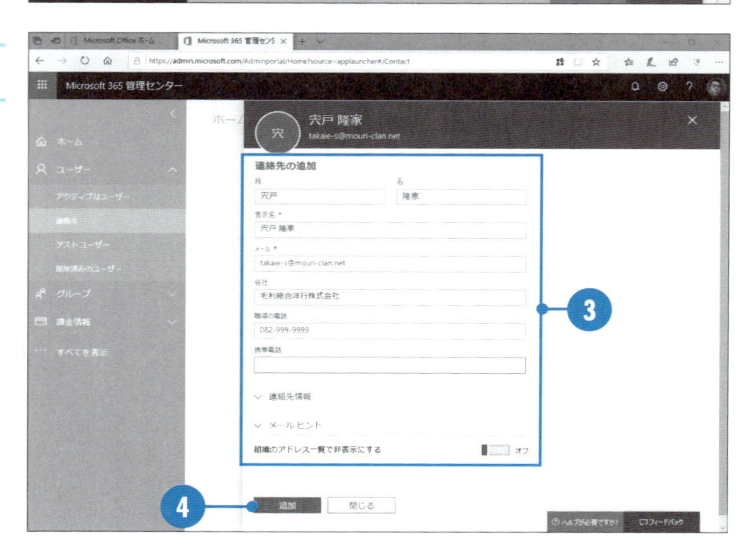

登録した共有連絡先の連絡先はOffice 365テナントのユーザーではありませんが、テナントの全ユーザーが検索して利用できます。

　主上取引先など、テナントユーザーの多くが利用する連絡先は、こうした共有連絡先を活用するとよいでしょう。

13-2-4　共有メールボックスを作成する

　共有メールボックスは、ユーザーに紐付けられていないメールボックスです。

　通常のOffice 365ユーザーのメールボックスと同様に、メールアドレスがあり、受信トレイや送信済みアイテム、連絡先などがあります。しかし、ユーザーアカウントはありませんので、共有メールボックスのメールアドレスでOffice 365にサインインすることはできません。

　共有メールボックスは、アクセス許可を与えられたOffice 365のユーザーがアクセスして使用します。

　たとえば、総務部の代表メールアドレスを共有メールボックスとして作成します。総務部の各社員に代表メールアドレスのメールボックスにアクセス許可を設定すると、総務部の各社員は代表メールアドレスでのメール送受信をできるようになります。

　一見、メーリングリストによる一斉配信でも良さそうに思えますが、メーリングリストによる配信では、送信済みメールが各ユーザーのメールボックスに保存されるので、送信済みメールや連絡先を共有することができません。共有メールボックスはこうした問題を解決する画期的なサービスです。

　また、共有メールボックスはユーザーアカウントを使用しないため、ライセンスは不要です。共有メールボックスを作成しても、追加費用がかかることはありません。

❶
管理センターの[グループ]メニューから、[共有メールボックス]をクリック。

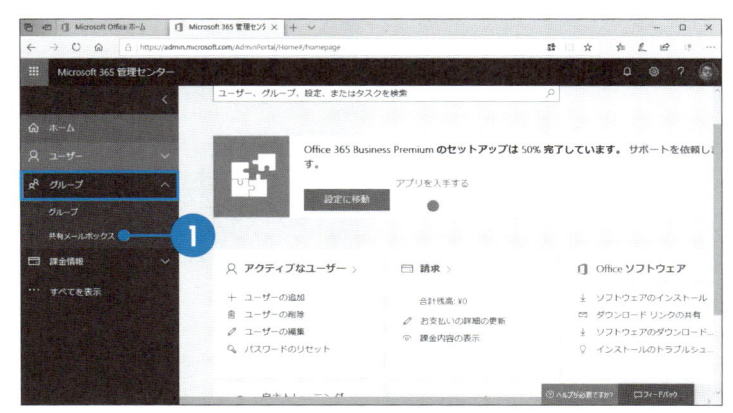

2

[メールボックスの作成]をクリック。

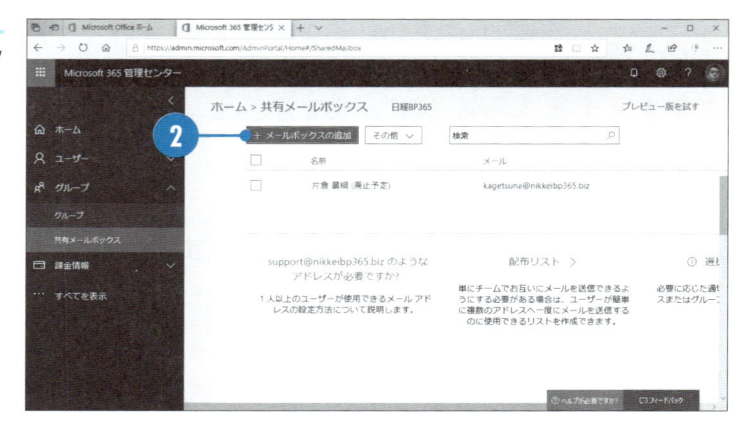

3

名前を入力する。

4

メールアドレスの＠より前の部分を入力する。初期設定では名前がそのままコピーされるので、日本語の名前を入力した時は、メールアドレスに使用できる英数字で再入力する。

5

メールアドレスに使用するドメイン名を選択する。

6

[追加]をクリック。

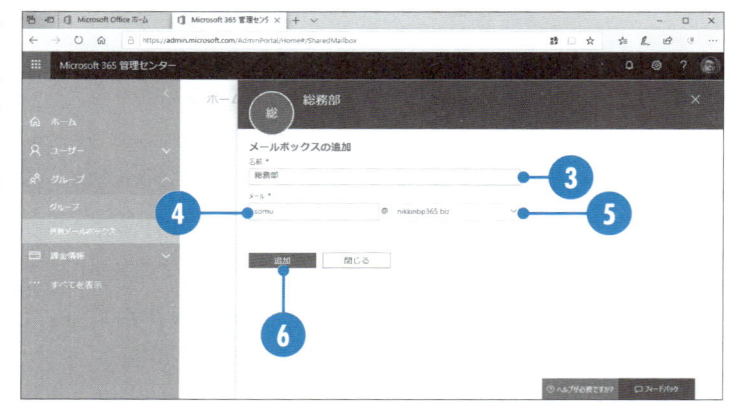

7

この共有メールボックスにアクセスできるユーザーを設定するため、[このメールボックスにメンバーを追加します]をクリック。

8
[メンバーの追加]をクリック。または、検索ボックスに追加するユーザー名の一部を入力する。

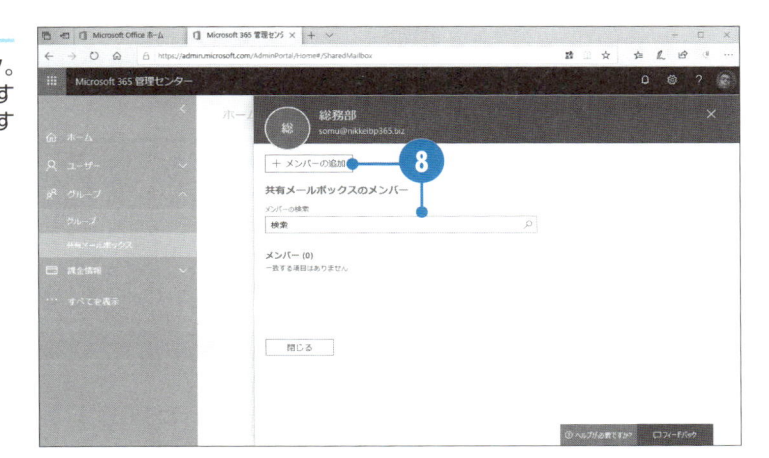

9
この共有メールボックスへのアクセスを許可するユーザーのチェックボックスをオンにする。

10
[保存]をクリック。

11
[閉じる]をクリックして、設定を完了する。

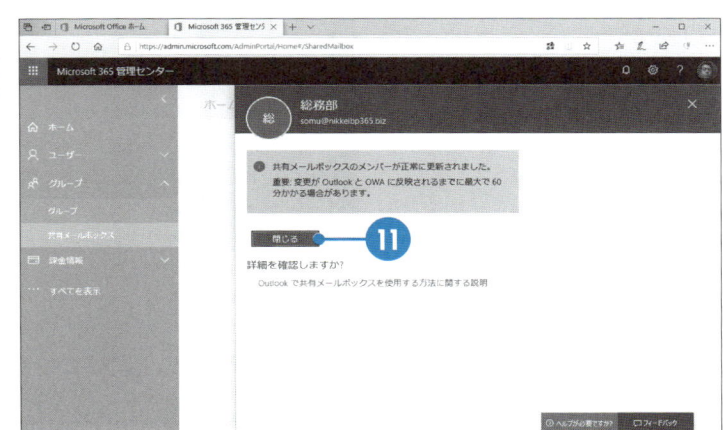

メールボックスのストレージを構成するため、共有メールボックスを利用できるようになるまで、数分ほど時間がかかります。

アクセス許可を設定された共有メールボックスのメンバーは、自分のユーザー名でOffice 365にサインインした後、共有メールボックスを開くことができます。

13-2-5 共有メールボックスを変更する

共有メールボックスの設定を変更する場合は、以下の手順で操作してください。

❶ 管理センターの[グループ]メニューから、[共有メールボックス]をクリック。

❷ 設定を変更したい共有メールボックスの名前をクリック。

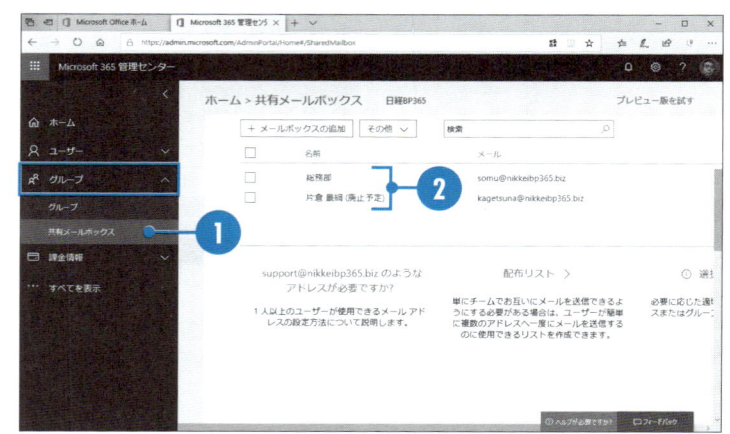

❸ 共有メールボックスを削除するには、[メールボックスの削除]をクリック。

❹ メンバーの追加や削除を行うには、[メンバー]の[編集]をクリック。

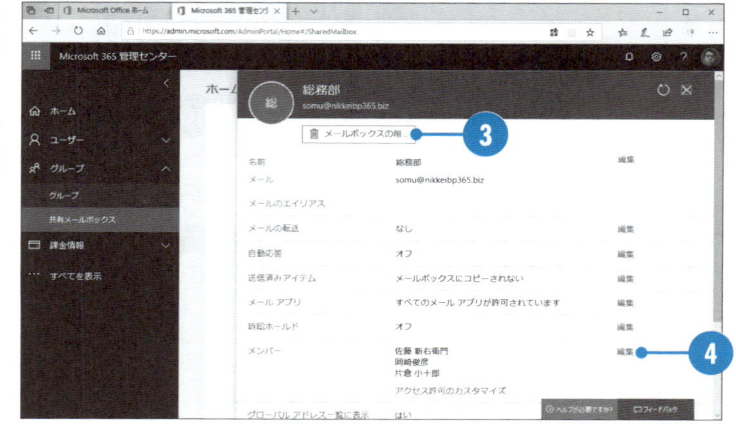

なお、メールのエイリアス（別名アドレス）、メール転送、自動応答など、多くの機能は、通常のユーザーのメールボックスと同様に利用できます。

13-2-6 メールフローを設定する

受信メールを特定の条件によって振り分けることはよく行われます。こうした振り分けは、多くの場合メールソフトによって行いますので、個々のユーザーの設定に任されます。

Office 365でも、各ユーザーがOutlookの設定でこうした振り分けを行うことができますが、それ以外に、テナント全体での振り分けを行うこともできます。メールサーバーレベルで行うテナント全体の振り分けをメールフローと呼びます。

メールフローは管理者だけが設定できます。また、メールフローの設定は各ユーザーの設定に優先します。メールフローの処理を行ったうえで、各ユーザーにメールが配信されます。

以下、メールフローの作成方法を紹介しますが、メールフローの条件設定は詳細多岐にわたるためすべてを説明することはできません。ここでは、件名または本文に「稟議書」という言葉があるメールを自動転送する設定の例を紹介します。

① 管理センターの[管理センター]メニューから、[Exchange]をクリック。
Exchange Onlineを直接管理するExchange管理センターが開かれる。

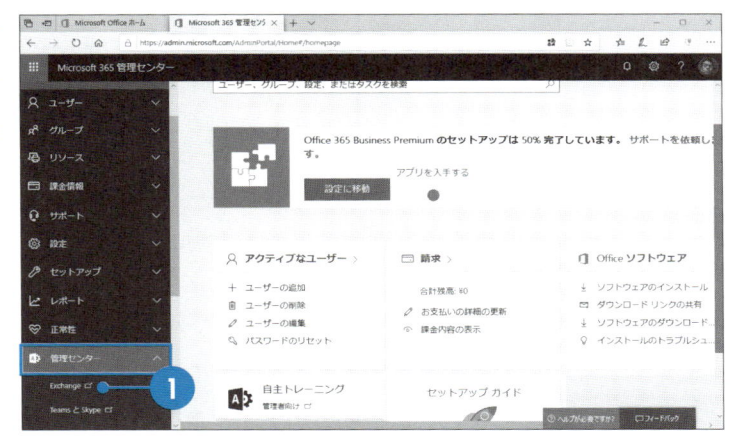

② [メールフロー]をクリック。

③ [+](新規作成)をクリック。

④ [ルールの新規作成]をクリック。
[+](新規作成)をクリックすると、使用頻度の高いルールのテンプレートがメニューとして表示される。慣れてきたら、こうしたテンプレートを活用すると簡単に作成できる。テンプレートに目的に合ったルールが見当たらない時、あるいは、テンプレートがどのような設定になっているのか不案内な時は、[ルールの新規作成]をクリックする。

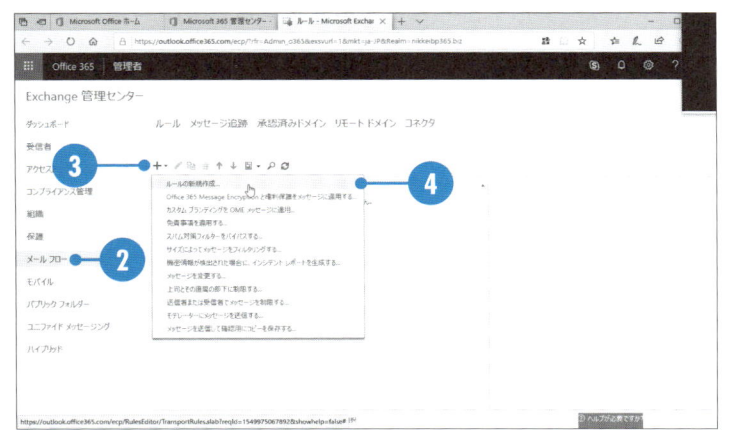

ルールの名称や条件を入力する。

6

メールフローの有効期間などを設定するには、[その他のオプション]をクリック。

7

[保存]をクリックして、メールフローを保存する。

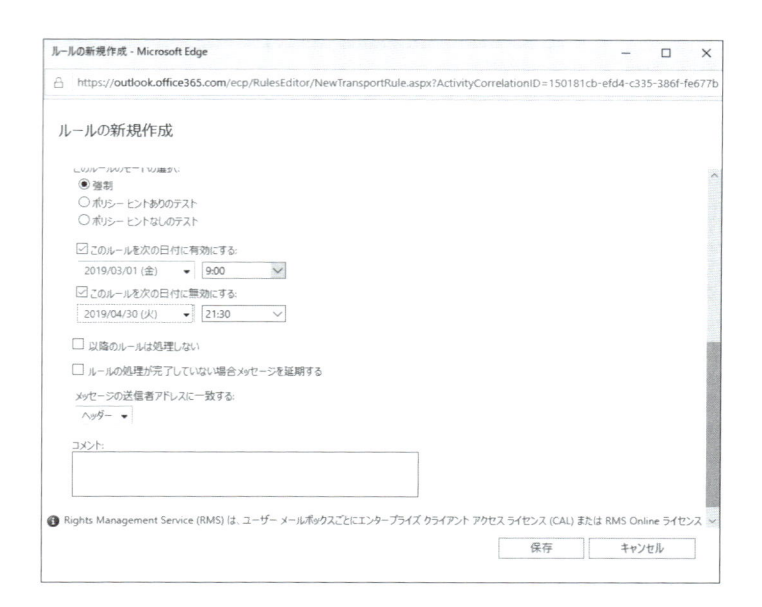

［その他のオプション］を開くと、メールフローをいつから有効にするか、いつまで有効にするか、このメールフローの処理後に他のメールフローも適用するかどうかなどを設定できます。

　たとえば、A、Bの2つのメールフローがあるとき、Aの設定で［以降のルールは処理しない］チェックボックスをオンにすると、Aのメールフロー処理後、Bのメールフローは適用しません。Aだけで終わります。このチェックボックスをオフにすると、Aのメールフローで処理されたメールはBのメールフローに引き渡されます。

作成済みのメールフローを変更する時は、変更したいメールフローをダブルクリックして開いてください。

　また、メールフローを選択し、上部のボタンで、削除、優先順位の変更などの操作を行うこともできます。

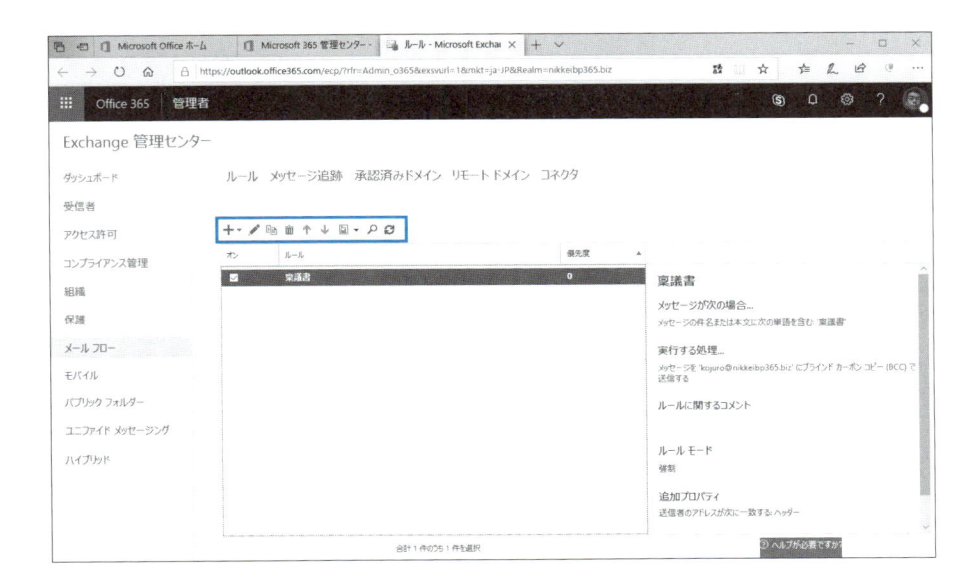

13-3 グループを管理する

Office 365では、いくつかのサービスでユーザーをグループ化して便利に活用できます。
ここでは、管理者が作成するグループを紹介します。

13-3-1 グループの概要

Office 365で管理者が作成するグループには、以下の4種類があります。

グループの種類	機能
Office 365	メール、予定表、共有フォルダー、チャットなど、多くの機能をグループに提供する。部署グループやプロジェクトグループなど、複数のメンバーでの共同作業を行う時に向いている
配布リスト	メール配信のためのグループ。配布グループにはメールアドレスがあり、そのメールアドレスにメールを送信すると、グループのメンバー全員にメールが配信される。広義のメーリングリストと言える。以前は配布グループと呼ばれていた
メールが有効なセキュリティ	配布リストとセキュリティの両方の機能を併せ持つグループ
セキュリティ	アクセス許可を設定する時に使用する。たとえば、組織の管理職をメンバーとするセキュリティグループに共有フォルダーのアクセス許可を設定すれば、管理職のみがアクセスできる共有フォルダーを作成できる。また、部署ごとの排他的なアクセス許可の設定も可能

13-3-2 グループを追加する

どの種類のグループでも、グループを管理する操作は基本的に同じです。ただし、グループの種類によって、設定項目に違いがあります。以下は、「Office 365」グループの場合について説明します。

❶ 管理センターの[グループ]メニューから、[グループ]をクリック。

❷ [グループの追加]をクリック。

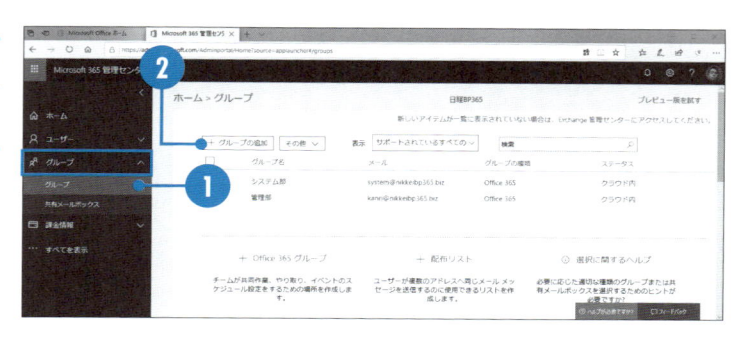

3

[種類]ドロップダウンリスト
で、グループの種類を選択する。
ここでは[Office 365]を選択
する。

4

グループの名前を入力する。

5

グループのメールアドレスの＠
より前の部分を入力する。

6

グループのメールアドレスのド
メイン名を選択する。

7

必要に応じて、説明を入力する。

8

プライバシーを選択する。
プライバシーは、グループ作成
後に設定を変更することはでき
ない。
「プライベート」グループは、グ
ループのメンバーだけがアクセ
スできる。「パブリック」グルー
プは、グループのメンバー以外
のユーザーもグループのコンテ
ンツを閲覧できる。

9

[所有者の選択]をクリックし、
グループの所有者（管理者）を
設定する。

10

ユーザー一覧から所有者を選
択する。

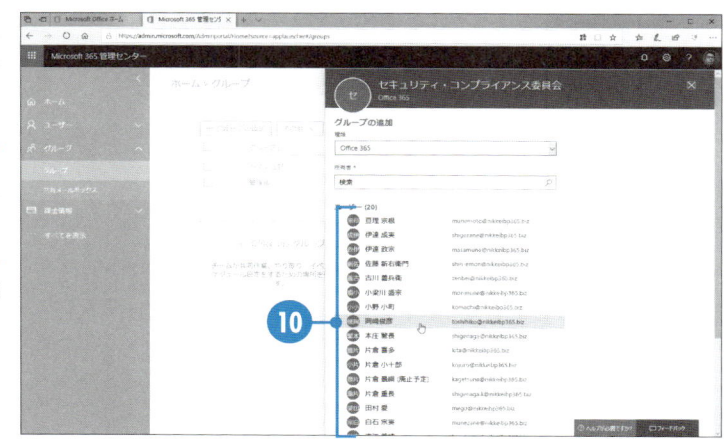

⓫
[追加]をクリックして、グループを作成する。

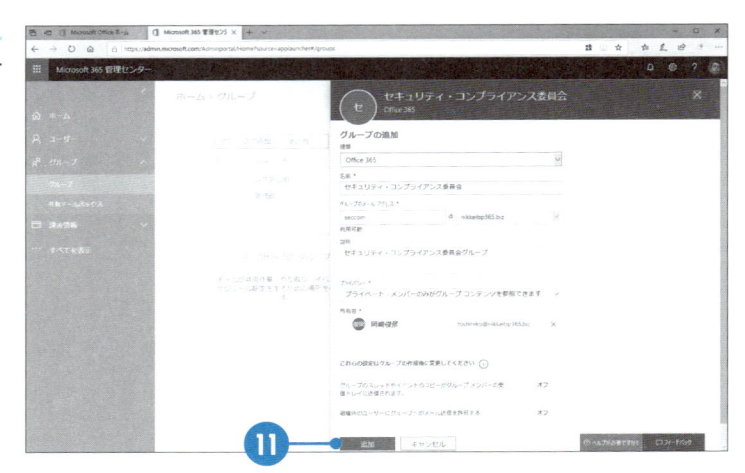

⓬
[閉じる]をクリック。

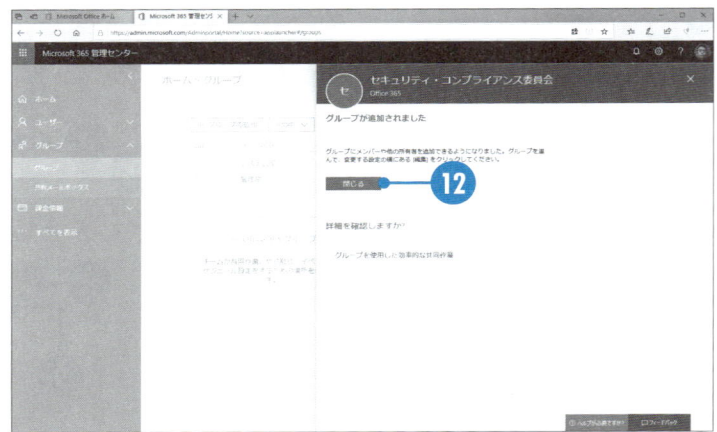

グループの作成が完了するまで数分かかる場合があります。

この段階では、グループは作成できましたが、まだグループに参加するメンバーを登録していません。メンバーの登録は次項を参照してください。

13-3-3 グループへのメンバーの追加・削除を行う

グループへのメンバーの追加、グループの削除などは、グループの管理ページで行います。

① 管理センターの[グループ]メニューから、[グループ]をクリック。

② グループの一覧から、管理するグループをクリック。

③ グループにメンバーを追加または削除する。手順7に進む。

④ グループを削除するには、[グループの削除]をクリック。

⑤ グループの設定を変更する。

⑥ グループの所有者を変更する。

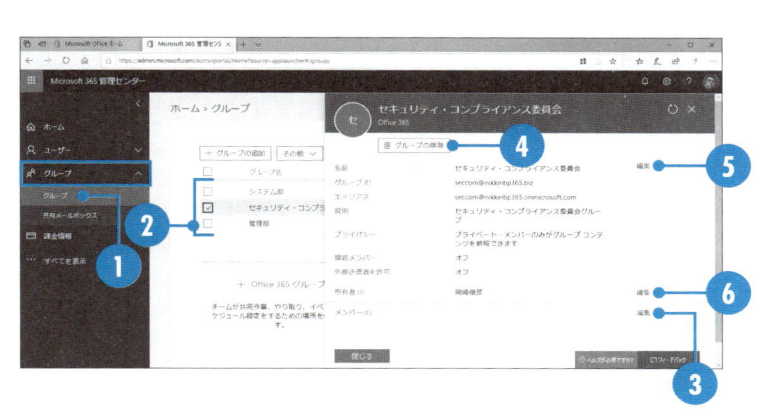

⑦ メンバーを追加するには、[メンバーの追加]をクリック。

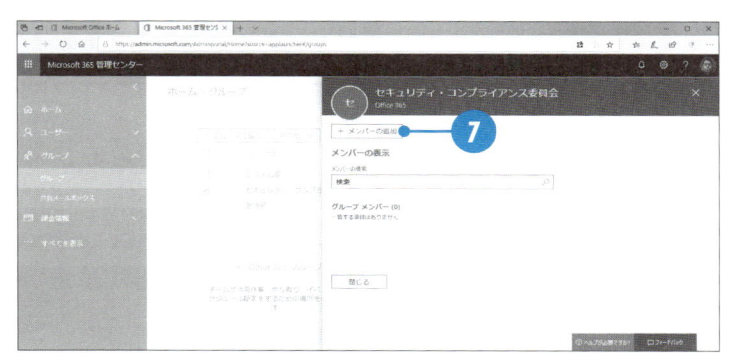

⑧ グループに追加するメンバーのチェックボックスをオンにする。

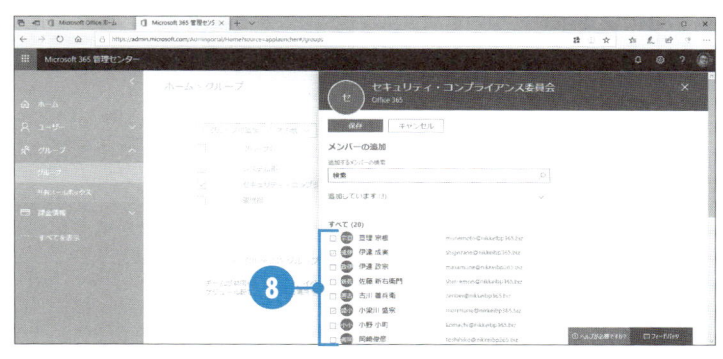

⑨

[閉じる]をクリック。

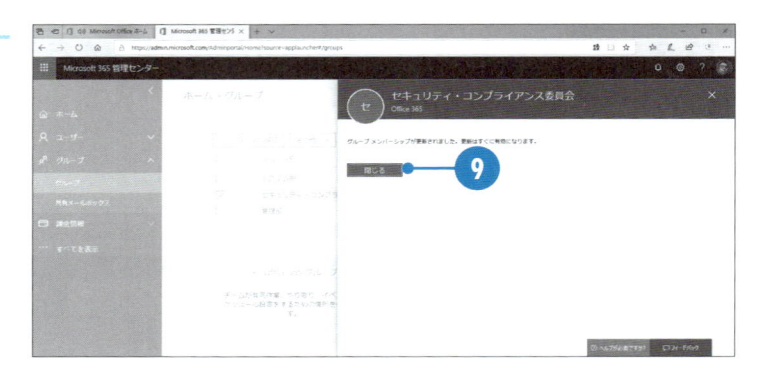

⑩

グループのメンバーを削除する
には、削除したいメンバーの
[×]をクリック。

⑪

設定を終了するには、[閉じる]
をクリック。

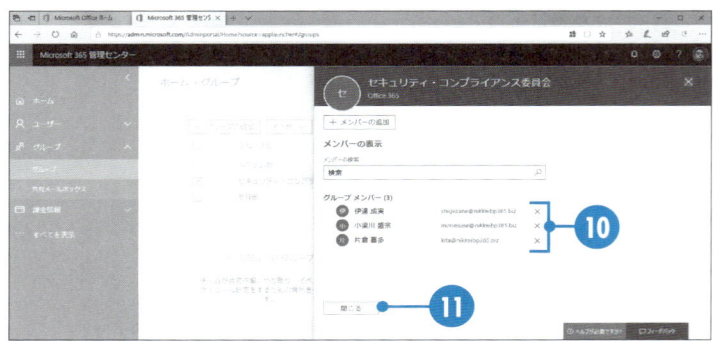

グループのコンテンツへの投稿の配信を設定できます。

❶

管理センターの［グループ］メ
ニューから、［グループ］をク
リック。

❷

グループの一覧から、管理する
グループをクリック。

❸

グループの［編集］をクリック。

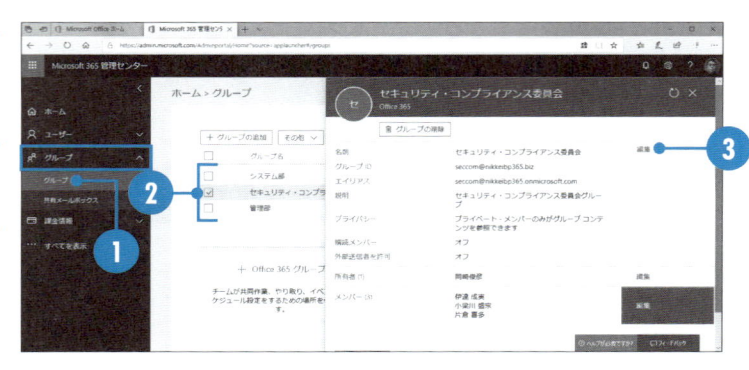

4

スライドスイッチで機能のオン、オフを設定する。

5

[保存]をクリック。

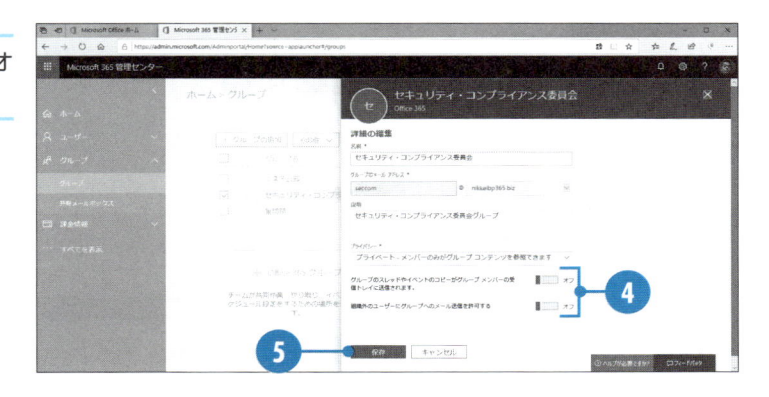

設定項目	機能
グループのスレッドやイベントのコピーがメンバーの受信トレイに送信されます	オンにすると、グループのコンテンツが投稿された時に、グループメンバーの受信トレイにも配信される。メンバーは、いちいちグループサイトを開かなくても、メールの受信トレイでコンテンツの更新を確認できる
組織外のユーザーにグループへのメール送信を許可する	オンにすると、組織外のユーザーがグループのメールアドレス宛てにメールを送信できる。オフにした場合、グループのメンバーしかグループのメールアドレスに送信できない

13-4 | 稼働状況を確認する

Office 365 の稼働状況、利用状況をビジュアルに確認することができます。

1 管理センターで[すべてを表示]をクリック。

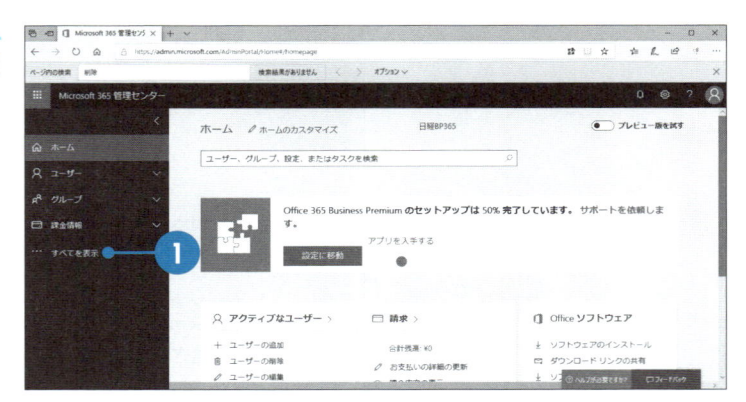

2 [レポート]メニューから、[使用状況]をクリック。

3 状況のあらましが視覚化されて表示される。それぞれのコンテンツにマウスを合わせる、あるいはマウスでクリックすると、より詳細な情報が表示される。

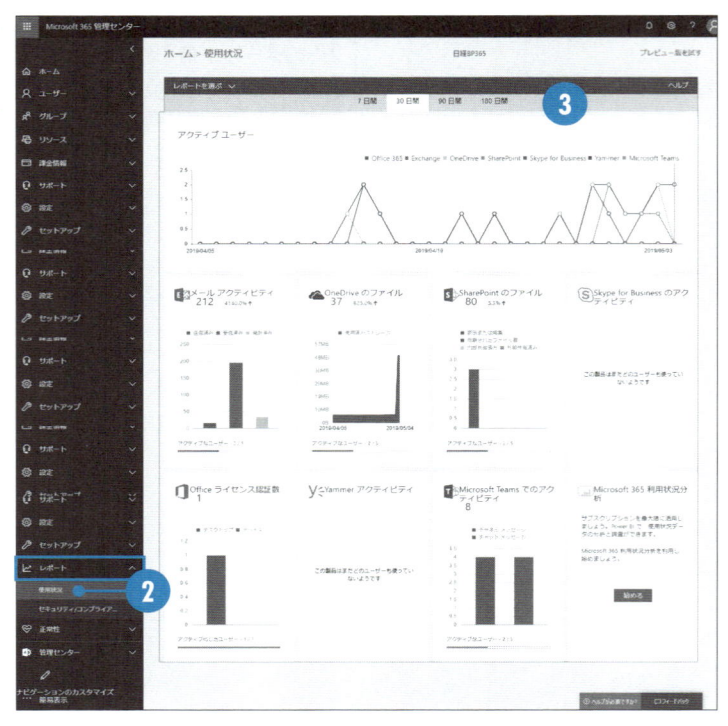

4 メールアクティビティの詳細表示の例。

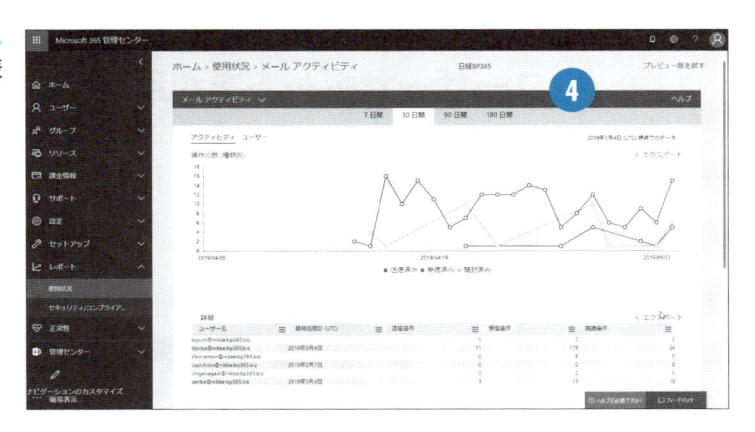

　なお、レポート機能については、現在も大幅に強化され続けており、セキュリティレポートなど、多くのレポートが登場する予定です。

13-5 ユーザーサポートを利用する

テナント管理者は、マイクロソフトのOffice 365カスタマーサービスを利用できます。
不明な点、あるいはトラブルなど、迅速な対応が受けられます。

1 管理センターで[すべてを表示]
をクリック。

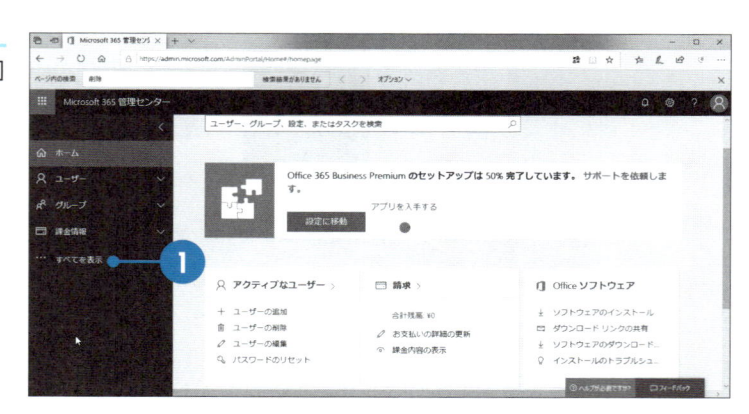

2 [サポート]メニューから、[新規
お問い合わせ]をクリック。

3 問い合わせ内容を入力する。

4 [ヘルプの表示]をクリック。

5 Office 365のナレッジベース
の中から、該当しそうな項目が
リストアップされる。

6 ナレッジベースの回答で解決し
ない場合、電話サポートを受け
るには[電話による新しいお問
い合わせ]をクリックする。手順
9に進む。

7 メールによるサポートを受ける
には[メールによる新しいお問
い合わせ]をクリック。手順13
に進む。

8 既に問い合わせ済みの案件を
確認するには、[サポート]メ
ニューから、[お問い合わせの表
示]をクリック。

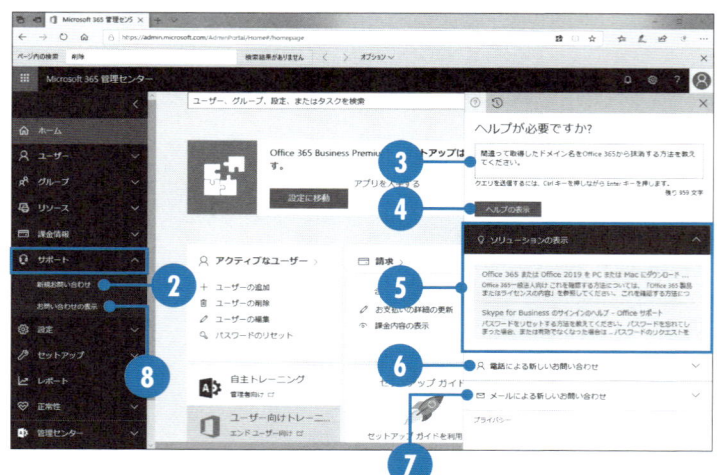

⑨ 電話サポートを依頼する場合は、電話番号を入力する。

⑩ メールアドレスを入力する。

⑪ トラブル時の画面キャプチャ画像、設定ファイルなど、サポートを受けるのに役立ちそうなファイルがあれば、[ファイルの添付]をクリックして添付する。

⑫ [お電話ください]をクリック。
しばらくすると、Office 365の担当者から電話がかかってくる。サポートチケット番号が発行され、以後、問題が解決するまで、そのチケット番号で案件管理される。

⑬ メールサポートを依頼する場合は、メールアドレスを入力する。

⑭ トラブル時の画面キャプチャ画像、設定ファイルなど、サポートを受けるのに役立ちそうなファイルがあれば、[ファイルの添付]をクリックして添付する。

⑮ [送信]をクリック。
しばらくすると、Office 365の担当者からメールが送られてくる。サポートチケット番号が発行され、以後、問題が解決するまで、そのチケット番号で案件管理される。

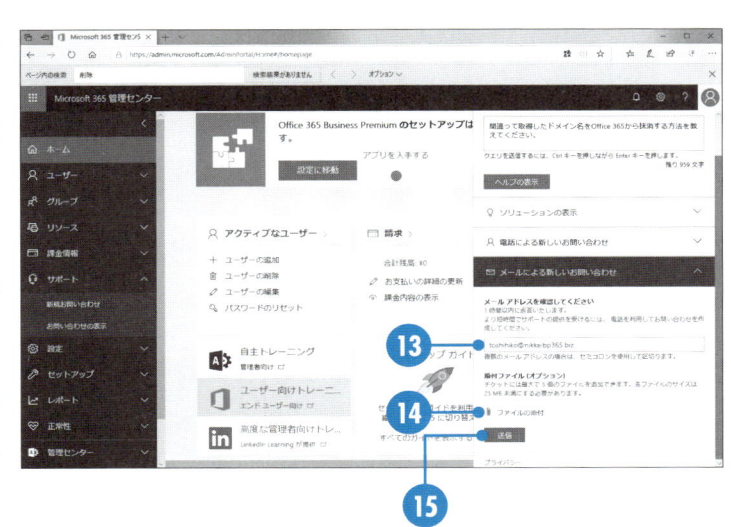

IRMや訴訟ホールドなどのエンタープライズ機能

Office 365の大規模組織向けのバージョンであるOffice 365 Enterpriseは、管理できるユーザー数の制限がないこと以外に、IRMや訴訟ホールドといったセキュリティ機能があります。IRM（Information Rights Management）とは、Office文書を暗号化し、厳密に管理する機能です。たとえば、ファイルごとに、誰が使えて誰が使えないのか、閲覧だけか編集もできるのか、設定できます。また有効期限を設定して有効期限を過ぎると開けなくしたり、使用エリアを設定して組織外に持ち出すと開けなくしたりできます。

訴訟ホールドは、すべてのメールを半永久的に無制限にバックアップするシステムです。これはテナント管理者でさえも、削除したり編集したりできません。マイクロソフトによって厳重に管理され、何らかの法的紛争（裁判など）が発生した時に、初めて開示請求をして、法的な証拠として利用できるようにするサービスです。

Chapter 14

アドオン

Office 365 では、Office 365 にさらに機能を追加できるアドオンのシステムを備えています。

十分なスキルがあればアドオンを自作できますが、数多くのビジネスに即対応できる便利なアドオンが既に販売されていますし、中には無料で利用できるアドオンもあります。

そうした中から、本章では、日本のビジネス環境、組織運営に即した、日本生まれの便利なアドオンをいくつか紹介します。

インストール方法については、各アドオンの開発元にお問い合わせください。

・ネクストセット・シングルサインオン for Office 365
・ネクストセット・組織ワークフロー for Office 365
・ネクストセット・組織カレンダー for Office 365
・ネクストセット・組織アドレス帳 for Office 365
・ネクストセット・組織ドキュメント管理 for Office 365
・ネクストセット・掲示板/回覧板 for Office 365
・ネクストセット・安否確認 for Office 365
・ネクストセット・勤怠管理/タイムカード for Office365
・ネクストセット・行先予定/在席確認/伝言メモ/共有TODO
　for Office 365
・ネクストセット・ブラウザ切替機能 for Office 36
・ネクストセット・クラウドCRM for Office 365
・ネクストセット・地図データベース for Office 365
・ネクストセット・Myポータルガジェット for Office 365

14-1 IDパスワードの統合とセキュリティ機能— ネクストセット・シングルサインオン for Office 365

URL http://www.nextset.co.jp/sso.html

　いつでもどこでもネットワーク環境さえあれば利用できるのはOffice 365の大変便利な機能ですが、一方で、ネットカフェでOffice 365にサインインしたために情報が漏洩した、社員の個人端末（自宅のPCや個人のスマートフォン）から情報が漏洩した、といった事態も想定されます。シングルサインオン for Office 365は、サインイン可能なユーザーを、端末の種類やIPアドレスで制限できます。業務内容によっては、社内のネットワークからしかサインインできない、許可した端末からしかサインインできない、といった制限が必要になりますが、シングルサインオン for Office 365は、そのようなセキュリティ強化に役立ちます。

　Active Directoryと連携し、ユーザー情報、パスワードを一元管理することも可能です。

社内稟議・回覧を効率的にする機能―
ネクストセット・組織ワークフロー for Office 365
URL http://www.nextset.co.jp/workflow.html

　Office 365 サイトを活用して日本的なワークフローを実現します。稟議書や、交通費精算、休暇届などの各種の届け出文書など、上司や関係各所の承認印が必要な文書を、あらかじめ定めたワークフローに沿って処理します。単一のルートで処理するだけでなく、条件によって承認ルートを変化させることもできます。

　専用のレイアウトフォームビルダー、決裁ルートビルダーを利用して60種類以上のテンプレートを基に業務要件にあった申請書書式を簡単に作成することができます。

組織的なカレンダー共有機能—
ネクストセット・組織カレンダー for Office 365

URL http://www.nextset.co.jp/calendar.html

Office 365には予定表（カレンダー）機能がありますが、複数の予定表を合成して一緒に表示することはできるものの、ユーザー単位で管理するために、人数が増えてくると扱いが煩雑になります。

組織カレンダー for Office 365では、部署で共有する予定表を作成したり、特定の部署のメンバーの予定を一覧表示したり、組織図に従って部署単位でカレンダー表示を操作できます。国産グループウェア製品では一般的なカレンダービューが、Office 365でも可能になります。

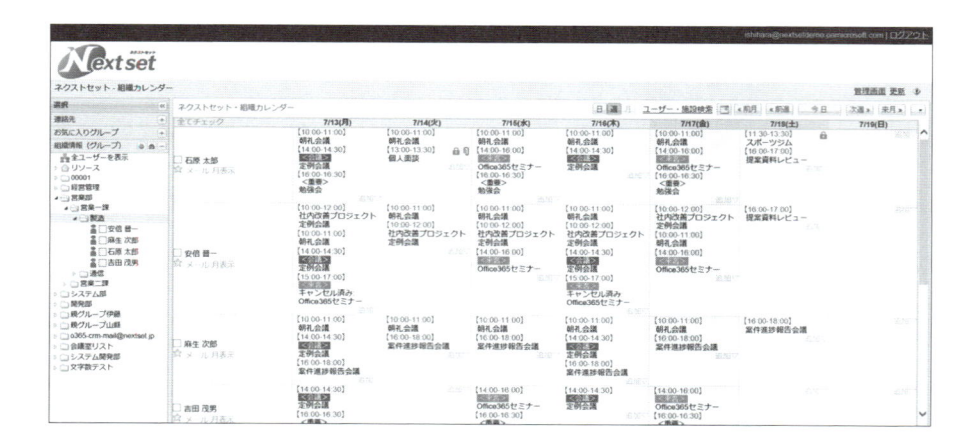

14-4 高機能で使いやすいアドレス帳機能— ネクストセット・組織アドレス帳 for Office 365

URL http://www.nextset.co.jp/address.html

　Office 365の連絡先（アドレス帳）機能よりも、より使いやすく工夫を凝らしたアドレス帳です。

　名前やメールアドレスだけでなく、部署名などでも検索できる高度な検索機能、階層的な組織図でのアドレス表示、よく連絡する相手を登録するお気に入り等、かゆいところに手が届く機能があります。また、アドレス帳を別ウインドウで表示できるので、アドレス帳を見ながら他の作業を行うことができます。デスクトップアプリのOutlookでも利用可能です。

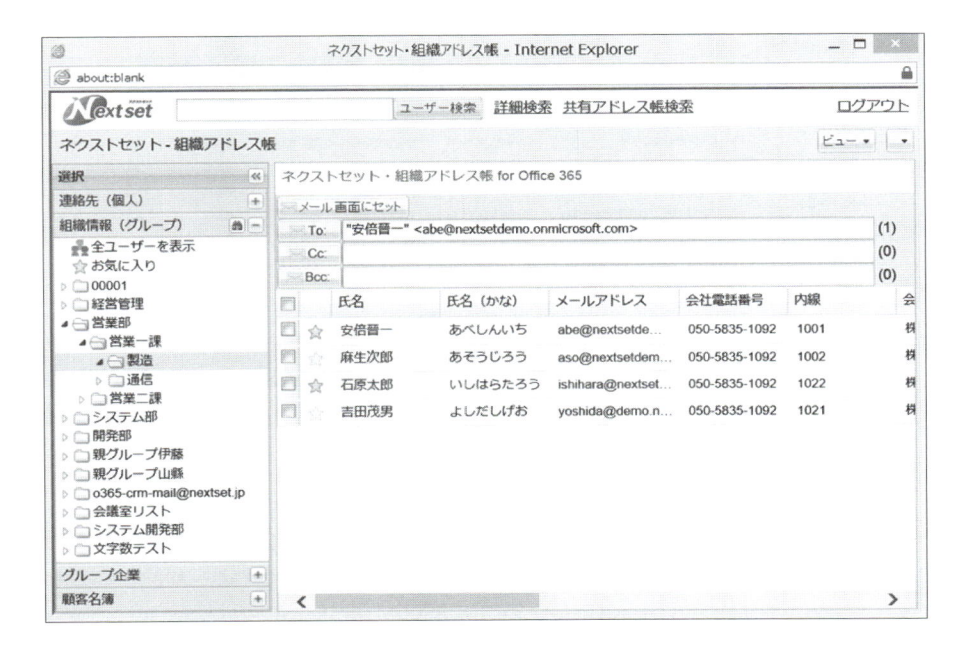

簡単で高度な文書共有機能—
ネクストセット・組織ドキュメント管理 for Office 365
URL http://www.nextset.co.jp/document.html

Office 365 の SharePoint Online で稼働するドキュメント管理システムです。

保存した文書について、詳細なアクセス権の設定、編集履歴の管理、ダウンロード権限の設定、全文検索、未読/既読管理機能など、豊富な機能を備えています。さらに、承認などのワークフロー機能も装備しています。

使いやすいだけでなく、セキュリティを確保しながら文書を共有できます。

Lotus Notes、Groupmax などからのデータ移行ツールも用意されているので、既存環境からの移行もできます。

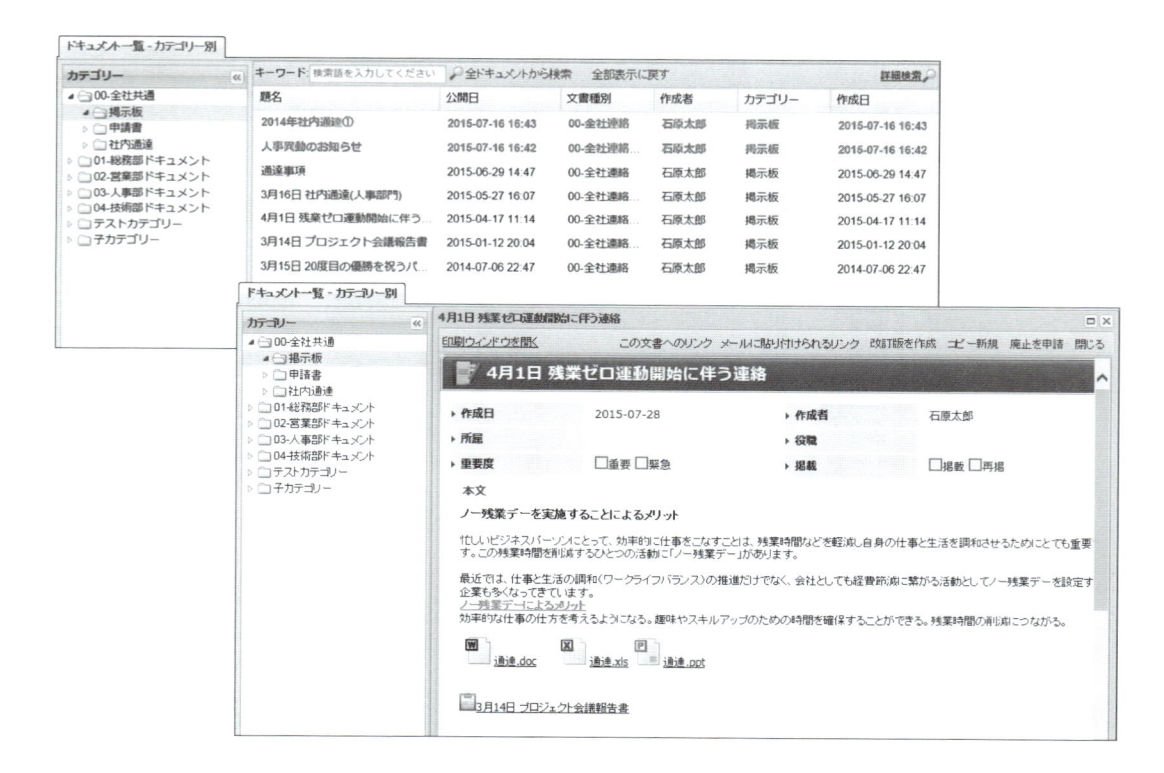

14-6 国産グループウェア製品のような掲示板/回覧板機能—ネクストセット・掲示板/回覧板 for Office 365

URL http://www.nextset.co.jp/bbs.html

　国産グループウェア製品と同等の使い勝手と機能を実現した掲示板/回覧板です。投稿ごとにアクセス権を設定できるほか、入力フォームや一覧表示スタイルを簡単にカスタマイズできます。さらに、誰が読んで誰が読んでいないのか、未読/既読を一覧表示する機能もあります。

　Lotus Notes からの移行ツールが用意されています。

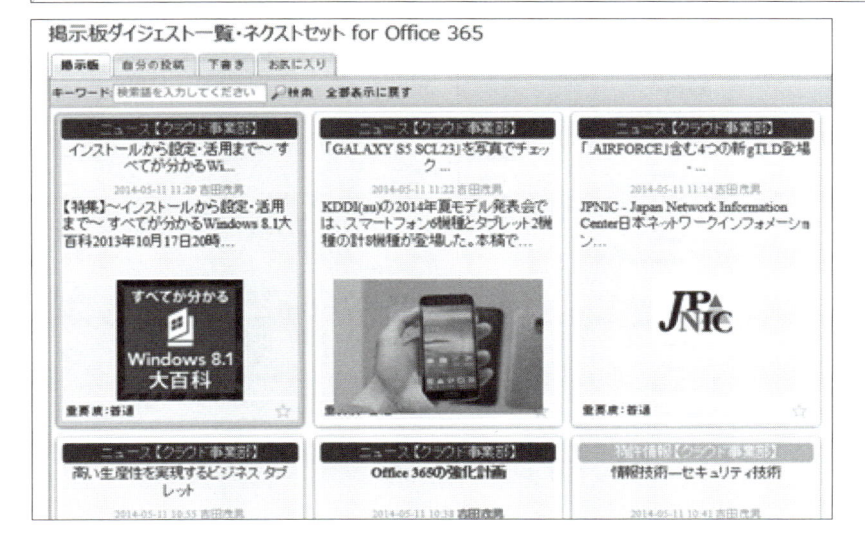

14-7 いざという時のための安否確認機能—
ネクストセット・安否確認 for Office 365

URL http://www.nextset.co.jp/anpi.html

　　Office 365 を使った安否確認システムです。Office 365 のユーザーはもとより、Office 365 のユーザー以外の対象者登録も可能です。あらかじめ安否確認対象者を登録しておくことで、緊急時には携帯電話、スマートフォン、タブレット等で入力された安否情報を短時間で集計します。GPSにも対応して、現在位置を取得できます。

　　また、災害時に計画どおりに機能するかどうかをテストする予行練習機能があります。

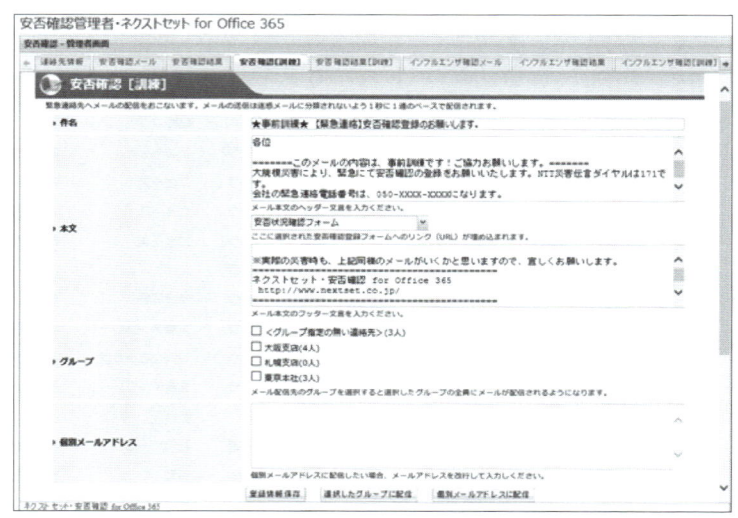

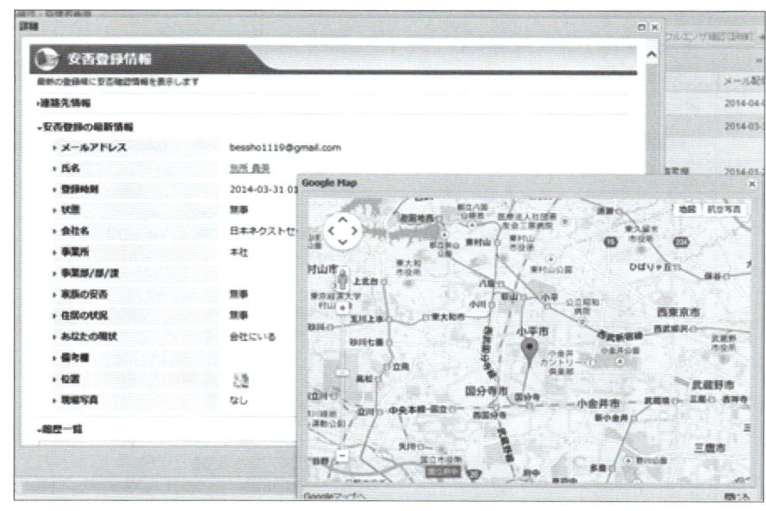

14-8　出退勤管理—
ネクストセット・勤怠管理/タイムカード for Office 365

URL https://www.nextset.co.jp/Kintaikanri_taimukado.html

Office 365 の SharePoint アプリとして稼働する勤怠管理システムです。

Office 365 のサイトやトップページに貼り込んで使えます。たとえば、Office 365 にサインインして、［出社］［退社］［外出］［帰社］ボタンをクリックするだけでタイムカードと同様に使えます。また、Felica カードリーダーと組み合わせることで、Felica（おサイフケータイ）対応のスマートフォンや携帯電話、各種 IC カード（Edy、nanaco、Suica、Pasmo など）をタイムカード代わりに使えます。

クラウドサービスである Office 365 で実現しているので、在宅勤務やサテライトオフィスなどの離れた拠点での出退勤も、特別な設備なしに統一的に管理できます。

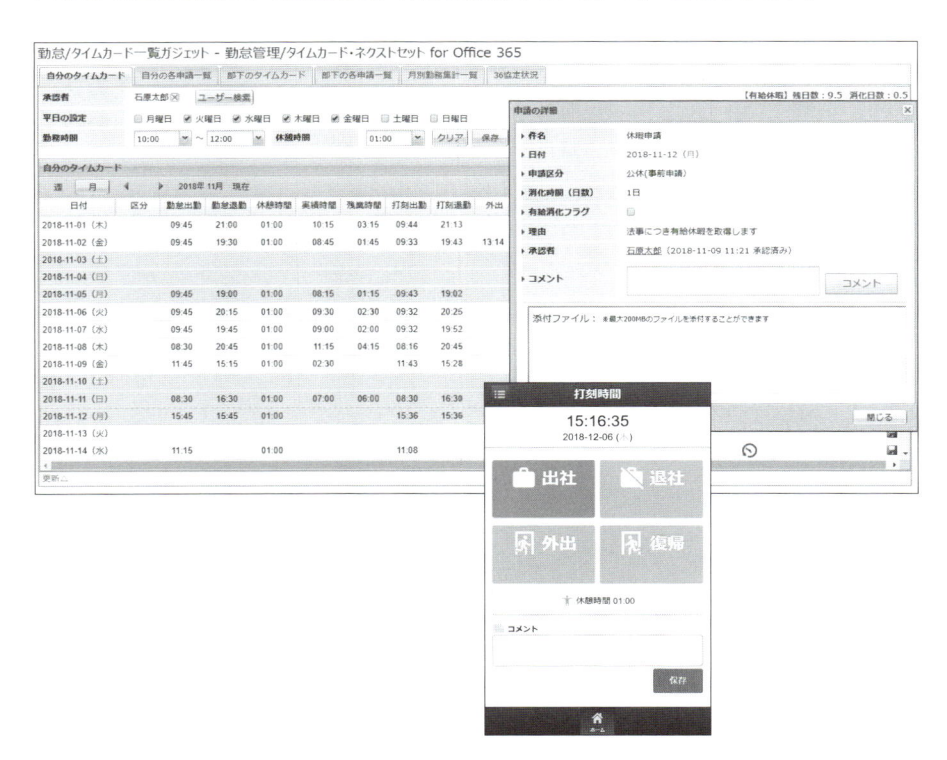

14-9 行き先予定在席確認機能—
ネクストセット・行先予定/在席確認/伝言メモ/共有TODO for Office 365
URL http://www.nextset.co.jp/memo.html

　ホワイトボードに各自の行き先を書く、在席確認を記す、伝言メモを貼る、ToDo（すべきこと）メモを貼る…といった、日本のオフィスで伝統的に行われている情報共有手段を、そのままOffice 365で実現します。国産グループウェアでもおなじみの機能です。

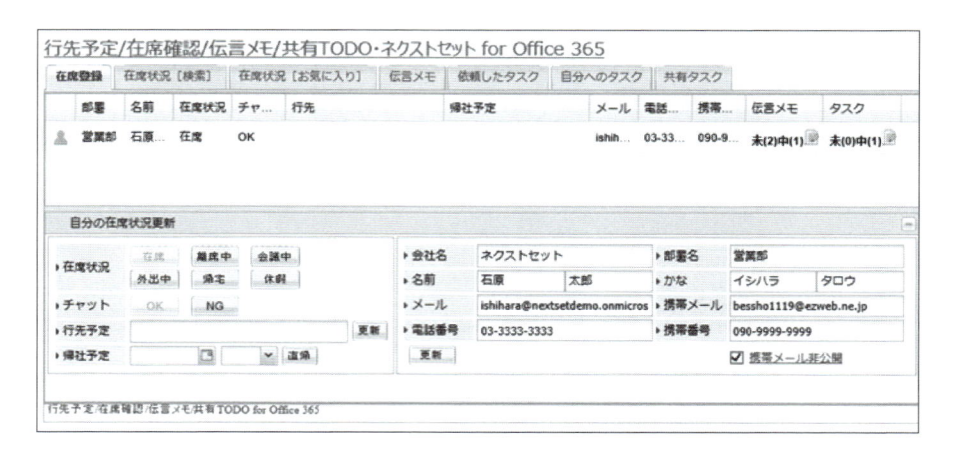

14-10 接続先によるブラウザーの自動切り替え機能―ネクストセット・ブラウザ切替機能 for Office 365

URL http://www.nextset.co.jp/browserswith.html

　Office 365 を使う時は Internet Explorer、社内基幹業務システムを使う時は Firefox、Google サービスを使う時は Chrome というように、接続先によって自動的にブラウザーを切り替えます。また、Chrome のシークレットモードにも対応しているので、アクセス履歴を残したくないサイトには、Chrome のシークレットモードで接続するように設定できます。

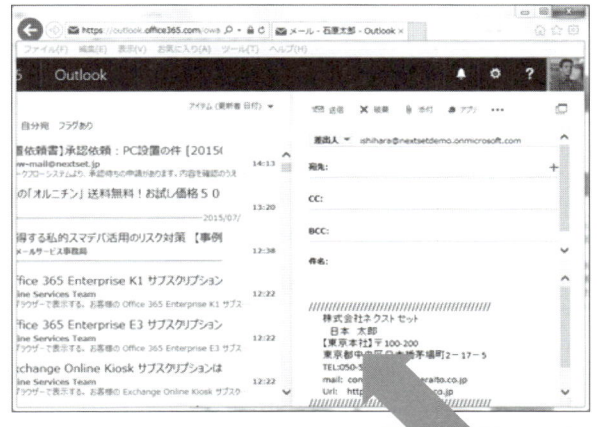

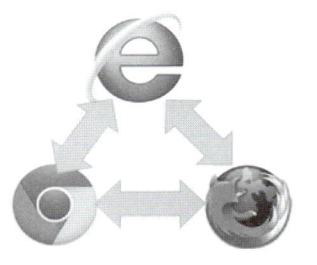

14-11 営業ツールCRM（顧客情報管理）— ネクストセット・クラウドCRM for Office 365

URL https://www.nextset.co.jp/crm.html

Office 365のSharePointアプリとして稼働するCRM（顧客管理）システムです。

顧客の企業情報、顧客からの問い合わせ、商談、営業活動、名刺管理、年賀状＆お歳暮などの季節の挨拶状管理など、多彩な情報を顧客という視点から一元的に管理します。また、Office 365のメールや予定表と連携できます。

スマートフォンにも対応していますので、外出先でもスマートフォンを使ってCRMを活用できます。

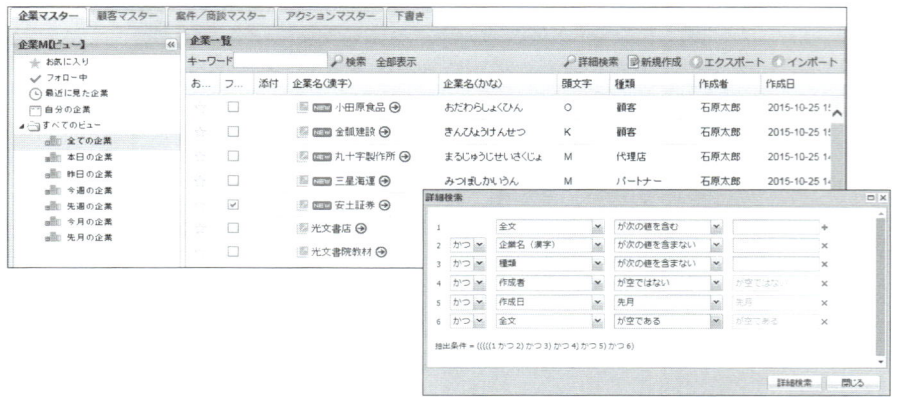

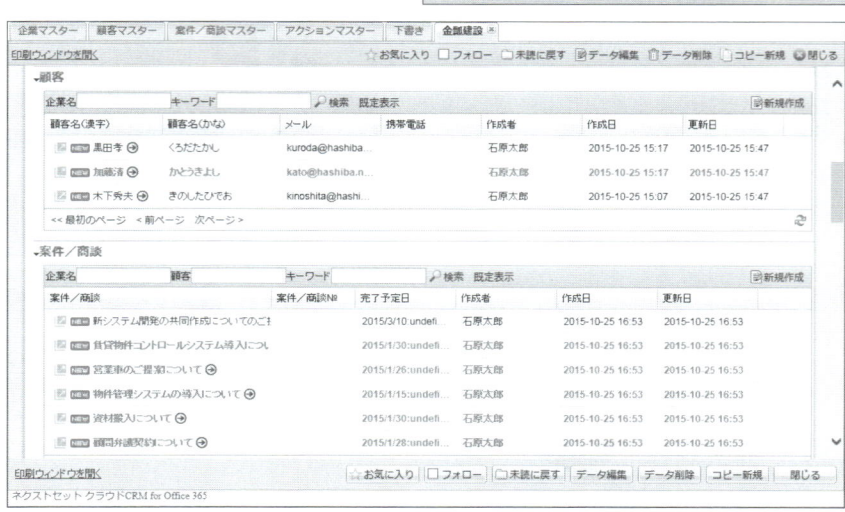

高度情報地図表示—
ネクストセット・地図データベース for Office 365

URL https://www.nextset.co.jp/mapdb.html

Office 365のSharePointアプリとして動作する地図アプリです。CSV形式の住所付きのデータファイルをアップロードすることで、地図上に各種データを表示する地図データベースを構築できます。

地図上に各種の統計情報などを表示してプレゼンテーションに活用したり、顧客情報や拠点情報を表示して営業ツールとして活用したり、複数の異なるジャンルの情報をレイヤーとして重ね合わせて情報分析に活用したりできます。

渋滞情報、ストリートビュー、ルート検索などの機能もあります。

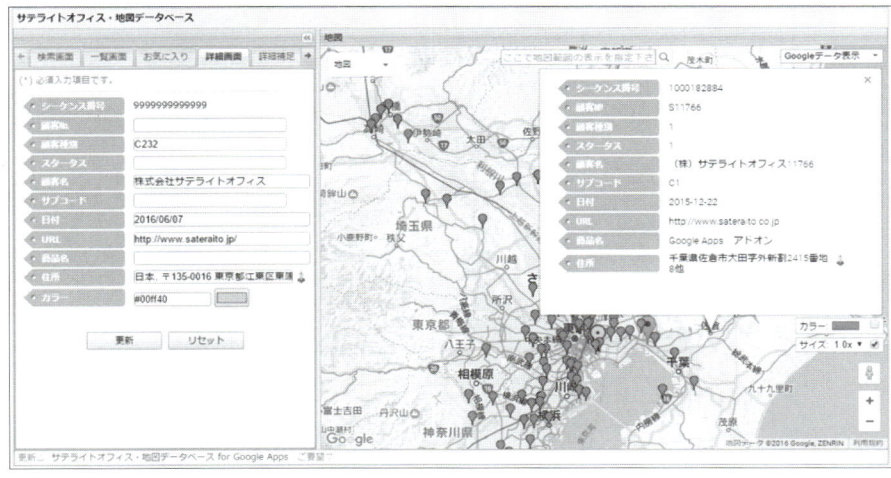

14-13 Webパーツで SharePoint を簡単に高機能化─ネクストセット・My ポータルガジェット for Office 365

URL https://www.nextset.co.jp/myportal_gadget.html

SharePoint 用の Web パーツ（ガジェット）集です。

SharePoint のページに貼り込むことによって、高機能で使いやすいカスタマイズページを簡単に作成できます。お知らせや新着メールを一覧表示したり、直近の予定をカレンダー表示したりなど、多彩な Web パーツを収録しています。

第 **4** 部

導入事例

第4部では、Office 365 を導入している企業の事例を紹介します。企業規模や業態はさままですが、いずれも Office 365 を導入して成果を収めている企業です。導入企業に同じ質問を投げ、自ら語ってもらう形式でまとめてあります。

成功した導入事例

導入事例として紹介するのは、以下の5社です。

- アルフレッサ システム株式会社
- 欧文印刷株式会社
- 株式会社カーメイト
- 株式会社トッキンHD
- 昭和音楽大学

導入のきっかけ、Office 365を選択した理由、導入までの課程、導入した効果、社内での評価など、共通した項目で回答をもらいました。

15-1 Office 365で情報共有と 情報活用を推進 ── アルフレッサ システム株式会社

アルフレッサ システム株式会社

15-1-1 Office 365導入のきっかけ

　サーバーの保守契約切れに伴うグループウェアのリプレースに際して、旧システム（オンプレミス）で抱えていた以下の重点課題を解決する必要がありました。

①メール保存容量に限界があるためメール保存期間を短く設定せざるを得なかった。

②1か所のデータセンターに設置してあったため、災害対策ができていなかった。

③マルチデバイス対応がなく、iPadからはメール限定での利用だった。

④夜間にシステム停止時間があり、24時間のうちメールが利用できない時間帯があった。

⑤ポータル画面の構成変更ができず、情報の集約ができなかった。

⑥アーカイブ機能がなく、過去メールの保管と監査対応ができなかった。

⑦ユーザー登録・変更・削除および組織改編時の作業が自動化されておらず効率が悪かった。

15-1-2 なぜ、Office 365なのか

　グループウェアの選定に関しては、オンプレミスとクラウドサービスを含め数社の製品を比較しました。課題だった「メール保存容量」も十分に用意され、災害時におけるデータセンターの対策も十分で、災害時の当社側のネットワーク設備の切り替えも可能であることを確認。比較検討の結果、機能、セキュリティ、コスト、将来性で優れているOffice 365を採用しました。

15-1-3 本格運用開始に至る道のり

　2014年3月にプロジェクトを立ち上げ、約8か月かけて本番運用を開始しました。導入時に悩んだ点は、業務上必須だと考えた「組織の階層構造からメールアドレスの選択」、「ファイル共有機能における文書の未読・既読の管理」という2つの機能がOffice 365では用意されていなかったことです。

　導入時には、Office 365の機能において「できること」と「できないこと」をユーザーに徹底できていなかったため、旧システムで可能だった「配信日時指定」および「既読

メールの確認」が利用できないとのクレームが導入直前にあり問題となりました。

「配信日時指定」は対象者限定でOutlookを利用して対応。「既読メールの確認」はアドオンツールの組織ドキュメント管理を利用し、指定のユーザーグループに情報を配信するという運用にして対応しました。

15-1-4 導入したアドオンツール

現在導入しているアドオンツールは、組織アドレス帳、組織カレンダー、組織ドキュメント管理、ブラウザ切替機能の4種類です。業務上必須だと考えた機能がOffice 365では用意されていないために導入を決定しました。

15-1-5 導入効果

Office 365を導入してよかったのは、大容量の領域が提供されたことにより情報をOffice 365に集約できるようになったことです。情報共有が容易になり、情報を活用しやすくなりました。また、iPadでも、アドオン機能を含め、ほぼ同等の機能が利用できることは大きなメリットで、有効利用されています。

業務中

15-1-6　社内の評価

導入当初、「表示速度が遅い」、「データ量が多いと一部表示されない」という問題が発生し、評判はよくありませんでした。しかし、アドオンの改良等により、当社の要望を実現してもらい、現在では有効なツールとなっています。

15-1-7　導入後の注意ポイント

ユーザー数が多い場合、運用面で、①想定以上の問い合わせの発生②クライアント環境のバージョンアップ対策の準備、という2つの注意点があります。

導入からまだ1年に満たない状況ですが、多数の問い合わせがあります。当社では、ヘルプデスクが一次窓口で問い合わせ受け付けを行っていますが、ヘルプデスクで対応しきれない内容に関しては、マイクロソフトのプレミアサポートを利用し解決しています。

クライアント環境において検討しておかなければならないことは、Office関連製品、ブラウザー製品のバージョンアップ対策です。今回、既存業務への影響を考慮し、Office 365のブラウザーにはFirefoxの採用を決定しました。Firefoxは頻繁にバージョンアップが行われるため、サポート対象であるバージョンを維持するための対策が必要となります。

当社では、バージョンアップ後、事前検証を実施した後に全グループ会社に展開しています。

15-1-8　今後導入する企業へのアドバイス

事前にOffice 365の機能調査を実施し、「できること」と「できないこと」を明確にし事前の情報共有を徹底することが大切です。

「できないこと」をあいまいにすると導入段階でのトラブルになりかねません。

「できること」においても、運用上注意すべきことは、事前にルールを作成し徹底することが必要です。

■基本データ

- 導入したアカウント数：約10,000（2015年4月1日現在）
- 社員数：50名
- 資本金：1億5,000万円
- 本社所在地：東京都千代田区大手町1丁目1番3号　大手センタービル23F
- 主な事業内容：アルフレッサグループ向けの情報システムの運用・保守および開発

本社のある大手センタービル

15-2 Office 365の導入で、利便性向上とセキュリティ強化の双方を実現 —— 欧文印刷株式会社

15-2-1 Office 365導入のきっかけ

Office 365を検討していた頃、課題が2点ありました。1点は使っていたメールシステムが古かったこと。もう1点はOffice 2003のサポート切れが間近だったことです。Office 365利用前はLinuxのqmailを外部のサービスで使っていました。運用上大きな問題はなかったのですが、qmailが古かったことと、POPで受信していたので、スマートデバイスに対応していませんでした。スマートデバイスでも使えるメールの検討は2011年頃よりしていましたが、Office 365側の問題もあり、導入には至りませんでした。2014年になって、Office 365側の問題もクリアされたため、導入に踏み切りました。

2014年は、Windows XPと同時にOffice 2003のサポート終了の年でしたので、次のOfficeをどうするかが喫緊の課題でした。そこでOfficeのフルバージョンが使えるOffice 365に目を付けました。

15-2-2 なぜ、Office 365なのか

メールとOfficeの両方が課題でしたが、OfficeについてはOfficeのフルバージョンを5台のPCにインストールできることが決め手でした。ライセンスの管理も楽になり、利用者と管理者の双方にメリットがあると思いました。

メールについては、各社ともそれほど大きな違いはないと思いますが、まずはディスク容量等のスペックに比して価格がリーズナブルだったことが挙げられます。

Office 365のデータセンターは当時、海外にありましたが、他社と違い、日本の法律が適用される、というのもポイントでした。

アクセス制御は必須の要件でしたが、こちらで求めていた要件（WindowsとMac両対応および管理のしやすさ）を満たすシングルサインオンツールがOffice 365向けに存在していたことは大きかったです。

15-2-3 本格運用開始に至る道のり

まずはメールを切り替え、その後にグループウェアを切り替える、というように段階的に切り替えました。導入決定からメールの運用開始までは2か月半、グループウェアの切り替えを含めた完全移行までは4か月でした。

メールは即、業務に影響しますので、切り替えには神経を使いました。最初、DNSの切り替えがうまくいかず、つまずきましたが、記述方法の問題だとわかり、ほぼ計画どおりに切り替えられました。

シングルサインオンに関して、最初は設定の仕方がまったくわからなかったのですが、アドオンを提供している会社の手厚いサポートにより、無事設定することができました。アドオン以外でもOffice 365の設定に関することなど、いろいろと助けていただきました。

Office 365導入後に、Web版Outlook（Outlook on the web）がマシンのメモリを大量に消費することがわかり、急遽、仮想環境のメモリの割り当てを増やしました。

┏━オリジナル商品のnu board（ヌーボード＝ノートタイプのホワイトボード）

┏━nu boardの展示風景（東京ビッグサイト）

15-2-4　導入したアドオンツール

シングルサインオン、組織ワークフロー、組織カレンダー、組織アドレス帳、掲示板/回覧板、伝言メモ、タイムカードを導入しています。Office 365は世界中どこからでも利用できてしまうため、シングルサインオンはアクセス制御をするために必須のアドオンでした。iPadやAndroid端末で利用できるセキュリティブラウザも使用していますが、こちらも大変重宝しています。その他のアドオンはそれまで使っていたグループウェアと使い勝手を同等にするために導入し、ほぼ目的を達成しました。

15-2-5　導入効果

会社のPC環境は、Office 365導入前からシンクライアント環境でしたので、いわゆるリモートアクセスはできていましたが、スマートフォンなどPC以外からでもメールやスケジュールが確認できるようになりましたので、業務効率が向上しました。シングルサインオンツールのおかげで、利便性とセキュリティの両方が維持できていると感じています。

15-2-6　社内の評価

社内での評判はプラス面とマイナス面がありますが、トータルで考えるとプラスになっていると思います。アドオンツールのおかげで、これまで使用していたグループウェアとほぼ同等の使い勝手が維持できています。特にシングルサインオンと組織カレンダーについては、重宝しています。マイナス面についてはメールの一覧で表示可能な件数が少ないことと、Web版Outlook（Outlook on the web）を使っているため、マシンのメモリを大量に消費することです。

バージョンアップによる変化が多いことはクラウドならではの点ですが、これはプラス面でもあり、マイナス面でもあると思います。それでもポジティブに捉え、変化を楽しむようにしています。

15-2-7　導入後の注意ポイント

Office 365に限ったことではありませんが、利用者が自分のパスワードを忘れたり、パスワード変更に失敗したりするケースが時々見受けられます。ユーザーから問い合わせがあった時に、すぐに管理画面を開けるようにしています。管理画面では不正アクセスの監視も行っています。

また、バージョンアップによる変化が多いので、利用者に影響するようなものは掲示板等で告知するようにしています。可能な限り事前に情報を入手するよう心がけています。

15-2-8　今後導入する企業へのアドバイス

　導入の目的をしっかりと定め、それを実現するためにいいパートナーを探すことが重要だと思います。

　Office 365の機能に関しては、OutlookのアプリケーションをPCに入れて使うのではなく、Web版Outlook（Outlook on the web）を使うことをお勧めします。度重なるバージョンアップにより、デスクトップアプリ版のOutlookと遜色ないと思います。クラウド上のアプリを使うことでPCへのインストールが不要になり、管理も楽になります。この場合、使用するブラウザーの選択がポイントになると思います。つまり、Internet Explorerよりも、他のブラウザー（Edge、Chrome、Firefox）の方が動作が軽快です。

■基本データ

- 導入したアカウント数：100（2019年4月30日現在）
- 社員数：120名
- 資本金：1億円
- 本社所在地：東京都文京区本郷1丁目17番2号
- 主な事業内容：商業印刷物、マニュアル、出版印刷物の企画・制作・印刷・製本
  名刺・ブログ本・フォトカレンダー等作成のWebサービスの開発・提供

　本社ビル

15-3 社内コミュニケーションの活性化と 業務効率の改善を狙いにOffice 365を導入 —— 株式会社カーメイト

15-3-1 Office 365導入のきっかけ

　以前から当社では、旧グループウェアに対して数多くの要望が出ており、リプレースを検討していました。主な要望や課題は、掲示板の検索性や、スケジュール管理、メールやインスタントメッセージ（IM）など社内コミュニケーションツールの統合、文書管理、ポータルサイト、ワークフローなどです。また、社内文書で使用頻度の高いExcelやWord、PowerPointのバージョンの不整合などの課題もありました。

　過去の検討では、なかなかこの要件を満たすシステムを見つけることができませんでしたが、一昨年からグループウェアについて本格的に調査や検討を開始し、Office 365を知りました。Office 365ではこれらの課題を、一気に解決できると判断し、今回の導入に至りました。

15-3-2 なぜ、Office 365なのか

　以前からスケジュール管理機能の使い勝手についてはこだわりを持って探していましたが、他のシステムと比較し、カレンダー機能のポイントが高かったことがOffice 365を選択した理由です。これに加えて、掲示板の検索性の高さやポータルサイトのカスタマイズが可能なこと、ワークフローを柔軟に組み込めること、さらに、Word、Excelの文書管理など、グループウェアとして全体的に評価が高く、これまでの課題を概ね、解決できるシステムだったのです。

360度ドライブ
レコーダー
「ダクション 360 S」

あおりの記録ほかさまざまな交通トラブルに
対応する360度撮影モデル

15-3-3　本格運用開始に至る道のり

　導入決定から、本格運用開始までの期間は約6か月でした。導入時に悩んだ点は、まず、基本的なポータルサイトの作り方と運用方法の決定でした。また、今回導入したシステムは、アドオンツールなどを含めると多機能で、各機能の利用ポリシーの個別検討や導入時のユーザー教育やQ&A対応に苦労しました。

15-3-4　導入したアドオンツール

　導入したのは、ネクストセット社の「組織ワークフロー、安否確認」とHDE社のHDE Oneサービス「認証、メール保留、添付ファイル自動暗号化、セキュアブラウザ」。ワークフローや、認証に関しては、弊社にとっては必須項目だったことが導入の理由です。

15-3-5　導入効果

　Office 365の導入メリットの1つは、メールやIMに顔写真が表示されるため、社内コミュニケーションの活性化につながりました。また、アドオンツールの導入は、グループウェアとしての社内要求をOffice 365だけでは満たすことができないため必要不可欠でした。ネクストセット社のワークフローは自由度が高く、従来、申請書類を印刷物の回送で運用していた部分をワークフロー化することで経費節減や業務効率の改善に寄与しました。

0ヶ月から使える『エールベベ・フラコット』

◣ 0ヶ月から3歳頃まで、ロングユースのコットタイプベビーカー

15-3-6 社内の評価

Office 365、アドオンツールともに、概ね、評判は良好ですが、「使い勝手が悪い」と指摘されている部分も若干あります。ワークフローについては、埋め込み部分のカスタマイズや、ワークフロー画面のカスタマイズなどが柔軟に対応できないところが、今後改善されるといいと思います。

15-3-7 導入後の注意ポイント

導入後、質問等はQ＆Aサイトを作るようにしています。また、社内で使い勝手が悪いといわれている部分については改善案を検討し、対応を進めています。Office 365は他のクラウドサービスに比べて進化が早いので、その動向を把握し、ユーザー向けの展開準備を早めに行うことに気をつけています。

「INNOルーフボックス」

▶ キャンプ用品から自転車までさまざまものが搭載できるルーフキャリア

15-3-8 今後導入する企業へのアドバイス

Office 365の全機能をオンプレミスで実現しようとすると、非常に多くのサーバーやアプリケーションを必要とする大規模システムとなりますが、Office 365を利用することで、システム管理者にとってはインフラ面の運用負荷を削減できるメリットがあります。Office 365は多機能なため、各機能の管理や運用項目は多岐にわたります。当社の場合は、必要最小限の機能からスタートして徐々に機能拡大を計画的に進めています。また、1つ1つの機能についてポリシーを作成して運用設計を行い、ユーザー教育も含めた導入準備をしっかりと行うことで、失敗しない導入が実現できると考えています。

■基本データ

- 導入したアカウント数：約500
- 従業員数：348名（2019年3月31日現在）
- 資本金：16億3,770万円
- 本社所在地：東京都豊島区長崎5丁目33番11号
- 主な事業内容：カー用品、アウトドア・レジャー・スポーツ用品、スノーボード類の製造・販売

本社ビル

中国からのアクセスを重視し、Office 365 を導入
—— 株式会社トッキンHD

15-4-1　Office 365導入のきっかけ

　以前はNotesを利用していましたが、下記の問題点があり、その解消のために導入しました。

- Notesのサポート期限切れが迫っていた。
- Notesのバージョンが古く、相手側とのメール互換性（他言語、Outlookからのメールがwinmail.datになるなど）に弱い部分があった。
- 社内にNotesサーバーを置いていたため、BCP対策に苦慮していた。
- 社外からメールを閲覧する仕組みは構築していたが、使い勝手が悪く、利用者も限られていた。
- 予定表を別ツールで運用していたため、Notesと連携できなかった。
- 海外からのメールアクセスが遅くストレスになっていた。
- メールサーバーの容量が逼迫していた。

15-4-2　なぜ、Office 365なのか

　海外からもアクセスできること、特に、工場がある中国からのアクセスを重視しました。また、使い慣れたMicrosoft OfficeのWeb版であるOffice Web Appで共同作業ができること、メール容量の豊富さ、ネクストセット社のアドオンを組み合わせることで今までと同じ機能が実現できたこと、低価格で、スマホからのアクセス機能も決め手になりました。さらに、完全Webサービスよりも、操作に不慣れな方でも操作しやすいOutlookでの運用が可能だったこともOffice 365を選んだ理由です。

15-4-3 本格運用開始に至る道のり

2014年9月末　導入決定
2015年1月　　運用開始（メール、掲示板、ワークフロー）
2015年2月　　予定表運用開始
2015年3月　　OneDrive運用開始
2015年7月　　Skype for Business運用開始

早い段階でクラウドサービスのグループウェアにすることは決まっていましたが、製品選定でどの製品も一長一短があり、どの点を最優先に考えて選定するかで悩みました。

また、Office 365に決まった後もNotesからのメール切替がスムーズに行くかが最大の懸案事項でしたが、ネクストセット社のアドバイスのおかげでスムーズに切り替えられました。

主力製品の1つである冷間圧延鋼帯・非鉄条

15-4-4 導入したアドオンツール

組織カレンダー（複数人の予定表をまとめて閲覧できる）、組織ドキュメント管理（社内掲示板・議事録として利用。発翰時の承認機能があり、ポータルサイトにガジェットとして載せることができる）、SSOツール（アクセス制限実現）、組織ワークフロー（稟議等、ワークフロー文書の運用）、セキュリティブラウザ（スマートフォンからのアクセスが容易）を導入しています。非常に安価で導入できました。

15-4-5 　導入効果

　外出が多い人にとって非常に便利になったと感じています。外出先・移動中に手軽にメール・予定表のチェックができ、双方に連絡が取れやすくなりました。また決裁者にとってはモバイル端末から承認業務ができることで決裁スピードが速くなり、全体的な業務効率の向上につながっていると感じています。

15-4-6 　社内の評価

　一番多く耳にするのは、スマホからの利用がしやすくなったということ。メール・予定表・掲示板の確認、承認業務がどこでもできることは喜ばれているようです。また社外からのアクセスも以前のように社内サーバーを経由せずにすむので、アクセスの容易さという点で評判は上々です。

　ただ、今までのNotesが内製でワークフロー機能を作成していたため、かなり社内ローカルルールに対応していました。今回、切り替えたことでユーザーの細かい要望には応えられなくなっているのでその部分をどう解消していくかが課題として残っています。

　また、掲示板が公開された場合、アラートで知らせるような仕組みがあるとより便利になると感じています。

15-4-7 　導入後の注意ポイント

　機能が多岐にわたりますので、ユーザーの習熟度とシステム管理者側の機能理解度を鑑みながら徐々に機能をお披露目していくようにしています。新機能を運用する際は、事前にシステムグループ内で検証やどういうシナリオで運用を促すか等を話し合ったうえで、ユーザーに伝わるようなマニュアル作成や説明会を実施し運用開始するようにしています。

15-4-8 　今後導入する企業へのアドバイス

　製品選定の段階では、要望が多ければ多いほどすべての希望を満たすものはなかなかないと思います。その際に妥協できる部分とできない部分をある程度整理したうえで選定に臨むと、求めているグループウェアが見えてくると思います。また、製品選定後も切り替えまではかなりの労力を使いますので、経験豊富な代理店がサポートに入ってもらえることでスムーズに切り替えまでたどりつくことができると思います。

■**基本データ**

- 導入したアカウント数：173（2019年1月現在）
- 従業員数：254名（2018年1月現在）
- 資本金：5,000万円
- 本社所在地：東京都豊島区目白1丁目4番25号　目白博物館ビル6F
- 主な業務内容：電子機器をメインに自動車・精密機器部品に向けた、精密金属材料の開発・製造・販売、日帰り温浴事業、不動産賃貸事業

本社ビル

15-5 コスト削減と管理負荷軽減を目指し オンプレミスから Office 365 へ —— 昭和音楽大学

15-5-1 Office 365導入のきっかけおよび本格運用開始に至る道のり

　オンプレミスのシステムからコスト削減と管理負荷の軽減を狙って、クラウド型システムへの移行を2012年頃から検討し始めました。Googleのサービスも検討した結果、まずは移行しやすいメールからということでOffice 365の利用を開始したのが2013年です。その後、2014年末から移行を開始。データ移行のためのマニュアルを配布し、旧システムと並行利用しながら約3ヶ月での移行処理をユーザーに求めました。

15-5-2 アドオンを導入した理由

　スケジュールを移行するにあたって、日本的な組織管理を必要としたからです。Office 365には該当する機能がありませんでしたが、以前利用していたサイボウズと同程度の機能を持たせることで、ユーザーにも使いやすいものになると考えました。2015年4月にはOffice 365とネクストセットのアドオンを組み合わせた新システムを本格稼働させると決めました。

15-5-3 導入したアドオンツール

　組織カレンダーと、掲示板/回覧板を利用しています。掲示板は行事案内に利用しています。最も利用しているアドオンは組織カレンダーです。

15-5-4　ネクストセットを選択した理由

似た機能の他社製品と比較してコストメリットがありました。またOffice 365の中で完結してくれるので別途システム管理が不要なのがいいと感じました。検討していた頃、マイクロソフト主催のセミナーにネクストセットが参加していたのに出会い、相談して導入を決定しました。

15-5-5　導入にあたっての苦労

特に苦労はしていません。試験的な導入ではシンプルで問題ないと感じました。移行にあたってはデータ移行マニュアルを作成し、ユーザー自身に並行運用期間の中で移行作業をしてもらいましたが、古いデータは不要だという人もいました。一部こういう作業に不慣れなユーザーには深いサポートが必要になりましたが、Gmail等でクラウド型サービスになれていた人も多く、移行に困ったというユーザーは多くありませんでした。

15-5-6　導入効果

現時点ではオンプレミスシステムで利用していたサーバーが不要になり、アカウントコストも下がったことがメリットです。今後は利用拡大を検討しており、他社サービスからOffice 365とネクストセットのアドオンという組み合わせにまとめることでさらにコストの軽減ができる予定です。

創立者である下八川圭祐氏の像

15-5-7　今度導入予定の機能

　ネクストセットのシングルサインオンを導入し、利用ユーザーを大きく増やす予定です。まず2019年度から学生向けにシングルサインオンの利用ができるようにすることで、利便性の向上を図ります。また災害対策として安否確認も利用する予定です。入学前教育の実施にアンケートフォームも使いたいと考えています。さらに非常勤講師を含めた運用も計画しており、まずは準備段階としてアカウント発行を予定しています。

　ネクストセットは、アドオンの機能が追加されたり、新しいアドオンが登場したりと機能追加が豊富で使ってみたいものもいろいろ出てくるので楽しみにしています。電話やメールのサポートも迅速で、問題が解決しなかったことはありません。アカデミック契約で新規アドオンを利用しやすい環境なので、これからも活用していきたいと考えています。

■基本データ
- 導入したアカウント数：約2,000（Office 365のアカウント）
- 教職員数：775名（2019年5月1日現在）
- 所在地：神奈川県川崎市麻生区上麻生1-11-1

校舎

索引

A

Access ···································· 7
Active Directory ······················· 38
Android ································ 134
Azure ··································· 10
Azure Active Directory ············· 10,38

B

BCC ···································· 49

C

CC ····································· 47
CNAMEレコード ······················· 216

D

DNSサーバー ··············· 215,216,233

E

Excel ······························ 7,124
Exchange Online ···················· 7,9,40

G

Google Drive ························ 177

H

HTML形式 ····························· 50

I

IMAP4 ································· 41
iOS ·································· 134
IRM ·································· 302

M

Microsoft Teams ················· 7,146
　GIFアニメーション ················ 156
　アプリの追加 ···················· 174
　絵文字 ·························· 156
　会議の開催 ····················· 158
　会議の予約 ····················· 161
　クラウドストレージの追加 ········· 177
　コンテンツタブの作成 ············· 172
　ステッカー ····················· 157
　チャネルの作成 ·················· 165
　チャネルの設定 ·················· 166
　メッセージの書式設定 ············· 154
　メッセージの送信 ············· 151,163
　メッセージへのファイルの添付 ······ 154
　メッセージへの返信 ··············· 153
　メンションを使用したメッセージの送信 ······ 151
Microsoft Teams デスクトップアプリ ···· 146
Microsoftアカウント ················· 38
Multi-Geo ·························· 246
MXレコード ················ 216,233,234

O

Office 2019 ·························· 8
Office 365 ·························· 4
　オンライン契約 ·················· 220
　課金内容 ······················· 251
　課金に関する通知 ················ 252
　カスタムテーマ ·················· 242

既定のドメイン名の設定 ……………………… 236
旧システムからの移行 ………………………… 217
契約方法 ………………………………………… 218
サービス ………………………………………… 6
サービスの購入 ………………………………… 247
サインアウト …………………………………… 17
サインイン ……………………………… 12,226
サブスクリプションの確認・変更 …………… 249
組織のプロファイルの設定 …………………… 240
データの格納場所 ……………………………… 246
導入前の準備 …………………………………… 214
ドメイン名の移管 ……………………………… 240
ドメイン名の削除 ……………………………… 238
ドメイン名の取得 ……………………………… 229
バージョンアップ ……………………………… 242
プラン ……………………………………… 6,214
プランの変更 …………………………………… 249
メニューのカスタマイズ ……………………… 244
ライセンスの確認 ……………………………… 252
リリーストラックの設定 ……………………… 241
レジストラから取得したドメイン名の設定 …… 232
Office 365 Business …………………………… 7
Office 365 Business Essentials ……………… 7
Office 365 Business Premium ………………… 7
Office 365 Enterprise E1 ……………………… 7
Office 365 Enterprise E3 ……………………… 7
Office 365 Enterprise E5 ……………………… 7
Office 365 ProPlus …………………………… 7
Office 365 Solo ………………………………… 8
Office 365 アプリ …………………………… 134
Office 365 管理センター ……………………… 10
　開く ………………………………………… 227
Office 365 グループ ………………… 146,292
Office Home & Business ……………………… 8
Office Personal 2019 ………………………… 8
Office Professional 2019 …………………… 8
Office Standard 2019 ………………………… 8
Office アプリでのファイルの作成 ………… 105
Office デスクトップアプリ ………………… 124
　OneDrive for Business 上のファイルの共有 …… 130
　OneDrive for Business 上のファイルを開く ……… 128

OneDrive for Business にファイルを保存 …… 127
アクティブ化 …………………………………… 23
インストール …………………………………… 21
サインアウト ……………………………… 26,126
サインイン ………………………………… 24,124
非アクティブ化 ………………………………… 23
ユーザーの切り替え …………………………… 26
ライセンス認証 ………………………………… 23
OneDrive …………………………………… 7,100
OneDrive for Business …………… 10,54,100
アイテムの移動・コピー …………………… 108
アイテムの共有 ……………………………… 114
アイテムの削除 ……………………………… 107
アイテムの名前変更 ………………………… 109
アイテムの復元 ……………………………… 107
共有されているアイテムを開く …………… 116
共有したアイテムの確認 …………………… 116
サインイン …………………………………… 28
開く …………………………………………… 101
ファイルのアップロード …………………… 110
ファイルの作成 ……………………………… 104
ファイルのダウンロード …………………… 111
ファイルを開く ……………………………… 112
フォルダーの作成 …………………………… 103
複数ユーザーで同時編集 …………………… 117
ローカルフォルダーとの同期 ……………… 118
OneDrive クライアントアプリ …………… 121
OneNote ……………………………………… 7
Outlook ……………………………… 7,40,134
アカウント登録 ……………………………… 27
設定 …………………………………………… 71
Outlook（Web 版） ………………………… 40,42
スタイルの切り替え ………………………… 43

P

POP3 …………………………………………… 41
Power BI Pro ………………………………… 8
PowerPoint ……………………………… 7,124
Publisher ……………………………………… 7

S

SharePoint Online ································· 7,9,100,196
Skype for Business ····························· 10,146,216
SRVレコード ·· 216,234

T

TXTレコード ·································· 216,233,234

W

Webアプリ版Office ································· 7,9
Webパーツ ································· 205,208
Windows
　既存ユーザーへのOffice 365ユーザーへの割り当て ···· 35
　ユーザーの追加 ····························· 33
　ユーザーの登録 ····························· 31
Word ·· 7,124

Y

Yammer ································· 146,184
　グループの作成 ····························· 190
　グループのメンバーの管理 ················· 192
　セットアップ ····························· 184
　他のグループへの参加・脱退 ············· 193
　他のユーザーのフォロー ················· 189
　メッセージの絞り込み ····················· 187
　メッセージの投稿 ························· 186
　メッセージへの返信 ····················· 187
Yammerデスクトップアプリ ················· 185

あ

アイテム ·· 103
アドオン ································· 132,304
アプリ ·· 132
移転ロック ································· 238
インプレース検索 ····························· 8
永続ライセンス ····························· 7

音声会議 ·· 158
オンプレミス ································· 4

か

会議室 ·· 83
　登録 ·· 272
開始曜日 ·· 82
カスタムタイル ····························· 244
カテゴリ ·· 60
稼働時間 ·· 82
稼働状況 ·· 298
稼働日 ·· 82
管理者 ·· 5
管理専用アカウント ························· 258
キャッシュモード ························· 73
共有メールボックス ························· 285
　作成 ·· 285
　設定 ·· 288
　開く ·· 69
共有連絡先 ·· 94
　個人用連絡先に取り込み ················· 96
　連絡先の登録 ····················· 270,284
クラウド ·· 4
グループ ·· 292
　追加 ·· 292
　配信の設定 ····························· 296
　メンバーの管理 ····················· 295
クレジットカード ····················· 220,223
言語 ·· 20
個人アカウント ····························· 38
個人用連絡先 ····························· 94
　共有連絡先から取り込み ················· 96
コミュニケーションサイト ··········· 196,199
コンテンツ ································· 205
コンプライアンス ························· 7

さ

サイト ·· 196
　Webパーツの編集 ····················· 208

アクセス権の管理 ……………………………… 202
削除 ……………………………………………… 201
作成 …………………………………… 197,199
セクションの編集 ……………………………… 206
ページデザインの設定 ………………………… 205
ページの発行 …………………………………… 206
ページの編集 …………………………………… 206
ユーザーの登録 ………………………………… 202
サインアウト ……………………………… 17,26,126
サインイン ……………………… 12,24,28,124,226
サブスクリプション ……………………… 6,249
自動応答 ……………………………………………… 63
職場または学校アカウント …………………… 38
署名 ……………………………………………………… 48
所有者 …………………………………………… 202
スタートページ ………………………………………… 20
スマートフォン ……………………………… 134
アカウント同期 ………………………… 138
スレッド表示 …………………………………… 58
セキュリティグループ ………………………… 292
セクション ……………………………… 205,206
設定ページ …………………………………………… 20
組織アカウント ………………………………… 38
訴訟ホールド ……………………………… 7,302
その他のメール ………………………………… 44
優先メールに変更 ……………………… 45

た

タイムゾーン ………………………………………… 20
タグ ……………………………………………… 187
タスク
完了 ……………………………………………… 91
作成 ……………………………………………… 91
チーム …………………………………………… 146
共有フォルダーへのファイルのアップロード … 168
作成 ……………………………………………… 147
設定 ……………………………………………… 180
メンバーの管理 ……………………………… 179
チームサイト ……………………………… 196,197
チャット ………………………………………… 151

チャネル ………………………………………… 165
管理 ……………………………………………… 180
通知 ……………………………………………………… 20
データセンター ………………………………… 246
テーマ …………………………………………………… 20
テキスト形式 …………………………………………… 50
テナント ……………………………………… 5,214
添付ファイル …………………………………………… 50
トップページ …………………………………………… 16
戻る ……………………………………………… 17
ドメイン ………………………………………… 5,6
ドメイン名 ……………………………………… 214

な

ネクストセット・My ポータルガジェット for Office 365 … 316
ネクストセット・クラウド CRM for Office 365 ………… 314
ネクストセット・シングルサインオン for Office 365 …… 304
ネクストセット・ブラウザ切替機能 for Office 36 ……… 313
ネクストセット・安否確認 for Office 365 ……………… 310
ネクストセット・勤怠管理 / タイムカード for Office365 … 311
ネクストセット・掲示板 / 回覧板 for Office 365 ………… 309
ネクストセット・行先予定 / 在席確認 / 伝言メモ / 共有 TODO
for Office 365 ……………………………… 312
ネクストセット・組織アドレス帳 for Office 365 ………… 307
ネクストセット・組織カレンダー for Office 365 ………… 306
ネクストセット・組織ドキュメント管理 for Office 365 … 308
ネクストセット・組織ワークフロー for Office 365 ……… 305
ネクストセット・地図データベース for Office 365 ……… 315

は

背景画像 ………………………………………… 243
配布リスト ……………………………………… 292
パスワード …………………………………… 20,263
変更 ……………………………………………… 13
有効期限 ………………………………………… 276
リセット ………………………………………… 13
リセットの許可 ………………………………… 277
パブリック ………………………………… 149,292
ビデオ会議 ……………………………………… 158

備品 ……………………………………… 272

プライバシー ……………………………… 292

プライベート ……………………… 149,292

プライベートチャット …………………… 163

フラグ ……………………………… 59,60

フルコントロールアクセスグループ ……… 202

プロファイル ……………………………… 18

分析 …………………………………… 8

分類 ………………………………… 60

ヘルプデスク ……………………………… 245

編集アクセスグループ …………………… 202

他のメールボックス

   アクセスの許可 ……………………… 281

   開く ……………………………… 69

ま

マイアカウントページ …………………… 19

迷惑メール ………………………… 56

メール ……………………………… 40

   形式の切り替え ……………………… 50

   送信 ………………………………… 47

   開く ……………………………… 42

メールアドレスの追加 …………………… 280

メールアプリ

   アカウントの追加 …………………… 78

   設定 ……………………………… 75

メールが有効なセキュリティグループ …… 292

メールフローの設定 ……………………… 288

メモ ……………………………… 43

メンション ……………………………… 151

や

ユーザー ………………………… 5,6,19

   インポート・エクスポート ………… 268

   サインインのブロック ……………… 263

   削除 ……………………………… 264

   詳細情報の設定 ……………………… 13

   肖像画像 …………………………… 261

   設定 ……………………………… 261

   設定方法 …………………………… 258

   追加 ……………………………… 253

   パスワードのリセット ……………… 263

   ライセンスの割り当て ……………… 256

ユーザーサポート ………………………… 300

優先メール ………………………………… 44

   その他のメールに変更 ……………… 45

予定

   削除 ……………………………… 85

   作成 ……………………………… 83

   辞退 ……………………………… 84

   承諾 ……………………………… 84

   編集 ……………………………… 85

予定表

   共有 ……………………………… 89

   切り替え …………………………… 87

   削除 ……………………………… 88

   作成 ……………………………… 86

   設定 ……………………………… 82

   表示 ……………………………… 80

   変更 ……………………………… 88

読み取りアクセスグループ ……………… 202

ら

リリーストラック ………………………… 241

ルール ……………………………… 65,68

レジストラ ………………………………… 215

レポート …………………………………… 298

連絡先 ……………………………… 138

   登録 ……………………………… 94

連絡先グループ …………………………… 98

連絡先リスト ……………………………… 97

ロゴ ……………………………… 243

著者紹介

株式会社ネクストセット

株式会社ネクストセットは、Office 365の導入支援・アプリケーション開発に特化したソリューションベンダー。Office 365は米国の企業文化が反映されているが、「日本の企業文化やビジネススタイルに合わせたアドオン機能を開発してOffice365を補完する役割を担いたい」と、2013年4月から、シングル・サインオン、組織ワークフロー、組織カレンダー、組織アドレス帳、ドキュメント管理など30種類以上のアドオンツールを独自に開発。大手企業から中堅・中小企業まで、4万社以上の幅広いユーザーに提供実績がある。

● 本書についてのお問い合わせ方法、訂正情報、重要なお知らせについては、下記Webページをご参照ください。なお、本書の範囲を超えるご質問にはお答えできませんので、あらかじめご了承ください。

    https://project.nikkeibp.co.jp/bnt/

● ソフトウェアの機能や操作方法に関するご質問は、ソフトウェア発売元の製品サポート窓口へお問い合わせください。

● Office 365はクラウドサービスであり、機能や仕様の変更が頻繁に行われています。そのため、最新バージョンでは画面や機能が異なる場合があります。あらかじめご了承ください。

誰でもできる！ Office 365導入ガイド 第2版

2015年9月 7 日	初版第1刷発行
2019年6月24日	第2版第1刷発行
2020年6月30日	第2版第3刷発行

著　　　者	株式会社ネクストセット	
発　行　者	村上 広樹	
編　　　集	柳沢 周治	
発　　　行	日経BP	
	東京都港区虎ノ門4-3-12	〒105-8308
発　　　売	日経BPマーケティング	
	東京都港区虎ノ門4-3-12	〒105-8308
執 筆 協 力	岡﨑 俊彦	
装　　　丁	コミュニケーションアーツ株式会社	
DTP 制作	株式会社シンクス	
印刷・製本	図書印刷株式会社	